# Schulabbrecher
# in unserem Bildungssystem

Margrit Stamm

# Schulabbrecher in unserem Bildungssystem

Unter Mitarbeit von Melanie Holzinger-Neulinger und Peter Suter

Margrit Stamm
Universität Fribourg, Fribourg, Schweiz

ISBN 978-3-531-18275-9      ISBN 978-3-531-94287-2 (eBook)
DOI 10.1007/978-3-531-94287-2

Die Deutsche Nationalbibliothek verzeichnet diese Publikation in der Deutschen Nationalbibliografie; detaillierte bibliografische Daten sind im Internet über http://dnb.d-nb.de abrufbar.

Springer VS
© VS Verlag für Sozialwissenschaften | Springer Fachmedien Wiesbaden 2012
Das Werk einschließlich aller seiner Teile ist urheberrechtlich geschützt. Jede Verwertung, die nicht ausdrücklich vom Urheberrechtsgesetz zugelassen ist, bedarf der vorherigen Zustimmung des Verlags. Das gilt insbesondere für Vervielfältigungen, Bearbeitungen, Übersetzungen, Mikroverfilmungen und die Einspeicherung und Verarbeitung in elektronischen Systemen.

Die Wiedergabe von Gebrauchsnamen, Handelsnamen, Warenbezeichnungen usw. in diesem Werk berechtigt auch ohne besondere Kennzeichnung nicht zu der Annahme, dass solche Namen im Sinne der Warenzeichen- und Markenschutz-Gesetzgebung als frei zu betrachten wären und daher von jedermann benutzt werden dürften.

*Einbandentwurf*: KünkelLopka GmbH, Heidelberg

Gedruckt auf säurefreiem und chlorfrei gebleichtem Papier

Springer VS ist eine Marke von Springer DE. Springer DE ist Teil der Fachverlagsgruppe Springer Science+Business Media
www.springer-vs.de

# Inhalt

Abstract . . . . . . . . . . . . . . . . . . . . . . . . . . . . . . . . . 9

Vorwort . . . . . . . . . . . . . . . . . . . . . . . . . . . . . . . . . 11

1    Einleitung . . . . . . . . . . . . . . . . . . . . . . . . . . . . 15
1.1  Unsere Wege zu den Drop-outs . . . . . . . . . . . . . . . . . 15
1.2  Die Drop-out-Studien unseres Departements . . . . . . . . . . 17
1.3  Unsere Längsschnittstudie: „Die Zukunft verlieren?". . . . . . . 19

## Teil A
## Theoretische Grundlagen und Forschungsstand . . . . . . . . . . . 23

2    Drop-out: ein individuelles und gesellschaftliches Phänomen . . . 25
2.1  Das Phänomen . . . . . . . . . . . . . . . . . . . . . . . . . . 25
2.2  Das Ausmaß von Drop-out . . . . . . . . . . . . . . . . . . . 27
2.3  Konzepte und Begrifflichkeiten . . . . . . . . . . . . . . . . . 29

3    Zum Status quo der Drop-out-Forschung . . . . . . . . . . . . 33
3.1  Empirische Erkenntnisse . . . . . . . . . . . . . . . . . . . . . 34
3.2  Theoretische Erklärungsmuster . . . . . . . . . . . . . . . . . 47
3.3  Drop-outs: Was wird aus ihnen? . . . . . . . . . . . . . . . . . 51

4    Bilanz: Das theoretische Arbeitsmodell . . . . . . . . . . . . . 55

## Teil B
## Das Projekt und seine Untersuchungen . . . . . . . . . . . . . . . 59

5    Untersuchungsdesign . . . . . . . . . . . . . . . . . . . . . . 61
5.1  Ziele des Projekts und die Fragestellung . . . . . . . . . . . . 61
5.2  Forschungsplan . . . . . . . . . . . . . . . . . . . . . . . . . 61

Inhalt

| | | |
|---|---|---|
| 5.3 | Stichproben | 62 |
| 5.4 | Datenerhebungsmethoden und Instrumente | 65 |
| 5.5 | Datenauswertungsmethoden | 73 |

**Teil C**
**Ergebnisse** ... 79

| | | |
|---|---|---|
| 6 | Drop-outs und ihre Merkmale | 81 |
| 6.1 | Wer sind die Drop-outs? | 81 |
| 6.3 | Welche Faktoren machen einen Schulabbruch wahrscheinlich? | 87 |
| 6.4 | Wer sind typische Drop-outs? | 89 |
| 6.5 | Die Drop-out-Typen | 89 |
| 7 | Drop-outs und ihre Entwicklungsprozesse | 101 |
| 7.1 | Wie viele Drop-outs werden zu Wiedereinsteigern? | 101 |
| 7.2 | Abbrechertypen und ihre Wiedereinstiegsmuster | 101 |
| 7.3 | Fazit | 105 |
| 8 | Drop-out-Portraits | 107 |
| 8.1 | Die Gemobbten Amanda (17) und Jürg (17) | 107 |
| 8.2 | Die Schulmüden Silvia (16) und Markus (16) | 111 |
| 8.3 | Die Delinquenten Karim (15) und Janik (16) | 114 |
| 8.4 | Die Hänger Rudolf (16) und Fabian (17) | 117 |
| 8.5 | Die familiär Belasteten Monika (18) und Nadja (14) | 120 |

**Teil D**
**Präventions- und Interventionsmöglichkeiten** ... 125

| | | |
|---|---|---|
| 9 | Prävention und Intervention | 127 |
| 9.1 | Zum Status quo der Präventions- und Interventionsforschung | 127 |
| 9.2 | Fazit | 131 |
| 10 | Schulabbrecher in unserem Bildungssystem: Eine Bilanz | 133 |
| 10.1 | Theoretische und methodologische Reflexionen | 140 |
| 10.2 | Der Wissenstransfer in Bildungspolitik und Praxis: Das Programm STOP-DROP | 142 |

Literaturverzeichnis . . . . . . . . . . . . . . . . . . . . . . . . . . . .145
Abbildungsverzeichnis . . . . . . . . . . . . . . . . . . . . . . . . .162
Tabellenverzeichnis . . . . . . . . . . . . . . . . . . . . . . . . . . . .163

**Anhang A: Glossar** . . . . . . . . . . . . . . . . . . . . . . . . . . . . .167

**Anhang B: Das Präventions- und Interventionsprogramm STOP-DROP – Eine Handreichung zur Prävention von Schulabbrüchen** . . . . . . . . . . . . . . . . . . . . . . . . . . . . .175
1    Einführung . . . . . . . . . . . . . . . . . . . . . . . . . . . . . .175
2    Das Präventionskonzept . . . . . . . . . . . . . . . . . . . . . .177
3    Checkliste zur Umsetzung der Empfehlungen . . . . . . . . . .181
4    Empfehlungen . . . . . . . . . . . . . . . . . . . . . . . . . . . .183

# Abstract

Im Zentrum dieser Publikation stehen die so genannten Drop-outs. Das sind Schülerinnen und Schüler, welche die Schule abgebrochen haben, aus ihr ausgestiegen oder von ihr ausgeschlossen worden sind. Diese Thematik ist bis anhin statistisch kaum untersucht, jedoch sowohl von wissenschaftlicher als auch bildungs- und sozialpolitischer Relevanz. Unsere Studie ist die erste Untersuchung im deutschsprachigen Raum, die sowohl längsschnittig angelegt war, mit vor dem Drop-out erhobenen Daten operieren konnte und auf der Basis der Ergebnisse ein Präventionsprogramm (STOP-DROP) entwickelt hat. Möglich wurde dies durch eine so genannte *baseline*, d.h. eine repräsentative schriftliche Fragebogenerhebung bei N=3708 Schülerinnen und Schülern. 2,7% oder N=101 stiegen im darauffolgenden Jahr aus der Schule aus, weshalb sie als Drop-outs bezeichnet werden können. Anschließend wurden mit 51 von ihnen während dreier Jahre insgesamt 163 qualitative Interviews zu ihren Abgangsentscheidungen und ihrer weiteren Entwicklung geführt. Vor diesem Hintergrund lassen sich vier Hauptergebnisse festhalten: (a) Schulabbruch hat unterschiedliche Ursachen und stellt in der Regel kein plötzliches Ereignis dar. Deshalb handelt es sich um ein multifaktoriell bedingtes Phänomen. (b) Klassenwiederholung, Schuleschwänzen, abweichendes Verhalten sowie das männliche Geschlecht erweisen sich als starke Prädiktoren für Drop-out-Verhalten. (c) Dass es *den* Schulabbrecher nicht gibt, verdeutlicht die anhand der qualitativen Interviews herausgearbeitete empirische Typologie, welche zwischen „Hängern", „Gemobbten", „Schulmüden", „familiär Belasteten" und „Delinquenten" unterscheidet. (d) Drop-outs kehren in mehr als der Hälfte der Fälle ins Bildungssystem zurück. Demzufolge ist es falsch, Drop-outs per se zu dramatisieren. In entwicklungspsychologischer Sicht kann ein Schulabbruch auch positive Effekte haben und beispielsweise die Identitätsfindung fördern. Für etwa ein Drittel der Drop-outs trifft diese Bilanz allerdings nicht zu, haben diese Jugendlichen doch auch drei Jahre nach ihrem Ausstieg nicht nur die Rückkehr nicht geschafft, sondern kämpfen auch mit vielen anderen Problemen. Fokussiert man diese Gruppe, dann ist es angemessen, Drop-out zu dramatisieren. Insgesamt verweisen unsere Befunde damit auf die Notwendigkeit, Schulabbrüche keinesfalls ausschließlich als individuell verursachtes Problem zu verstehen. Drop-out ist immer in einen komplexen und längerfristigen So-

## Abstract

zialisationsprozess eingebunden. Deshalb kann das Problem nicht ohne Bezug auf die institutionellen und gesellschaftlichen Hintergründe diskutiert werden. Auf der Ebene solcher Erkenntnisse skizziert unsere Publikation das Präventionsprogramm STOP-DROP, das an alle im Bildungs- und Sozialwesen Tätige gerichtet ist. Es baut auf vier Säulen auf und formuliert insgesamt acht Empfehlungen.

# Vorwort

Dieses Buch ist den negativsten Formen von Partizipation in der Schule und damit der Inklusions- und Exklusionsthematik gewidmet: den Schulabbrüchen, Schulausstiegen und Schulausschlüssen. In der Forschung spricht man von diesen Gruppen als „Drop-outs", wobei oftmals auch Schulschwänzer und Schulverweigerer mitgemeint sind. Dieses etwas saloppe „Mitgemeintsein" ist nicht ganz richtig, denn Schulausstiege stellen in der Regel die letzte Handlung einer langen Kette von Ablösungsprozessen von der Schule dar, in deren Verlauf häufig Schuleschwänzen und auch Schulverweigerung vorgekommen sind.

Schulabbrecher sind beliebte Themen der Medien. Wenn immer Daten oder Fälle bekannt werden, welche Hinweise auf solche Negativkarrieren von Schullaufbahnen liefern, finden sie sofort Anklang. Dies hat sich in den letzten Jahren immer wieder gezeigt. Im Frühling 2011, als Ergebnisse unserer Studie „Die Zukunft verlieren? Schulabbrecher in der Schweiz", die von der Gebert Rüf Stiftung gefördert worden ist, veröffentlicht wurden, waren sie das mediale Tagesgespräch. Das Interesse konzentrierte sich dabei vor allem auf die Anzahl der Schulabbrecher, auf die Ursachen, die Rolle der Schule sowie die Tatsache, dass Schulabbrecher nicht per se zu dumm sind, um einen Schulabschluss zu erlangen. Dass sich auch die im Feld tätigen Fachleute für die Thematik interessieren, zeigte sich auch anlässlich unserer Tagung vom 13. Januar 2011 an der Universität Fribourg, an der knapp 300 Fachleute aus der Schweiz und dem Ausland teilnahmen und viele zusätzlichen Anmeldungen zurückgewiesen werden mussten.

Weshalb ist das Interesse an diesen Jugendlichen so groß, die letztlich Schulversager sind und keinesfalls in die gegenwärtig besonders beliebte Diskussion um Leistungselite und Leistungsexzellenz einzureihen sind? In erster Linie deshalb, weil sie das Andere, das Spektakuläre, das Rebellische und das Querdenkerische verkörpern und damit ein düsteres Bild heutiger Jugendlicher zeichnen. Die Medien scheinen Informationen besonders zu lieben, welche Hinweise auf ein zukünftiges Leben in Randständigkeit und in sozialer Abhängigkeit betonen, den schwierigen Übergang von Schulabbrechern in die Berufswelt, ihre Desintegration und insbesondere auch ihr Hang zur Delinquenz.

Verständlich deshalb, dass solche Schullaufbahnen weit mehr interessieren als geradlinige Bildungsverläufe angepasster und erfolgreicher Jugendlicher.

Erfreulich ist dabei, dass es unserem Projekt gelungen ist, das öffentliche Bewusstsein für diese bisher wenig beachtete Problematik zu schärfen und einen Beitrag zu leisten, das um diese Thematik herum aufgebaute Tabu zu brechen. Trotzdem haben gerade im Anschluss an die Veröffentlichung unseres Schlussberichts die medialen Berichterstattungen fast durchgehend die Botschaft verbreitet, dass alle Jugendlichen heute Problemfälle seien und dass ein Schulausstieg in jedem Fall in eine kriminelle Laufbahn münde. Solche Botschaften sind falsch. „Die Jugend von heute" ist keinesfalls problematisch, sondern lediglich ein kleiner Teil von ihnen. Insgesamt zeigt unsere Studie ganz eindeutig: Schulabbruch kann fatale Folgen für die gesamte Lebensbahn haben, muss aber nicht.

Die Drop-out-Thematik ist demzufolge ein falsch eingeschätztes Problem. Entweder wird sie ausschließlich dramatisiert und als individuell verursachtes Problem verstanden oder dann kaum zur Kenntnis genommen. Vollständig unberücksichtigt geblieben ist bisher die Thematik der Schulausteiger an Gymnasien. Zwar lesen wir mit Genuss über die „Genies in der Schule" (Prause, 2007), welche häufig schlechte Schüler waren und die Schule früh verließen oder sogar von ihr ausgeschlossen wurden. Dass auch hierzulande ein nicht kleiner Teil von ihnen an und in der Schule scheitert, scheint jedoch wenig zu interessieren. Zumindest hat sich im Rahmen unserer Untersuchung gezeigt, dass gerade die (Pro-) Gymnasien dieser Thematik gegenüber eine tendenziell ausgeprägte Abwehrhaltung zeigten.

Welches war die am häufigsten gestellte Frage im Rahmen dieses Projektes? Es war die Frage, ob einzelne Kantone im Vergleich zu den anderen Kantonen über- oder unterdurchschnittlich viele Drop-outs hätten. Übertragen auf Deutschland würde dies bedeuten, dass es offenbar eine Rolle, ob ein Bundesland „viele" oder „wenige" Schulabbrecher hat. Nur: Was ist „viel" und was ist „wenig"? Zwar kann man diese Frage im Vergleich mit internationalen Statistiken beantworten und feststellen, dass die Schweiz insgesamt nicht schlecht da steht, denn mit etwa 6% Schulabbrechern (Eckmann-Saillant, Bolzman & de Rham, 1994) sind wir deutlich hinter Deutschland mit etwa 8% (Autorengruppe Bildungsberichterstattung, 2010) und den EU-Ländern mit ca. 16% (EUROSTAT, 2008). Wenn man allerdings diese Frage als Folie über die aktuelle Diskussion um Schulqualität legt, dann werden alle Formen von Schulausstiegen zur negativsten Form von Partizipation und Inklusion. Partizipation und Inklusion ernst nehmen heißt somit auch, den sozialen Rechtsstaat ernst nehmen. Vor diesem Hintergrund verletzen Schülerinnen und Schüler, welche aus der Schule aussteigen, ihre genuinen Pflichten. Gleiches gilt jedoch auch für ihre Eltern und letztlich auch für die Schule, welche diese Jugendlichen an ihrem Ausstiegsverhalten nicht hindert oder dieses nicht vermeidet.

Die vorliegende Publikation setzt bei dieser Problematik an. Sie liefert empirisch basierte Grundlagen zu Fragen, wer diese Drop-outs sind, weshalb sie diesen Weg gewählt, wie sie sich weiter entwickelt haben und was man gegen Drop-out tun könnte.[1]

Gerade aufgrund der Tatsache, dass wir die Entwicklung unserer Dropouts über drei Jahre hinweg verfolgen konnten, erlauben und erfordern unsere Daten, traditionelle Sichtweisen zur Pädagogik und Psychologie des Schulausstiegs zu korrigieren: Es gibt sie nicht, die Schulabbrecher und Aussteiger. Und es gibt auch keine exakten Daten darüber, wie viele Drop-outs ein Bildungssystem tatsächlich produziert. Denn solche Daten verschleiern, dass Schulabbrecher häufig wieder ins Bildungssystem zurückkehren und ihren vermeintlichen Schulabbruch eher als pubertäre Entwicklungsaufgabe vollziehen. Auch können mit dem gegenwärtig verfügbaren Datenmaterial in der Schweiz die differenziellen Kosten eines Drop-outs nicht von den vielfältigen Kosten und Nutzen einer „normalen" Schulkarriere unterschieden werden. Genau aus diesen Gründen muss die Thematik differenzierter angegangen werden, als dies bis anhin in der medialen Öffentlichkeit und auch in der Bildungspolitik geschehen ist: Unsere Daten belegen nämlich die zwei Seiten einer Medaille. Die erste Seite ist die, dass zwei Drittel der Aussteiger und Abbrecher den Weg in eine geordnete Berufs- und Lebensbahn zurückgefunden haben. Die andere Seite verweist darauf, dass ein Drittel den Weg in Ausbildung und Beruf kaum (zurück) findet und in einer Sackgasse landet. Und in dieser Tatsache liegt ein gewisses soziales Dynamit für das 21. Jahrhundert. Drop-out kann vor diesem Hintergrund weder als individuell verursachtes noch von der Schule verantwortetes Problem verstanden werden. Vielmehr handelt es sich um eine Thematik, welche fast immer in einen komplexen und langfristigen Bildungs- und Sozialisationsprozess eingebunden ist und sowohl institutionelle als auch gesellschaftliche Faktoren einschließt (Tippelt, 2011).

Die vorliegende Publikation richtet sich in erster Linie an Fachleute aus den Bereichen der (Schul-)Sozial- und Jugendarbeit, der Sozialpädagogik, der juristisch-strafrechtlichen inkl. der Bildungs- und Sozialbehörden, an Lehrkräfte aller Stufen und Schultypen, an Verwaltung und Jugendpolitik, Berufsbildung, Berufsberatung sowie an interessierte Eltern. Wir legen sie in der Hoffnung vor, dass sie einen Beitrag zu einer breiten Diskussion der Thematik der Schulaussteiger in einem sachlichen Kontext liefern kann. Sie soll Ein-

---

1 Volkswirtschaftliche Analysen zur Drop-out-Thematik sind von einem Team der Fachhochschule Nordwestschweiz unter der Leitung von Prof. Dr. Rolf Schaeren verfasst worden (rolf.schaeren@fhnw.ch).

sichten in die Hintergründe ihres Handelns ermöglichen, Konsequenzen und Lösungen aufzeigen und die Bereitschaft fördern, diese Thematik nicht wie bis anhin zu tabuisieren oder zu dramatisieren. Aus diesem Grund hat diese Publikation eine praxisorientierte und keine wissenschaftliche Ausrichtung.

Mit dieser Publikation möchte ich persönlich ein Dankeschön verbinden und es an die vielen unbekannten Personen richten, welche an unserem Projekt teilgenommen haben. Es sind unzählige Lehrkräfte, Jugendliche, psychologische und pädagogische Fachleute sowie Eltern, welche bereitwillig schriftlich und mündlich unsere Fragen beantwortet haben und so das Fundament unseres Wissens überhaupt darstellen. Herzlich danken möchte ich aber auch meinen Forschungsmitarbeiterinnen und -mitarbeitern, die in diesem Projekt mitgearbeitet haben. Es sind dies: Holger Stroezel und Patrik Manzoni als Projektleiter, Matthias Felix, Melanie Holzinger, Jakob Kost, Sandra Moroni, Christine Sälzer, Netkey Safi, Stefanie Schaller, Peter Suter und Martin Viehhauser als Mitarbeitende. Der Dank geht aber ebenso an Kollege Marcel Niggli, der uns in Bezug auf juristische Fragen im Zusammenhang mit Drop-out und Delinquenz engagiert beraten hat. Gleiches gilt für Doris Edelmann, die bei Fragen zu den qualitativen Auswertungsmethoden immer mit großer Geduld zur Verfügung gestanden hat. Schließlich geht der Dank an die vielen interessierten Fachleute und Laien, welche uns im Rahmen unserer Referate, Kongressbeiträge und schriftlichen Arbeiten Rückmeldungen gegeben und uns so zur vertieften Auseinandersetzung mit der Thematik angeleitet haben.

Für die Fertigstellung dieser Publikation schulde ich auch persönlich vielen Menschen Dank. An erster Stelle möchte ich Melanie Stutz danken, die sich mit großer Sorgfalt der inhaltlichen Struktur der Publikation gewidmet hat. Gleiches gilt für Martin Viehhauser, der alle Texte minutiös gegengelesen und wertvolle Anregungen gegeben hat. Schließlich danke ich auch den zahlreichen Studierenden unserer Bachelor- und Master-Studiengänge, die sich im Rahmen von Forschungspraktika und Qualifikationsarbeiten mit der Thematik auseinandergesetzt und uns wichtige Anstöße zum Weiterdenken gegeben haben.

Fribourg, im Oktober 2011

Prof. Dr. Margrit Stamm

# 1 Einleitung

In dieser Publikation werden die Erkenntnisse der von der Gebert Rüf Stiftung finanzierten Längsschnittstudie zum Phänomen des Schulabbruchs zusammengestellt. Sie befasste sich erstmals in der Schweiz mit der Beschreibung und Erklärung des vorzeitigen Schulabbruchs von Jugendlichen und seinen Folgen. Die hier dargestellten Einsichten basieren dabei keinesfalls auf einem geradlinigen Erkenntnisprozess, auch wenn sie in dieser Publikation systematisch dargestellt werden. Hinter unserem Forschungsprojekt steht eine lange Arbeits- und Lerngeschichte. In ihrem Verlauf hat die Auseinandersetzung mit der Thematik mehrere Wandlungen erlebt.

## 1.1 Unsere Wege zu den Drop-outs

Die erste Konfrontation mit Drop-outs erfolgte im Rahmen der 13jährigen Längsschnittstudie zu den Bildungsbiographien von Frühlesern und Frührechnerinnen (Stamm, 2005; Stamm & Stutz, 2009). Dabei eröffnete sich eine gänzlich unerwartete Situation: erstens, dass zwei Jugendliche vor Abschluss der obligatorischen Schulzeit aus vorerst unerfindlichen Gründen aus der Schule ausstiegen und zweitens, dass sie über überdurchschnittliche kognitive Fähigkeiten verfügten, welche sie längst zu einer Matura befähigt hätten. Die spezifische Erkenntnis, dass sie lange Rückzugs- und Abnabelungsgeschichten vorwiesen, welche bereits früh in der Schullaufbahn begonnen hatten, machte den Blick erstmals frei für die Betrachtung von Bildungsbiographien jenseits der „Normalität". Sensibilisiert durch solche Erfahrungen ließen sich in der Folge ähnliche Biographien auch in der Studie „Begabung und Leistungsexzellenz in der Berufsbildung" (Stamm, Niederhauser & Müller, 2009) beobachten. Diese Beobachtungen führten zur Formulierung der These, dass die frühen Erfahrungen und diejenigen während der Einschulungsphase die zentralen Indikatoren sein müssen, welche nicht nur den späteren Schulerfolg bestimmen, sondern auch über die Anbindung der Kinder an die Schule, ihre Partizipation und den Aufbau ihrer Sozialkompetenzen entscheiden.

Die schulische Desintegration, Fragen der Inklusion und Exklusion und ihr Zusammenhang mit Leistung und Bildungserfolg wurden in der Folge zu einem Schwerpunkt meines Lehrstuhls am Departement für Erziehungswissenschaften der Universität Fribourg. Vorerst waren es die Schulschwänzer. Wiederum aus der Frühleser-Studie war klar geworden, dass Schülerinnen und Schüler die Schulpflicht keinesfalls so ernst nehmen, wie dies die Schule und auch die Schulgesetze allgemein vorgeben und annehmen. Die Untersuchung „Schulabsentismus in der Schweiz" des Schweizerischen Nationalfonds (SNF), durchgeführt zwischen 2005 und 2007 (Stamm, Niederhauser, Ruckdäschel & Templer, 2009), förderte Erstaunliches zu Tage: Es waren keinesfalls lediglich, wie in der Fachliteratur immer beschrieben, die Realschülerinnen und Realschüler, d.h. die so genannt bildungsfernen Jugendlichen, welche der Schule mehr oder weniger oft fern blieben. Nein, auch die Gymnasiastinnen und Gymnasiasten legten ein ausgeprägtes Schwänzverhalten an den Tag. Dies führte uns zur Bilanz, dass Schuleschwänzen ein weit verbreitetes neues Bewältigungsmodell der vielfältigen Anforderungen darstellt, welche das Schülersein mit sich bringt. Aber es kann nicht – wie in den Medien oft verbreitet – mit dem „Weg ins Abseits" gleichgesetzt werden. Schwänzen kann sowohl ein Ausdruck schulischer Unterforderung sein und die Motivation, die Leistungsbereitschaft und vielleicht auch den Schulerfolg nachhaltig beeinflussen. Schuleschwänzen kann aber zum Risikomarker für den Bildungsweg werden und Jugendlichen enorme Schwierigkeiten bereiten, überhaupt den Weg in die berufliche Grundbildung zu finden. *Den* Schulschwänzer gibt es nicht.

Unter den massiven Schulschwänzern dieses SNF-Projekts fielen in der Folge einige Jugendliche auf, welche sich ganz aus der Schule ausklinkten. Da gleichzeitig die EU im Jahr 2003 den Fokus verstärkt auf solche Drop-outs gelegt und dabei die Senkung der Drop-out-Quote auf 10% als vorrangige Benchmark für das Jahr 2010 erklärt hat, begannen wir, uns für den Status Quo in der Schweiz zu interessieren. Unsere Nachfragen beim Bundesamt für Statistik und auch bei den kantonalen Bildungsdepartementen zeigten uns jedoch das, was wir vermutet hatten: In keinem Kanton wurden zu diesem Zeitpunkt, d.h. im Jahr 2006, vorzeitige Schulabgänge erfasst. Folge dessen war klar, dass unser Land über kein empirisch abgesichertes Wissen sowohl über die Anzahl als auch die Ursachen und Hintergründe der vielfältigen Schulausstiege verfügte. Auch heute, im Jahr 2011, hat sich diese Situation nur unwesentlich geändert. Dies hat auch etwas mit der massiven Problematik zu tun, die sich immer stellt, wenn man den Anspruch erhebt, seriöse Daten zum tatsächlichen Schulabbruch und seinen vielfältigen Varianten zu erheben.

Zunächst verbergen sich hinter dem Etikett „Drop-out" die unterschiedlichsten Varianten von Schulausstiegen. Sie reichen von tatsächlichem Schulabbruch über Time-out (Schulausschluss) bis zu Schul-, Wohnort- oder Klassenwechsel. Drop-out-Quoten sind nur schon aus diesem Grund als unzuverlässig zu betrachten. Dazu kommt, dass Drop-outs eine äußerst schwierig erreichbare und für die Kontinuität der Datenerhebungen unzuverlässige Zielgruppe darstellen. So erwies es sich im vorliegenden Projekt „Die Zukunft verlieren? Schulabbrecher in der Schweiz" nicht nur als außerordentlich schwierig, sie über drei Jahre hinweg zur Teilnahme zu motivieren, sondern auch, sie zur Einhaltung vereinbarter Interviewtermine anzuhalten. Dies gelang nur, weil eine anschauliche Summe an finanziellen Teilnahmeanreizen zur Verfügung gestellt werden konnte. Werden Drop-outs nicht automatisch über die Schülerstatistiken erfasst und auf die Makroebene übertragen, dann stellen die Schulen selbst eine weitere Herausforderung dar. Aufgrund unserer Erfahrungen ist davon auszugehen, dass Schulen längst nicht alle Drop-outs melden oder sie nicht als Drop-outs, sondern als Wohnortwechsler etc. bezeichnen. Weshalb dies so ist, dürfte am ehesten darin liegen, dass Schulen Nachfragen nach „Schulabbrechern" mit (mangelnder) Schulqualität verbinden und deshalb mit einer „externen Evaluation" in Verbindung bringen. Für das Projekt war diese „soziale" Tatsache für uns mit einschneidenden Konsequenzen verbunden, konnte doch nur eine viel kleinere Stichprobe generiert werden als wir ursprünglich auf Grund unserer umfassenden Vorabklärungen erwartet hatten. Gemäß den uns vorliegenden Daten und Pilotstudien waren wir bei Projektstart von einem Anteil von insgesamt etwa 5% bis 7% Schulaussteigern ausgegangen, was bei einer Stichprobe von mehr als 3500 Jugendlichen eine Quote von rund 280 Drop-outs hätte ergeben müssen. In einer ersten Runde konnten jedoch nur 101 Personen identifiziert werden, von denen schließlich 61 weiter untersucht wurden.

Als Forschende müssen wir eine solche Tatsache mit einer gewissen Enttäuschung akzeptieren. Andererseits bildet sie auch eine ausgesprochen wichtige empirische, wissenschaftliche und untersuchungstechnische Erfahrung, welche für zukünftige Untersuchungen und Theoriebildungen maßgebend sein dürfte: Dass Drop-outs eine ausgesprochen schwer zu erreichende Population darstellen und sich deshalb grundsätzlich die Frage stellt, wie sie erreicht, als Drop-outs identifiziert werden können und wie man Schulen dazu bringt, objektive und verlässliche Angaben zu generieren und weiterzuleiten.

## 1.2 Die Drop-out-Studien unseres Departements

Dass Ausstiege, Ausschlüsse und Abbrüche vielfältige Formen von Schul- oder Ausbildungsabgängen darstellen und als Sinnbilder negativer Partizipation und Inklusion verstanden werden müssen, ist eine in den letzten Jahren allgemein akzeptierte Tatsache geworden. Wenn unser Bildungssystem somit offensichtliche und unbemerkte, voraussehbare und vermeidbare, aber auch unvermeidliche Schulaustiege produziert und es ihm Folge dessen nicht gelingt, alle Jugendlichen zu einem Schulabschluss zu führen, dann scheint es vordringlich, sich mit dieser Thematik zu beschäftigen. Diesen Auftrag haben wir in den letzten Jahren anhand verschiedener Untersuchungen umgesetzt. In chronologischer Reihenfolge sind es die folgenden Studien:

**Repräsentative Studie zum Schulabsentismus (= „Absentismus-Studie")**
Diese für die deutsche Schweiz repräsentative Studie „Schulabsentismus in der Schweiz – ein Phänomen und seine Folgen" wurde im Auftrag des Schweizerischen Nationalfonds zwischen 2005 und 2007 durchgeführt. Beteiligt waren 28 zufällig ausgewählte Schulen aus neun Kantonen der deutschen Schweiz mit insgesamt 3942 Schülerinnen und Schülern, die zwischen 11 und 18 Jahre alt waren und die 6., 7., 8. oder 9. Klasse der Sekundarstufe I besuchten. Die Studie ist in verschiedenen Publikationen ausführlich dargestellt worden (Stamm, Ruckdäschel & Templer, 2009).

**Gymnasiale Schulabbrecher (= „Drop-outs Gymnasium")**
Diese Studie wurde im Jahr 2004 in den deutschsprachigen Kantonen der Schweiz durchgeführt. Die Stichprobe umfasste N=124 Jugendliche, die aus dem Gymnasium ausgestiegen und zum Zeitpunkt der Befragung zwischen 17 und 19 Jahre alt waren. Sie wurden über Berufsberatungen, Beratungspraxen, Aushänge in Einkaufszentren und sechs Gymnasien rekrutiert. Ihre Identifikation erfolgte auf der Basis der Definition von Drop-out als einer Schülerin oder einem Schüler, die oder der vor der Matura und nach Ablauf der Probezeit das Gymnasium verlassen hatte.

**Schulabbrecher der obligatorischen Schule (= „Drop-outs I")**
Bei dieser Studie handelte es sich um eine Pilotstudie für unsere Längsschnittuntersuchung „Die Zukunft verlieren?". Durchgeführt wurde sie im Jahr 2006. Sie basierte auf einer Stichprobe von N=93 Jugendlichen. Auch diese Jugendlichen wurden teilweise aus Beratungspraxen rekrutiert, jedoch auch aus zwei Projekten zum Schulausschluss („Time-out"). Das Alter der Jugendlichen lag zum Befragungszeitpunkt zwischen 15 und 19 Jahren. Als Drop-out galt, wer die Schule vor Ablauf des Schuljahres verlassen und in keine andere Schule gewechselt hatte resp. wer nach einer Time-out-Phase zwar in die Schule zurückkehrte, sie dann jedoch trotzdem abbrach.

**Überdurchschnittlich begabte Drop-outs (= „Begabte Drop-outs")**
Diese Studie wurde im Jahr 2007 mit 52 ehemaligen Schulabbrecherinnen und Schulabbrechern im Alter zwischen 17 und 19 Jahren durchgeführt. Zum einen wurden sie aus unserer Studie „Hoch begabt und ‚nur' Lehrling?" rekrutiert,

zum anderen über Beratungspraxen. Alle Personen waren im Verlaufe ihrer Schullaufbahn mit traditionellen kognitiven Fähigkeitstests als überdurchschnittlich begabt identifiziert worden (Sälzer, 2010; Stamm, 2006a).

**Lehrvertragsauflösungen in der beruflichen Grundbildung (= „Drop-outs Berufsbildung")**
Schmid (2009) untersuchte in ihrer Dissertation zum einen die Problematik des Lehrabbruchs zum anderen inwiefern ein Wiedereinstieg mit subjektivem Wohlbefinden einhergeht. Die Kombination dieser beiden Themenkomplexe ist durch die Längsschnittuntersuchung möglich geworden, die im Rahmen des Projekts Lehrvertragsauflösungen (LEVA) im Kanton Bern durchgeführt wurde. Untersucht wurden die Anschlusswege von N=1300 Jugendlichen.

Des Weiteren sind im Rahmen dieser Forschungstätigkeiten zahlreiche Qualifikationsarbeiten (Bachelor- und Masterarbeiten) entstanden. Zu nennen sind die Lizentiatsarbeiten von Hurschler (2007), Schmid (2008) und von Hessen (2010), die Masterarbeiten von Moroni (2008), Stahl (2008), Bächinger (2011) und Moeri (2011).

## 1.3 Unsere Längsschnittstudie: „Die Zukunft verlieren?"

Die vorangehend beschriebenen Studien bildeten die Grundlage für unsere Große Längsschnittstudie „Die Zukunft verlieren? Schulabbrecher in der Schweiz", deren Ergebnisse in dieser Publikation umfassend dargestellt und diskutiert werden. Im Mittelpunkt der nachfolgenden Ausführungen stehen sechs Fragen:

- Wie viele Jugendliche brechen die Schule ab?
- Welches sind die Ursachen und Motive?
- Welche Rolle spielen Familie und Peers?
- Welche Verantwortung kommt der Schule zu?
- Wie entwickeln sich Schulabbrecher?
- Was kann man gegen Schulabbruch tun?

Diese Publikation verfolgt zwei Anliegen: Erstens will sie eine objektive Synthese dessen liefern, was wir heute zur Drop-out-Thematik wissen. Die Grundlage hierfür bilden generell die in unseren Forschungsprojekten generierten Erkenntnisse, insbesondere aber unsere spezifischen, aus der Längsschnittperspektive des vorliegenden Projekts gewonnenen Befunde. Zweitens möchte sie einen Beitrag zur Entideologisierung der aktuellen bildungspolitischen Diskussion liefern. Sie will aufzeigen, dass die ausschließliche Dramatisierung der Thematik falsch ist und dass ein differenzierter Blick Not tut. Denn der traditionell vorherrschende Blick fördert ein sich ständig wiederholendes Bild des leistungsschwachen, aus sozial benachteiligten und zerrütteten Familienverhältnissen stammenden, delinquenten und in die Sozialhilfe abgleitenden Realschülers. Zwar ist dieses Bild an sich nicht falsch. Es gibt diese Subgruppe sehr wohl und zwar auch in einem nicht zu unterschätzenden Ausmaß. Aber es gibt auch Subgruppen von Drop-outs, die nicht über diesen Leisten geschlagen werden können. Drop-outs können auch aus bildungsnahem Elternhaus stammen, aus (vordergründig) intakten Familienverhältnissen und aus Familien, in denen Bildung eine große Rolle spielt. Differenziert man den Blick auf Drop-outs auf diese Weise, dann zeigt sich auch, dass Drop-out-Verhalten nicht ausschließlich Kennzeichen abweichenden Verhaltens darstellen muss, sondern auch als aktive Identitätssuche verstanden werden kann, die insgesamt mit wenig nachteiligen Folgen für das Individuum verbunden ist.

Vor diesem Hintergrund versucht die Publikation auch, die wissenschaftlichen Befunde in ein verständliches Praxiswissen zu überführen. Diesen Anspruch lösen wir in Kapitel 9 ein. Damit bekommt die Leserschaft ein Instrument in die Hand, das ihr nicht nur Wissen vermittelt, sondern sie auch anregt, sich mit den aktuellen und den zu erwartenden Diskursen auseinanderzusetzen und sich dabei ein eigenes Urteil zu bilden.

Die Publikation umfasst vier Schwerpunkte und zehn Kapitel. Schwerpunkt A umreißt das Phänomen, skizziert den Forschungsstand und erläutert seine theoretischen Grundlagen. Kapitel 2 und 3 diskutieren bereits bestehende Konzeptualisierungen, das Ausmaß der Problematik, die Begrifflichkeiten sowie den aktuellen Forschungsstand. Diese Erkenntnisse werden in Kapitel 4 bilanziert und zu einer Synthese in Form eines Arbeitsmodells verdichtet. Der zweite Schwerpunkt,

Teil B, beschreibt in Kapitel 5 das Untersuchungsdesign. Dazu gehören die Erläuterung der Projektziele, die Präsentation des Forschungsdesigns, die Beschreibung der verschiedenen Stichproben sowie die verwendeten Instrumente, Datenerhebungs- und -auswertungsmethoden. Der dritte Schwerpunkt C stellt die Ergebnisse vor. In Kapitel 6 und 7 werden die Fragen beantwortet, wer die Drop-outs sind und wie sie charakterisiert werden können, wie sich ihr Entwicklungsweg nach dem Schulabbruch gestaltete und inwiefern sie auch zu Rückkehrern geworden sind. Im Mittelpunkt steht dabei eine spezifische Typologie, welche erlaubt, die Heterogenität der Population der Schulabbrecher aufzuzeigen. Im vierten Schwerpunkt D werden Präventions- und Interventionsmöglichkeiten dargestellt (Kapitel 9) und die Schwerpunkte unseres Präventionsprogramms STOP-DROP skizziert. Vor diesem Hintergrund werden in Kapitel 10 abschließend im Hinblick auf unsere Erkenntnisse sowohl einige theoretisch und empirisch als auch praktisch ausgerichtete Konsequenzen diskutiert. Im Anhang findet sich neben einem Glossar dann unser Präventions- und Interventionsprogramm STOP-DROP.

# Teil A
# Theoretische Grundlagen und Forschungsstand

# 2 Drop-out: ein individuelles und gesellschaftliches Phänomen

## 2.1 Das Phänomen

Drop-out handelt von Schülern, welche die Schule trotz der verankerten Schulpflicht abbrechen und somit im wahrsten Sinne des Wortes aus dem Bildungssystem herausfallen. In Europa sind es jährlich durchschnittlich 18,5%, in Deutschland 7,6% (vgl. Autorengruppe Bildungsberichterstattung, 2010, Hoffmann, 2010) und in Österreich 10% (vgl. Nairz-Wirth, Meschnig, & Gitschthaler, 2010). Eine ältere Studie aus der Schweiz geht von 5% aus (vgl. Eckmann-Saillant et al., 1994). Die Reduktion von Schulabbrüchen gilt als eine der zentralen Herausforderungen für die Qualität unserer Bildungssysteme in den nächsten Jahren. Während sozialwissenschaftliche Studien vor allem die Rolle des sozialen Hintergrunds untersuchen (Geschlecht, sozio-ökonomischer Status, kultureller Hintergrund), konzentrieren sich ökonomisch-volkswirtschaftliche Studien auf Arbeitsmarktbedingungen, welche Schulabbrüche beeinflussen sowie auf die Kosten und Renditen von Investitionen in Prävention und Intervention. Gemeinsam ist diesen Zugängen die Überzeugung, dass Drop-outs aufgrund schwerwiegender persönlicher und gesellschaftlicher Folgen eine weit größere Beachtung geschenkt werden müsste als dies bis anhin der Fall ist.

Für das Individuum stellt ein Schulabbruch ein einschneidendes Ereignis dar. Es handelt sich dabei um einen komplexen, häufig früh in der Schullaufbahn einsetzenden Prozess, der nicht selten von gegenseitiger Ablehnung oder Zurückweisung begleitet ist (Blaug, 2001). Jugendliche, welche die Schule vorzeitig verlassen, distanzieren sich nicht nur von ihr und den Lehrpersonen, sondern entfremden sich meist auch von den Mitschülern. Schulabbruch ist somit alles andere als eine Kurzschlussreaktion. Drop-outs sehen sich auch kaum als Versager. Viele erachten den Schulabbruch als positiven Entwicklungsschritt, mit dem sie ihr individuelles und soziales Erwachsenwerden markieren können. Vorzeitiges Ausscheiden aus der Schule bedeutet somit je nach Individuum etwas Anderes (Bost & Riccomini, 2006; Reckinger, 2010; Stamm, 2007a).

## 2 Drop-out: ein individuelles und gesellschaftliches Phänomen

In vielen Fällen bildet der Schulabbruch nicht das Ende einer langen Ereignisverkettung. Kann die „Abwärtsspirale" nicht unterbrochen werden, so schreitet sie auch nach dem Ausscheiden aus der Schule weiter voran (Finn, 1989). Die Forschung zeigt deutlich, welche Folgen aus frühzeitigem Schulabbruch sowohl für das Individuum selbst als auch für die Gesellschaft resultieren können (vgl. Rumberger, 2004; Tyler & Lofstrom, 2009) und wie Schulabbruch selbst häufig seine Wurzeln in der frühen Kindheit hat, weil es nicht gelungen ist, eine lang anhaltende, intrinsische Motivation für das Lernen und eine Interessenorientierung aufzubauen (vgl. Carneiro, Løken & Salvanes, 2010; Stamm, 2008a). Obwohl ein Schulabschluss noch lange keine Garantie dafür ist, tatsächlich einen beruflichen Ausbildungsplatz zu finden, stellen qualifizierende Schulabschlüsse in unserer Gesellschaft eine notwendige Voraussetzung für den Zugang zum Arbeitsmarkt und zu den daran geknüpften Einkommenschancen dar. Personen ohne Schul- oder Berufsabschluss haben nur marginale Chancen auf berufliche und soziale Integration in unserer an Höherqualifizierung interessierten Bildungs- und Dienstleistungsgesellschaft (vgl. Reckinger, 2010). Es erstaunt deshalb kaum, dass die Arbeitslosigkeit eine der am häufigsten erwähnten Folgen des vorzeitigen Schulabbruchs ist. Schulabbrecherinnen und -abbrecher haben ein deutlich höheres Risiko, arbeitslos zu werden oder für eine geringe Entlöhnung arbeiten zu müssen (vgl. Baker, Sigmon & Nugent, 2001; Kaufman, Alt & Chapman, 2004; Riepl, 2004; Rumberger, 1995; Steiner & Steiner, 2006). Gemäß der European Commission DG EAC (2005) haben gerade in Deutschland Drop-outs im Vergleich zu den anderen EU-Mitgliedsstaaten ein höheres Risiko, arbeitslos zu sein oder zu werden als Nicht-Schulabbrecher. Außerdem finden sie sich deutlich schlechter auf dem Arbeitsmarkt zu Recht als diejenigen mit Schulabschluss, nutzen seltener Weiterbildungsmöglichkeiten und verfügen deshalb über geringere Chancen, sich später höher zu qualifizieren.

Insofern kann Bildung in ihrer Bedeutung als Humankapital kaum überschätzt werden. Sie ist eine unabdingbare Ressource für individuelle Wohlfahrt und essentielle Voraussetzung für den Zugang zum Arbeitsmarkt und daran geknüpfte Einkommenschancen. Weil die Arbeitslosenrate bei Drop-outs um ein Mehrfaches höher ist, sie häufiger Gesundheitsprobleme haben, in deviante Aktivitäten verwickelt sind und abhängig von Sozialhilfe und staatlichen Unterstützungsprogrammen werden, kosten sie den Staat auch eine Menge Geld (vgl. Baker et al., 2001; Catterall, 1998; European Commission DG EAC, 2005; Kaufman, Kwon, Klein & Chapman, 1999). Es ist somit anzunehmen, dass Schulabbruch zu einer der großen zukünftigen Herausforderungen unseres Bildungssystems und zum sozialen Dynamit des 21. Jahrhunderts werden dürfte.

## 2.2 Das Ausmaß von Drop-out

Die Drop-out-Thematik wird nun auch im deutschsprachigen Europa aktuell. Laut der Bundesverfassung dürfte es in der Schweiz Jugendliche, welche die Schule vorzeitig verlassen, eigentlich gar nicht geben, denn in der Regel dauert die Schulpflicht bis zum Abschluss der Oberstufe neun Jahre. Eine Möglichkeit, das gesetzlich nicht Vorgesehene bearbeitbar zu machen, ist seine Bagatellisierung oder Negierung. Dies zeigt sich beispielsweise darin, dass die Thematik bisher nicht nur eine gesellschaftspolitische Black Box darstellte, sondern auch in Bezug auf das statistische Datenmaterial inexistent war. In Deutschland und Österreich ist dies ähnlich. Riepl (2004) führt dies unter anderem darauf zurück, dass der Begriff des Schulabbruchs zu unscharf sei, um ihn als spezifische Analysekategorie zu verwenden.

Drop-outs werden in der Schweiz von keinem Kanton – Folge dessen auch nicht vom Bundesamt für Statistik – erfasst, so dass man auf Erfahrungen einzelner Ämter und Institutionen angewiesen ist. Sie müssen geschätzt werden oder die Daten aus bereits vorhandenen Studien entnommen werden. In größeren Städten und Agglomerationen geht man gemäß der Auskunft Schulpsychologischer Dienste von jährlich 100 bis 200 Schulabbrechern aus und eine ältere SNF-Studie zu Jugendlichen ohne Qualifikation von 6-9% (Eckmann-Saillant et al., 1994). Brisant ist zudem die Tatsache, dass Time-out-Schulen[1] gegenwärtig wie Pilze aus dem Boden schießen (vgl. Hascher, Knauss & Hersberger, 2004; Mettauer & Szaday, 2005; Schweizerischer Nationalfonds (SNF), o.J.).

Die EU hat im Jahr 2003 beschlossen, angesichts der hohen Drop-out-Raten in den Mitgliedsländern deren Senkung auf 10% als vorrangige Benchmark für das Jahr 2010 zu erklären (Rat der Europäischen Union, 2009). Zu den Drop-outs gehören gemäß EUROSTAT (2009) junge Erwachsene zwischen 18 und 24 Jahren, welche höchstens die Sekundarstufe I absolviert haben und keine Aus- oder Weiterbildungsmaßnahme besuchen. Einigen Ländern wie beispielsweise Deutschland ist dies mit einer Drop-out-Quote von 7,9% gelungen (vgl. Stamm, 2007a), die damit etwa halb so hoch wie der gesamteuropäische Durchschnitt liegt. Wie Abbildung 1 zeigt, haben insgesamt zehn der 34 Europäischen Staaten die Benchmark von 10% erreicht, dazu gehören die Tschechische Republik, Litauen, Luxemburg, Österreich, Polen, Slowenien, Slowakei, Finnland, Schweiz und Kroatien, während elf Länder diesen knapp verpasst haben und unter dem Durchschnittswert der EU liegen. Alle übrigen

---

[1] Time-out Schulen nehmen die Schülerinnen und Schüler mit Verhaltensproblemen für eine bestimmte Zeit auf, um sie dann wieder in der regulären Schule zu reintegrieren. Aus den beiden aktuellen Evaluationen zu Time-out-Projekten (vgl. Hascher et al., 2004; Mettauer & Szaday, 2005) wissen wir jedoch, dass 70% ausgeschlossen werden und nicht mehr in ihre ursprüngliche Schule zurückkehren.

Staaten weisen eine Rate zwischen 16,7% und 44,3% auf. Besonders negativ fallen Spanien, Portugal, Malta und die Türkei mit einer Drop-out-Rate von über 25% auf (vgl. Abbildung 1).

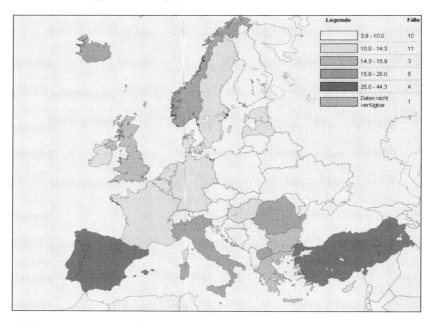

**Abbildung 1: Geographische Übersicht der EU Benchmark 2010 (EUROSTAT, 2009)**[2]

In den USA zeigen sich ähnliche Dimensionen. Jedes Jahr verlassen zwischen 12% und 20% der Jugendlichen die High School vorzeitig ohne Abschluss. Dabei hat Rumberger ausgehend von der Hypothese, dass bei den Drop-outs sozio-demographische Minderheiten übervertreten sind, bereits 1995 vorhergesagt, dass die Anzahl der Schulabbrecher aufgrund des demographischen Wandels ansteigen wird, da die Schülerzahlen innerhalb gesellschaftlicher Minoritäten zunehmen. Rumbergers Hypothese konnte zumindest für die USA empirisch bestätigt werden, was auch die Mühen der amerikanischen Regie-

---

2   Alle Länder unter 10% entsprechen der EU-Benchmark 2010 und haben somit das Ziel erreicht. Die zweite Schwelle 14,3% entspricht der EU-25-Durchschnittsrate und die dritte Schwelle 15,9% der EU-15-Durchschnittsrate. Als letzte Schwelle wurde 25% gewählt, um die Extremfälle deutlich zu machen. Es sei auch auf das EU-Projekt „Lifelong Learning" - School Inclusion – Preventing Early School Leaving" hingewiesen, dass Faktoren für den frühzeitigen Schulabgang ermittelt und auf der Grundlage von Best-Practice-Erfahrungen Schulabschlüsse wahrscheinlicher werden lassen möchte. Adressaten sind in erster Linie Lehrkräfte.

rung erklärt, die seit Anfang der 1990er Jahre versucht, die Drop-out-Rate zu senken (vgl. Balfanz & Legters, 2004). Insgesamt sind entsprechende Berechnungen und auch die statistischen Erhebungen ausgesprochen umstritten, nicht zuletzt aufgrund der unterschiedlichen Definitionen und Drop-out-Konzepte.

## 2.3 Konzepte und Begrifflichkeiten

Ein Blick in die Literatur bestätigt die Vielfältigkeit und Uneinheitlichkeit der Begriffe und Konzepte, wobei sich die Situation im englischen und deutschen Sprachraum unterschiedlich darstellt. In den angloamerikanischen Ländern wurden in der bisherigen Forschung vor allem die Begriffe „Drop-outs" (USA) und „Early school leavers" (Großbritannien) verwendet (vgl. Blaug, 2001; Stamm, 2007a). In den USA gilt als Drop-out, wer die Schule ohne allgemeinen Schulabschluss (High School) verlässt. Verwirrender wird die Begriffsfrage im europäischen und insbesondere im deutschsprachigen Raum. Der Begriff „Drop-out" wurde in den späten 1960er Jahren von der Bildungsökonomie in den deutschen Sprachraum eingeführt, wo er entweder direkt aus dem Englischen übernommen oder übersetzt wurde, etwa als Schulabbruch oder frühzeitiger Schulabgang (Knapp, Hofstätter & Palank, 1989). Heute werden neben der Adaption der angloamerikanischen Terminologie eine Reihe deutscher Begriffe wie Schulabbrecher, Schulabgänger, Schulverweigerer etc. verwendet, was insgesamt zu einer etwas irreführenden Koexistenz führt. Des Weiteren ist es problematisch, dass die Thematik sowohl in der Fachliteratur als auch in statistischen Erhebungen nur spärlich aufgearbeitet ist (Stamm, 2007a). Eine Ausnahme bildet der statistische Informationsdienst der Europäischen Union EUROSTAT (2008), der eine vergleichende Statistik von „Early school leavers" führt. In diesem werden die frühen Schulabgänger als junge Erwachsene zwischen 18 und 24 Jahren definiert, welche höchstens die Sekundarstufe I absolviert haben und keine Aus- oder Weiterbildungsmaßnahme besuchen (vgl. Kapitel 2.2). Aus einer wirtschaftlichen und arbeitsmarktpolitischen Perspektive wären Bezeichnungen wie „junge Unqualifizierte" (vgl. Lechner, Reiter, Reiter & Weber, 1997) oder „Jugendliche ohne Berufsausbildung" geeigneter und zielgerichteter, hingegen ist es aus einer schulzentrierten oder bildungspolitischen Sicht verständlich, dass von „Early school leavers" gesprochen wird, da der Bezugspunkt das Bildungssystem ist, dem die Jugendlichen nicht mehr angehören (Riepl, 2004).

Neben EUROSTAT nimmt der Deutsche Bildungsbericht (2008, S. IX) eine Spezifizierung der Begrifflichkeit vor. Er differenziert zwischen Schulabgängern, Schulabbrechern sowie Ausbildungsabbrechern. Obwohl diese Begriffsklärung bis heute noch zu keinem allgemeinen Konsens geführt hat,

liefert sie doch zumindest eine gute Basis für zukünftige Diskussionen (vgl. Hillenbrand & Ricking, 2011).
- Schulabgänger: Zu ihnen gehören Jugendliche, welche nach Vollendung der Schulpflicht einen Ausbildungsgang verlassen, ohne in einen anderen allgemeinbildenden Ausbildungsgang zu wechseln. Der Bezug auf die Vollendung der Schulpflicht ist relevant, da er auf den rechtlichen Status der Schulbildung verweist und als Differenzierungskriterium gegenüber Schulabbrechern zum Einsatz kommt.
- Schulabbrecher: Zu ihnen werden Schülerinnen und Schüler gezählt, die noch vor Vollendung der Schulpflicht ohne Abschluss die Schule verlassen.
- Ausbildungsabbrecher: Diese umfassen Jugendliche, welche einen beruflichen Ausbildungsgang vorzeitig abbrechen und somit im Vergleich zu den Schulabbrechern die obligatorische Schulpflicht erfüllen. Diese Wahl der Begrifflichkeit verweist auf die Tatsache, dass die Schule zu unterschiedlichen Zeitpunkten und somit auf verschiedenen Schulstufen vorzeitig „verlassen" wird.

Andere Terminologien beziehen sich stärker auf die Motive des Drop-out-Verhaltens. Riepl (2004) unterscheidet von den Schulabgängen und -abbrüchen die Schulverweigerung. Sie definiert sie als „die Absenz von schulpflichtigen Schülern, die die Schule aufgrund der Schulpflicht noch nicht abbrechen können" (ebd., S. 7). Wieder andere Terminologien sprechen von Schulverweigerung*en* und differenzieren zwischen permanenter resp. gelegentlicher Schulverweigerung sowie der Dauer des Drop-outs. Schreiber-Kittl und Schröpfer (2002) gelangen so zu einer Einteilung in permanente Kurzzeitschulverweigerer, gelegentliche Langzeitschulverweigerer, permanente Langzeitschulverweigerer sowie notorischen Schulverweigerer ein.

Die Diversität der Konzepte und Begrifflichkeiten verweisen auf die verschiedenen Dimensionen, die dem Phänomen zu Grunde liegen (Zeitpunkt des Drop-outs, Motiv, Dauer etc.). Gemeinsam ist ihnen lediglich der Fokus auf die jugendlichen Aussteiger, die sich aus dem Bildungssystem ausgeklinkt haben und sich nachhaltig von denen unterscheiden, die stetig im System bleiben (vgl. Drinck, 1994). Eine solche Verallgemeinerung hat zwar den Vorteil, dass die unterschiedlichsten Dimensionen des Phänomens einbezogen werden können, geht jedoch mit dem Nachteil begrifflicher Vagheit einher. Hinzu kommt, dass der Begriff Drop-out die Abbruchentscheidung auf der individuellen Ebene verortet und somit direkt oder indirekt die betroffenen Jugendlichen selbst verantwortlich macht (vgl. Blaug, 2001; Riepl, 2004).

In Anlehnung an die begriffliche Differenzierung im Bildungsbericht (2008) und die Erläuterungen hierzu bei Hillenbrand und Ricking (2011) verwenden wir in unserer Studie die Definition des „Drop-outs" als „Schulabbrecher", d.h. als derjenigen Schülerinnen und Schüler, die noch vor Vollendung der Schulpflicht ohne Abschluss die Schule verlassen. Dabei berücksichtigen wir neben dieser individuellen Perspektive die Tatsache, dass auch Schulen am Abbruchentscheid beteiligt sind und dass Drop-out kein kontinuierlicher Zustand sein muss. Drop-outs können zu Wiedereinsteigern und Aufsteigern, aber auch zu tatsächlichen Aussteigern werden. Insofern ist festzuhalten, dass in vielen Fällen kein eigentlicher Abbruch, im herkömmlichen Wortgebrauch vorliegt, sondern vielmehr unterschiedliche Formen risikobehafteter schulischer Mobilität sowohl vertikal (Auf- und Abstieg), horizontal (z.B. Schulwechsel), als auch temporär (z.B. Time-out) (vgl. Gasper, DeLuca & Estacion, 2010). Eine solche weitgefasste Definition ermöglicht es, das Phänomen in seiner Breite und Tiefe zu erfassen und das Feld anhand der Empirie zu strukturieren.

# 3 Zum Status quo der Drop-out-Forschung

Wie bereits aufgezeigt, ist im Gegensatz zur Schweiz und zur gesamten deutschsprachigen Forschung die Drop-out-Problematik im anglo-amerikanischen Sprachraum seit Jahren ein breit bearbeitetes und gesellschaftlich stark beachtetes Thema.[1] Das zeigt sich allein an der Tatsache, dass die Abfrage in der ERIC[2] Datenbank allein seit 1990 mehr als 5000 Artikel zu Tage gefördert hat. Filtert man die zahlreichen Aufsätze mit rein bildungspolitischem Charakter heraus, so lassen sich die Forschungsaktivitäten zu insgesamt fünf Schwerpunkten verdichten (Stamm, 2006a):

Arbeiten, die sich auf individuelle Merkmale von Jugendlichen wie Geschlecht, Herkunft, Intelligenz und Schulleistung und deren Zusammenhang mit dem Drop-out konzentrieren (vgl. Barrington & Hendricks, 1989; Barro & Kolstad, 1987).

Arbeiten, die vor allem die Entwicklungsperspektive betonen, häufig längsschnittartig angelegt sind (vgl. Alexander, Entwisle & Horsey, 1997; Fine, 1991; Finn, 1989; Garnier, Stein & Jacobs, 1997) und entweder den schulischen Misserfolg oder die fehlende Partizipation als ursächlich für den Schulabbruch identifizieren.

Arbeiten, die auf einen einzelnen Bereich fokussieren und den Zusammenhang mit Drop-out untersuchen. Zu nennen sind insbesondere die Untersuchungen zur Bedeutung von Peers (vgl. Ellenbogen & Chamberland, 1997; Olweus, 1993), von Klassenwiederholung und Schulpräsenz (vgl. Grissom & Shepard, 1989; Roderick, 1994; Stamm, Holzinger, Suter & Stroezel, 2011), von Testergebnissen und Übertrittsraten (vgl. Rumberger & Palardy, 2005), zum Zusammenhang von Drop-out und Hochbegabung (vgl. Renzulli & Park, 2002) oder zur familiären Unterstützung (vgl. Alexander, Entwisle & Kabbani, 2001).

Arbeiten, die Drop-out in den breiteren Kontext schulischer Leistung stellen (vgl. Coleman, 1990; Croninger & Lee, 2001; Ekstrom, Goertz, Pollack &

---

1   Darüber hinaus existieren auch seit neuem einzelne Forschungsarbeiten im asiatischen und afrikanischen Raum (vgl. Anaga, 2011; Majzu & Rais, 2010; Joubish & Khurram, 2011; Sabates, Hossain & Lewin, 2010).
2   Education Ressources Information Center, welches die grösste digitale Datenbank für erziehungswissenschaftliche Literatur darstellt (Stand 2007) (vgl. Stamm, 2007a).

Rock, 1986) oder die Perspektive der Resilienz betonen (vgl. Astone & McLanahan, 1991; Catterall, 1998).

Arbeiten, die den Blick um die institutionelle Perspektive erweitern und die Rolle der Schule in den Blick nehmen (vgl. Lee & Burkam, 1992; Lee & Burkam, 2003; Riehl, 1999; Rumberger & Palardy, 2005; Stamm, 2009; Wehlage & Rutter, 1986).

Diese fünf Schwerpunkte verdeutlichen die unterschiedlichen Vorstellungen zu den Verantwortlichkeiten für den Schulabbruch. Die ersten drei Perspektiven entsprechen dem traditionellen Überzeugungsmuster, das die Verantwortlichkeit des Schulabbruchs dem Individuum zuschreibt und psychologische sowie soziale Merkmale ins Zentrum stellt. Der vierte und explizit der fünfte Schwerpunkt hingegen erweitern den Blickwinkel auf den Kontext institutioneller Art und fragen, welchen Anteil die Schulen mit ihren Entscheidungen tragen, die zum Schulabbruch führen. Diese jüngere Forschungsperspektive liefert sowohl empirische (vgl. Lee & Burkam, 2003) sowie theoriebasierte (vgl. Riehl, 1999) Hinweise für die Vermutung, wonach Schulen über ihre Organisation, ihre Struktur und ihr Schulklima Drop-out-Verhalten aktiv beeinflussen können. Risikofaktoren sind demnach nicht nur bei den Jugendlichen selbst zu suchen, sondern auch in der Schule und in den Familien (Hennemann, Hagen & Hillenbrand 2010; Traag & van der Velden, 2006).

## 3.1 Empirische Erkenntnisse

Die beiden Zugänge der individuellen und institutionellen Perspektive bilden ein geeignetes Rahmenkonzept, das einen Beitrag zum besseren Verständnis der Hintergründe und Entwicklungsdynamik von Schulabbruch leistet.

**Auf das Individuum zentrierte Perspektive**

Die auf das Individuum fokussierende Perspektive fokussiert auf Persönlichkeits- und Familienmerkmale sowie sozio-ökonomische Hintergrundfaktoren als primäre Ursachen für Drop-out. Schulabbruch gilt deshalb als weitgehend freiwilliger Akt individueller Nachlässigkeit und – falls er auch mit disziplinarischen oder strafrechtlichen Problemen verbunden ist – als individuelle Pflichtverletzung. Drop-out wird deshalb als eine Form von abweichendem Verhalten verstanden. Aufgrund der bisherigen Dominanz dieser Perspektive sind die personellen Charakteristika auch am besten untersucht. Die verfügbaren Erkenntnisse lassen sich fünf Kategorien zuordnen: dem sozialen Hintergrund (bescheidene sozio-ökonomische Herkunft, Migrationsstatus, häufige Wohnort- und Schulwechsel sowie Jobben neben der Schule, vgl. Rumberger & Lamb, 2003), den Familienmerkmalen (zerrüttete Familienstrukturen, fehlendes Commitment resp. Monitoring der Eltern gegenüber der Schule sowie ein autoritärer oder permissiver Erziehungsstil, vgl. Glasgow, Dornbusch, Troyer, Steinberg & Ritter, 1997; Jacobsen & Hofmann, 1997), den Schulleistungen (bescheidene kognitive Fähigkeiten, schlechte Schulnoten, Klassenwiederholung, vgl. Roderick, 1994; Rumberger & Larson, 1998), persönlichen und sozialen Anpassungsschwierigkeiten (geringe Leistungsmotivation, Disziplin- und Delinquenzprobleme, Schuleschwänzen, vgl. Ricking, 2003) sowie den Gleichaltrigen (ähnlich gesinnte Drop-out-Freunde, wenig populär und von Schulkameraden zurückgewiesen, wenig in soziale Netzwerke eingebunden, vgl. Ellenbogen & Chamberland, 1997). Insgesamt besteht zwar kein Konsens, welcher der Prädiktoren die stärkste Vorhersagekraft aufweist. Doch ist sich die Forschung weitgehend darüber einig, dass es sich beim Phänomen Dropout um einen multifaktoriellen Zusammenhangskomplex handelt.

Geschlecht: In der Forschung ist das Bild vorherrschend, wonach Dropout ein Phänomen darstellt, von dem männliche Jugendliche deutlich stärker betroffen sind als weibliche (vgl. Tansel, 1998; Traag & van der Velden, 2006; UNICEF Romania, o. J.; Varesano, Friscik & Trochu-Grasso, 2008). Gemäß Rumberger & Lamb (2003) brechen Jungen dreimal häufiger die Schule ab als Mädchen. Ein ähnliches Bild, allerdings nicht in dieser deutlichen Ausprägung, zeigt die deskriptive Analyse von EUROSTAT (2008), wie in Abbildung 2 ersichtlich ist. In allen Ländern bis auf die Türkei, Rumänien, Mazedonien und Bulgarien liegt die Drop-out-Rate der Jungen über derjenigen der Mädchen.

Die Gründe für diese Geschlechtsspezifik sind nicht in allen Facetten erforscht. In neuster Zeit verläuft die Diskussion darüber in einem umfassenderen Rahmen. Auslöser sind neue Messmethoden, die aufzeigen, dass Mädchen in ebenso bedeutendem Ausmaß die Schule abbrechen, die Gründe jedoch meist andere sind – Schwangerschaft, Unterstützung von Familienmitgliedern, psychotische Erkrankungen, Mobbing (vgl. National Economic and Social Forum, 2001) – und deshalb seltener als Drop-outs registriert werden. Mädchen gehören zur möglicherweise relativ großen Gruppe der so genannten „Hidden Drop-outs" (Civil Rights Project, 2006). Somit ist das Geschlechterverhältnis hinsichtlich der Drop-out-Rate zu relativieren. Vielmehr ist mit geschlechtsspezifischen Unterschieden in den Problemkonstellationen und -manifestationen, die zu einem Schulabbruch führen, zu rechnen.

3 Zum Status quo der Drop-out-Forschung

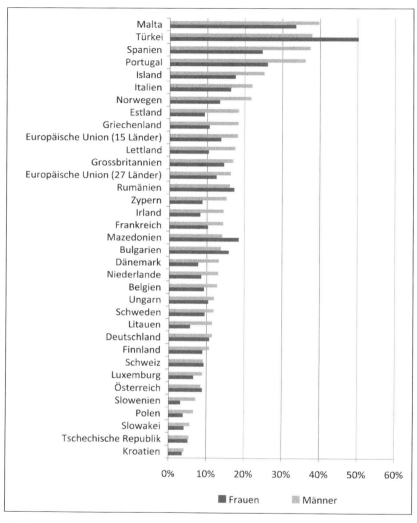

Abbildung 2: Ausmaß der Early school leaver in Europa nach Geschlecht (EUROSTAT, 2008)

Leistungsmerkmale: Ebenfalls als starke Prädiktoren für den Schulabbruch gelten leistungsrelevante Hintergrundvariablen wie Schulnoten, Klassenwiederholung und kognitive Fähigkeiten sowie personenbezogene und umweltabhängige Faktoren (Leistungsmotivation, Verhaltens- und Disziplinprobleme,

Schuleschwänzen). Jugendliche, die diese Faktoren auf sich vereinigen, gelten generell als Schüler mit Risikofaktoren (vgl. Alexander et al., 2001; Beekhoven & Dekkers, 2005; Cairns, Cairns & Neckermann, 1989; Ensminger & Slusarcick, 1992; Finn & Rock, 1997; Montes & Lehmann, 2004; Rumberger & Larson, 1998; Traag & van der Velden, 2006). In Bezug auf Schulleistungen besteht in der Forschung ein Konsens, wonach Drop-outs schlechtere Schulleistungen zeigen als Jugendliche, die in der Schule verbleiben und diese abschließen (vgl. Traag & van der Velden, 2006; Traag, Marie & van der Velden, 2010). Hickman, Bartholomew, Mathwig und Heinrich (2008) weisen in ihrer Längsschnittstudie zudem einen Schereneffekt nach und zwar insofern, als sich messbare standardisierte Leistungsunterschiede zwischen Drop-outs und Jugendlichen mit Schulabschluss zwischen der 5. und 8. Klasse verstärken.

Diskontinuierliche Schullaufbahnen: Eine große Anzahl amerikanischer Untersuchungen zeigt auf, dass Klassenwiederholung, insbesondere in den ersten Schuljahren, die Chance zum Schulabbruch signifikant erhöht (vgl. Alexander et al., 1997; Grissom & Shepard, 1989; Hickman et al., 2008; Roderick, 1994). Solche Kinder und Jugendliche haben im Vergleich zu nicht zurückversetzten Schülern ein viermal höheres Risiko zum Schulabbruch (Rumberger, 1995) – und dies auch nach Kontrolle von sozio-ökonomischem Status, Schulleistung und Schulfaktoren. In der Schweiz konnten Tresch und Zubler (2009), die auf Basis von statistischen Daten verschiedene Bildungswege von Aargauer Schülerinnen und Schülern vom Schuleintritt bis zum Abschluss der Volksschule untersucht hatten, des Weiteren aufzeigen, dass knapp die Hälfte (47%) der Jugendlichen auf eine nicht reguläre Schullaufbahn zurückblickt (vgl. auch Forschungsgemeinschaft PISA Deutschschweiz/FL 2005). Gemäß Moser, Keller und Tresch (2003) müssen frühzeitig eingeschulte Kinder bis zum Ende des 3. Schuljahres wesentlich häufiger eine Klasse wiederholen (26%) als regulär (7%) oder verspätet eingeschulte Kinder(4%). Fast identisch sind die Befunde von Bellenberg (2005, 2011). Obwohl es auch Untersuchungen gibt, welche zu gegenteiligen Schlüssen kommen (Lehmann, Peek, Gänsfuss & Husfeldt, 2002), scheint der Einschulungszeitpunkt ein möglicher Risikoindikator für den weiteren schulischen Verlauf zu sein.

Von der Drop-out-Forschung bisher kaum berücksichtigt worden sind Befunde aus der Hochbegabungsforschung. Problematisch ist dies insofern, weil damit Schulabbrecher per se als homogene Gruppe verstanden werden (Stamm, 2007b). Gerade die Tatsache, dass rund 5% der überdurchschnittlich begabten Jugendlichen einmal die Schule oder einen Ausbildungsgang abbricht, verweist auf die Notwendigkeit, den Blick verstärkt auf die Heterogenität von Drop-outs zu richten. Begabte Drop-outs entlarven damit das verzerrte Bild des leistungsstarken und motivierten Schülers mit einer unhinterfragt stabilen

Schullaufbahn und verweisen auf die möglicherweise problematische Konvergenz von risikofreier Schullaufbahn und Schulerfolg (vgl. Stamm, 2007a; 2008a). Zum gleichen Ergebnis kommt die SNF-Studie von Eckmann-Saillant et al. (1994), welche mit den „Révoltés anticonformistes" deutliche Hinweise dafür liefert, dass die Drop-out-Problematik auch die oberen Enden der Skalen umfasst. In den USA ist diese Thematik bereits gut erforscht (vgl. Hecht, 1975; Lajoie & Shore, 1981; Renzulli & Park, 2002; Seely, 1993), hierzulande erst in Ansätzen (vgl. Stamm, 2008a).

Auch bei begabten Drop-outs ist sowohl von einer geringen Leistungsmotivation als auch von Geschlechterdifferenzen auszugehen (vgl. Alexander et al., 1997). „Males are more strongly affected by their school performance and their school motivation in their chance of dropping out than females" (Traag & van der Velden, 2006, S. 21).

Schuleschwänzen und Abkoppelungsprozesse: Grundsätzlich nehmen Drop-outs die Schule negativer wahr als Jugendliche, die in der Schule verbleiben (vgl. zusammenfassend Hillenbrand & Ricking, 2011). Insofern überraschen Befunde nicht, wonach Drop-outs vor ihrem Schulabgang häufiger die Schule geschwänzt haben. So wissen wir aus verschiedenen Längsschnittstudien, dass Drop-outs bereits im Kindergarten häufiger fern bleiben als Schülerinnen und Schüler, die einen Abschluss machen (vgl. Alexander et al., 1997). Zudem sind solche Jugendliche, die bereits früh in der Adoleszenz als „problematisch" etikettiert worden waren, gefährdeter, zu einem Drop-out zu werden (Hickman et al., 2008). Die Forschung ist sich auch weitgehend einig, dass schulische Disziplinprobleme ihren Anfang häufig früh und außerhalb der Institution Schule nehmen und auf problematisches erzieherisches Verhalten der Eltern vor der Einschulung zurückzuführen sind (Garnier et al., 1997).

Drop-out und problematisches Verhalten: Verschiedene Studien weisen nach, dass Jugendliche, die deviantes, d.h. von der Norm abweichendes Verhalten zeigen, ein bis zu 17-fach erhöhtes Drop-out-Risiko haben (Glueck zit. n. Hickman et al., 2008). Darunter fallen Delinquenz und Kriminalität als auch schulaversives oder selbstverletzendes Verhalten. Insgesamt sind die Richtungen von Ursache und Wirkung allerdings nicht geklärt. Längsschnittliche Untersuchungen wie die von Cairns et al. (1989), Alexander et al. (1997), oder Garnier et al. (1997) liefern empirische Unterstützung für die Vermutung, dass das Ausmaß schulischer, familiärer und persönlicher Probleme zwischen den Drop-outs schwankt. Schülerinnen und Schüler mit schlechten Schulleistungen und problematischem Verhalten werden zwar mit größerer Wahrscheinlichkeit zu Schulabbrechern als gute Schülerinnen und Schüler ohne Verhaltensprobleme, trotzdem bilden sie nicht die Mehrheit der Drop-outs. In der Untersuchung von Cairns et al. (1989) beispielsweise zeigten 45% der Drop-outs zwar schlechte Schulleistungen, aber keine problematischen Verhaltensweisen, 45% ein hohes Ausmaß an Aggression, aber durchschnittliche Schulleistungen, und bei 10% handelte es sich um Drop-outs ohne schulische oder verhaltensbezogene Probleme. Bei der letzten Gruppe handelt es sich um durchaus intelligente, herausfordernde und kreative Jugendliche, die aus eher bildungsnahen Elternhäusern stammen, jedoch häufig sozial isoliert sind und sich emotional langsam von der Schule entfernen (Stamm, 2009).

Sozio-ökonomischer Hintergrund und Familienfaktoren: Neben Persönlichkeitsmerkmalen, leistungsrelevanten Hintergrundvariablen sowie personenbezogenen und umweltabhängigen Faktoren weisen Familienfaktoren einen wichtigen Stellenwert in Bezug auf den Drop-out auf. Gut dokumentiert ist in verschiedenen europäischen Ländern, dass sich Drop-outs von Non-Dropouts in ihrer sozialen Herkunft unterscheiden. Wenngleich Schulabbrecher aus allen Schichten stammen, sind Jugendliche, deren Eltern dem Arbeitermilieu angehören, tiefere Schulbildung besitzen oder arbeitslos sind, häufiger unter den Drop-outs zu finden (vgl. National Economic and Social Forum, 2001; Montes & Lehmann, 2004; Renzulli & Park, 2002; Steiner, Steiner & Erkinger, 2005; Traag & van der Velden, 2006). In die Liste solcher Befunde lassen sich auch die Ergebnisse zu Jugendlichen mit Migrationshintergrund einreihen. Einige Studien legen nahe, dass Jugendliche, welche die Staatsbürgerschaft des jeweiligen Landes, in dem sie leben, nicht besitzen, unter den Drop-outs übervertreten sind (vgl. Hickman et al., 2008; Steiner et al., 2005). Allerdings können solche Befunde nicht unwidersprochen bleiben, da sie auf Daten rekurrieren, die hinsichtlich der sozialen Herkunft und des Bildungsgrades der Eltern nicht kontrolliert worden sind. Traag & van der Velden (2006) belegen anhand eines Mehrebenenmodells, „[...] that this study found no significant effects for the risk of dropping out of school for students from ethnic minorities when controlling for parental resources like social class and parental education" (p. 27). Dennoch, so stellen die Autoren fest, scheinen Jugendliche mit Migrationshintergrund nach der obligatorischen Ausbildung häufiger das Ausbildungssystem zu verlassen als solche ohne Migrationshintergrund. Dieser Befund deckt sich mit Daten aus der Schweiz (vgl. Meyer, 2004).

Verschiedene Studien haben ferner den Zusammenhang zwischen elterlichem Erziehungsstil und Schulabbruch untersucht. Rumberger, Ghatak, Poulos, Ritter & Dornbu (1990) sowie Alexander et al. (1997) kamen dabei zum Ergebnis, dass insbesondere ein permissiver Erziehungsstil und die Einstellungen der Eltern herausragende Prädiktoren für Drop-out sind (Rumberger et al., 1990).

Seit Coleman (1987) herausgefunden hat, wonach sich nicht nur kulturelles und ökonomisches, sondern auch soziales Kapital über das schulorientierte

Commitment der Eltern indirekt in den Schulleistungen ihrer Kinder manifestiert, ist die Eltern-Kind-Beziehung wiederholt unter diesem Fokus überprüft worden. Neuere Studien bestätigen überdies, dass Merkmale des Erziehungsstils (Baumrind, 1991) mit Schulabbruch verknüpft sind. Ein autoritativer Erziehungsstil wirkt drop-out-reduzierend, autoritäres oder permissives Verhalten hingegen drop-out-förderlich (vgl. Glasgow et al., 1997; Jacobsen & Hofmann, 1997). Verschiedene Studien kommen ferner zum Schluss, dass der Verlust eines Familienmitgliedes durch Tod oder Scheidung oder andere Familienprobleme den Entscheid zum Drop-out wesentlich beeinflussen kann (vgl. Croninger & Lee, 2001; Rumberger, 1987).

Mobilität: Als ebenfalls aussagekräftige Faktoren gelten Mobilität, d.h. häufige Wohnort- und Schulwechsel (vgl. Hickman et al., 2008; Rumberger & Larson, 1998; Stamm, Ruckdäschel & Templer, 2009), Jobben neben der Schule (vgl. Rumberger & Lamb, 2003) und Teenagerschwangerschaften (vgl. Anderson, 1993). Die letztgenannten Befunde dürften allerdings in erster Linie für den amerikanischen Kulturraum Gültigkeit haben. In dieser Perspektive besonders bedeutsam sind die Befunde von Lee und Burkam (1992) oder Swanson und Schneider (1999), wonach es sich bei mehr als 50% der Schulaustritte um Schulwechsel handelt, die nicht mit einem Umzug der Familie einher gehen, sondern ihre Ursache in verdeckten oder offenen, von der Schule arrangierten Abbrüchen oder Ausschlüssen haben.

Peers: Schließlich weist die einschlägige Forschung auf die große Bedeutung der sozialen Welt der Adoleszenten, der Peers, hin. Beachtung verdienen vor allem die Befunde von Ellenbogen und Chamberland (1997) oder French und Conrad (2001) sowie Cullingford und Morrison (1997). Diese Studien weisen nach, dass vom Schulabbruch bedrohte Jugendliche häufiger ähnlich gesinnte Freunde haben als nicht gefährdete Jugendliche. Oder sie gehören zu den eher zurückgewiesenen, wenig populären Schülern und sind folge dessen auch kaum in soziale Netzwerke eingebunden. Rumberger (2004) verweist jedoch auch auf die Ambivalenz der Bedeutung von Peers. Gute Freunde innerhalb der Schule können sowohl die Bindung an die Schule verstärken als auch mit ihrem schulaversiven Gedankengut zu schuldistanziertem Verhalten beitragen und Drop-out-Verhalten geradezu provozieren (Bächinger, 2011).

Gründe für den Schulabbruch: Warum brechen Schülerinnen und Schüler ihre Schullaufbahnen vorzeitig ab? Spielt die Schule im Leben solcher Jugendlicher nicht die große und wichtige Rolle, die ihr allenthalben zugeschrieben wird? Darauf gibt es kaum Antworten deutschsprachiger Untersuchungen (ansatzweise Blaug 2001; Drinck 1994; Eckmann-Saillant et al., 1994; Schreiber-Kittl & Schröpfer, 2002), so dass auf amerikanische Untersuchungen zurückgriffen werden muss, wohlwissentlich, dass es sich um kulturelle Transplantate handelt, die nur mit der nötigen Distanz zur Kenntnis genommen und interpretiert werden dürfen.

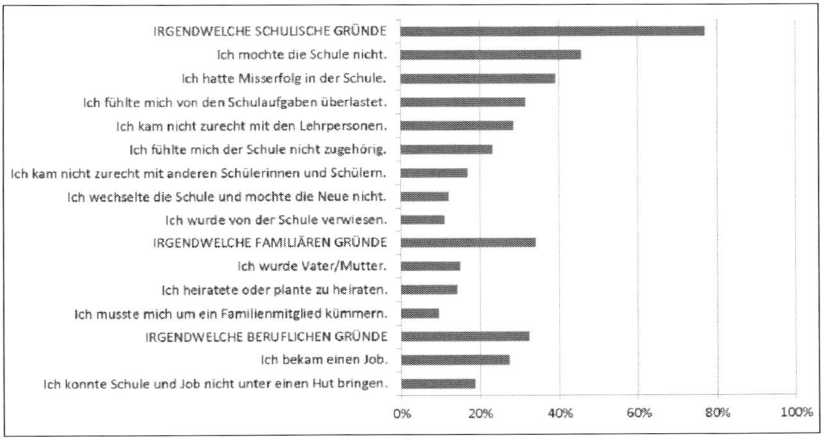

**Abbildung 3: Gründe für den Schulabbruch (Berktold et al. 1998; Mehrfachantworten)**

Aus Abbildung 3 wird ersichtlich, dass in der Studie von Berktold, Geis, Kaufman, & Carroll (1998) Drop-outs mehr als fünfzehn verschiedene Gründe angaben, die zu ihrem vorzeitigen Ausscheiden geführt hatten. Schulbezogene Gründe wurden von mehr als drei Viertel der Befragten genannt, während familiäre und job-bezogene Gründe ca. ein Drittel ausmachten. Die am häufigsten genannten Gründe waren „Ich mochte die Schule nicht" (4%), „Ich hatte Misserfolg in der Schule" (3%), „Ich kam nicht zurecht mit den Lehrern" (29%) und „Ich bekam einen guten Job" (2%). Fehlender Schulerfolg und Negativgefühle der Schule gegenüber waren somit aus Sicht der Drop-outs die Hauptgründe für ihren Schulabbruch.

Gesamthaft zeigen diese Befunde große Ähnlichkeiten mit den Befunden von Eckmann-Saillant et al. (1994), die vier Hauptgründe identifizieren: Eine erste Gruppe von Gründen kann unter dem Stichwort „keine Lust auf Schule" resp. „kein Spaß an der Schule" gebündelt werden. Weitere Gründe sind zweitens das Interesse, Geld zu verdienen, drittens zu schlechte schulische Leistungen und viertens Probleme während der Schulzeit. Diese Probleme betreffen dabei meistens Differenzen mit Lehrpersonen.

**Fazit**
Aus einer auf das Individuum ausgerichteten Perspektive erweist es sich als schwierige Aufgabe, das Phänomen des Schulabbruchs zu erklären, nicht nur deshalb, weil die Forschung eine große Anzahl individueller, familiärer und kontextueller Faktoren identifiziert hat, sondern auch, weil die gleichen Faktoren die Schüler in unterschiedlicher Art und Weise und zu unterschiedlichen Zeitpunkten beeinflussen. Trotz dieser Schwierigkeiten liegt eine ganze Anzahl an Studien vor, welche belegen, dass Schulabbrecher durchgehend ungünstigere Merkmale zeigen als Schüler, welche die Schule regulär abschließen (Alexander et al., 2001; Garnier et al., 1997; Rumberger, 2004; Schreiber-Kittl & Schröpfer, 2002). Berichtet werden persönliche und soziale Anpassungsschwierigkeiten, ein ungünstiger leistungsrelevanter Hintergrund sowie deprivierte Familienverhältnisse. Jugendliche, die verschiedene dieser Faktoren auf sich vereinen, gelten als Schüler mit Risikofaktoren. Gleichzeitig verweist diese Vielfalt darauf hin, dass es *den* Schulabbrecher offenbar nicht gibt. Verschiedentlich festgehalten, dass Risikofaktoren immer sehr unterschiedliche Auswirkungen hätten und deshalb kein Drop-out gleich wie der andere sei (Blaug, 2001; Ellenbogen & Chamberland, 1997). Vor diesem Hintergrund versuchen einige Studien allerdings mittels Typologien, die unhinterfragt vorausgesetzte Homogenität zu durchbrechen. Dazu gehören Studien wie etwa solche von Janosz, Le Blanc, Boulerice und Tremblay (2000), Nairz-Wirth et al. (2010) oder Stamm (2009). Während Janosz et al. (2000) vier Typen eruierten, die „quiet", „disengaged", „low achiever" und „maladjusted" Drop-outs, förderte Stamms (2009) Typologie deren vier zu Tage: „Die Außenseiter", „die Schulversager", „die Schulmüden" und „die Rebellen".

**Auf die Institution zentrierte Perspektive**
Die aktuelle Drop-out-Forschung geht zunehmend davon aus, dass verschiedene, in der Verantwortung der jeweiligen Schule liegende Faktoren Drop-out-Verhalten provozieren, verstärken, aber auch minimieren können, wendet sie sich zunehmend der Untersuchung und Erklärung institutionelle Faktoren zu. Im Mittelpunkt stehen in erster Linie strukturelle Merkmale, schulische Normen und Werte, Beziehungsstrukturen sowie die Aktivitätsgrade der Schulen.

Strukturelle Merkmale: Zur Frage, inwiefern Größe, Lage und Art der Schule mit Drop-out verknüpft sind, gibt es eine bemerkenswerte Debatte. Dabei sind sowohl Studien verfügbar, welche derartige Zusammenhänge stützen als auch solche, die sie zurückweisen. Beispielsweise fanden Traag und van der Velden (2006) in ihrer Studie im Gegensatz zu anderen Untersuchungen, dass der Besuch einer Schule mit unterschiedlichen Leistungsniveaus nicht zu einem erhöhten Drop-out-Risiko führt. Pittmann und Haughwout (1987) belegten, dass sowohl die geografische Lage als auch die Größe einer Schule einen Einfluss auf Schülerleistungen und auf das Drop-out-Verhalten haben. Ähnlich untersuchten Lee und Smith (1997) und später Lee und Loeb (2000) in einer Review die Effekte der Schulorganisation auf das Wohlbefinden von Schülerinnen und Schülern im Hinblick auf die Rolle der Schulgröße. Die Autoren kamen zum Schluss, dass zwar die meisten der untersuchten Studien entsprechende Effekte nachweisen konnten, es jedoch trotzdem unwahrscheinlich sei, dass die Größe einen direkten Effekt auf das Abbruchverhalten ausübe. Eher sei anzunehmen, dass in kleinen Schulen andere Faktoren als in großen Schulen eine Rolle spielten, wie etwa stärkere Beziehungen zwischen Schülern und Lehrpersonen oder ein positiveres Engagement derselben. Ähnlich hat Fend (2001) festgehalten, dass wohl die entscheidende Schlussfolgerung aus den vielen Erhebungen diejenige sei, den strukturellen Merkmalen weniger Bedeutung beizumessen als der konkreten Binnengestaltung und der sozialen Binnengliederung einer Schule. Insgesamt lassen die verfügbaren Untersuchungen offen, inwiefern strukturelle Charakteristika selbst für die Unterschiede im Drop-out-Verhalten verantwortlich sind oder ob diese mit Unterschieden in den Schülermerkmalen und Schulressourcen einhergehen. Diese wiederum sind bekanntlich häufig mit den strukturellen Besonderheiten von Schulen assoziiert (Stamm, 2007b).

Schulische Normen, Werte und Regeln: Während Schulen die vorangehend diskutierten Faktoren lediglich in geringem Ausmaß kontrollieren können, liegt es in ihrer Hand, wie sie Organisationsprozesse gestalten, welchen Unterricht sie erteilen und welche Bildungsphilosophie sie vertreten. In diesem Zusammenhang entwickelten Lee und Croninger (2001) in Anschluss an Finn (1989) einen sozialpsychologischen Ansatz, der aufzeigt, dass Schulabbruchtendenzen durch schulische Normen, Werte, Traditionen und Rituale gehemmt – aber auch gefördert – werden können. Die Autoren sprechen dabei von einem Partizipations-Identifikationsmodell, das auf die Integration der Jugendlichen fokussiert. Im Mittelpunkt stehen emotionale und verhaltensbezogene Partizipationsformen, die unterschiedliche Arten von Dazugehören und damit die Bindung an die Schule unterstützen. Während die einen Schulen Jugendliche mit mangelhafter Schulpräsenz zu reintegrieren und ihnen Unterstützung anzubieten versuchen, werden diese in anderen Schulen aufgrund rigider Absenzensysteme als Unruhestifter und Problemschüler etikettiert und mit Suspensionsandrohungen eingeschüchtert (vgl. Beekhoven & Dekkers, 2005; Riehl, 1999). Somit erweist sich die formelle und informelle Regelstruktur in der Gesamtorganisation als zentrale Variable, welche die Drop-out-Raten einer Schule mitbeeinflusst. Zudem haben Schulen mit hohen Drop-out-Raten überdurchschnittlich häufig hohe Schulabsentismusraten, die mehrheitlich unbeachtet und ungeahndet bleiben (Baker, Sigmon & Nugent, 2001; Stamm, 2009) sowie ineffektive und in den Augen der Jugendlichen ungerechte Disziplinierungssysteme aufweisen (Wehlage et al., 1986). Solche Befunde haben auch für den deutschsprachigen Raum Gültigkeit. So konnte Holtappels & Appel (1995) in seiner Studie zur Ganztageserziehung aufzeigen, dass Normdistanz, Disziplinprobleme und Abkoppelungstendenzen bei Schülerinnen und Schülern in wenig reglementierten Schulumwelten zunehmen, während sich förderorientierte Schulklimabedingungen bei gleichzeitig klar strukturierten Curricula und anspruchsvollem Unterricht disziplinierend, absenzmindernd und identitätsfördernd auswirken. Dass die Schulkultur eine wesentliche Rolle spielt, zeigt sich auch in der Studie von Klieme und Rakoczy (2003). Danach gehören Österreich und die Schweiz zu einer Ländergruppe mit guter „Beziehungsqualität", während für Deutschland der „Leistungsdruck" für die Schulkultur typisch ist. Grundsätzlich schneiden Länder, in denen eine „unterstützende Schulkultur" zum Alltag gehört, auch bei PISA besser ab.

Beziehungsstrukturen: Nicht nur strukturelle Gegebenheiten beeinflussen den Drop-out-Prozess, sondern auch soziale Praktiken der Akteure. Gerade vor dem Hintergrund der PISA-Folgedebatte erscheint der mögliche Zusammenhang von Schulabbruch und Leistungstests als besonders aktuelle Problematik. Erstaunlicherweise ist dies jedoch bislang wenig diskutiert worden (Stamm, 2008b). Mit Rückgriff auf angloamerikanische Erkenntnisse ist die Botschaft jedoch eindeutig: Gute Ergebnisse in Leistungstests oder eine hohe Schulabschlussquote gehen in der Regel auch mit hohen Drop-out-Quoten einher (Rumberger & Palardy, 2005). Aus den USA ist bekannt, dass im Zuge der „No-Child-Left-Behind"-Strategie eine strikte Gradierungsrate festgeschrieben wurde. Diese Forderung ist mit einem großen Druck auf die Schulen verbunden, gute Testergebnisse zu erzielen. Zunehmend kann beobachtet werden, dass schwache Schülerinnen und Schüler, die zur Erreichung guter Testergebnisse eher hinderlich sind, ausgegrenzt werden. Dieser Sachverhalt dürfte auch für Europa Gültigkeit haben. Leistungstests dürften somit in mindestens zweierlei Hinsicht unbeabsichtigte Wirkungen haben (vgl. Volante, 2004; Rumberger & Palardy, 2005): Erstens führen regelmäßige, bereits im Primarschulalter durchgeführte Leistungstests in der Tendenz dazu, von der individuumsorientierten Beurteilungsnorm abzurücken und Schülerinnen und Schüler wiederum verstärkt in „Leistungsstarke" und „Leistungsschwache" einzuteilen. Eine solche Etikettierung fördert zweitens das Schulversagen, weil schlechte Leistungen zu niedrigem Prestige führen und zu Verhaltensweisen motivieren, die zusätzlich wieder negativ belohnt werden (vgl. Blaug, 2001; Valenzuela, 1999). Hinsichtlich der Lehrer-Schüler-Beziehungen zeigt sich denn auch, dass eine ausgeprägte Leistungs- und Selektionsorientierung der Lehrperson dazu führt, dass die Jugendlichen vermehrt ihre Schwächen, nicht jedoch ihre Kompetenzen erkennen können. Die negative Attribuierung wirkt ursächlich für ein ungünstiges Selbstkonzept und führt zu einer Reduktion der Schulmotivation und der Selbstwirksamkeitserwartung. Überhöhte Leistungserwartungen an die Jugendlichen und negative Beurteilungen können so zu subtilen Formen von „Push-out" führen, vor allem dann, wenn Lehrpersonen die Suspension als Einschüchterungsmittel verwenden (vgl. Rumberger, 1995). „Push-out" meint, dass die Gründe für einen Abbruch in der institutionellen Struktur zu suchen sind. Beteiligt sind strukturelle, kontextuelle, Klima- und schulbezogene oder individuelle Faktoren.

Aktivitäten der Schulen: Im Rahmen einer zunehmenden Schuldistanzierung können Schulen aktive als auch passive Rollen übernehmen (vgl. Riehl, 1999). Was tun sie spezifisch, um Schulabbrüche zu verhindern – oder zu provozieren? Die aktuelle Forschung nennt zwei Wege: die freiwillige und die unfreiwillige Entfremdung von der Schule. Solche Entfremdungsmechanismen zeigen sich in drei unterschiedlichen Arten der so genannten Haltekraft von Schulen:

- Passive Schulen bemühen sich wenig um soziale und lernförderliche Bedingungen, die für Engagement und Schulerfolg der Schülerinnen und Schüler zentral wären. Deshalb fördern sie deren freiwillige Distanzierung. Passivität zeigt sich etwa darin, wenn mangelnde Schulpräsenz und andere Rückzugsprozesse nicht sanktioniert und Schuldistanz und Schulentfremdung auf diese Weise geradezu provoziert werden. Solche Schulen interpretieren das Rückzugsverhalten ausschließlich als Ausdruck der individuellen Problemgeschichte der Schülerin oder des Schülers. Deshalb übertragen sie die Verantwortung alleine auf den Jugendlichen und seine Familie, so dass dieses Verhalten den Eindruck erweckt, als würden Schüler auf „eigene" Initiative die Schule verlassen. Aus Sicht des Individuums entpuppt sich der Prozess als Fade-out (vgl. Hallam, Rhamie & Shaw, 2006).
- Repressive Schulen verfolgen Wege, welche die Schülerinnen und Schüler zur unfreiwilligen Distanzierung zwingen und sich noch stärker zurückziehen. Dazu gehören Praktiken wie Repression und Sanktion, Bloßstellungen, Blamagen, harsche Kritik und Entmutigung. Sie verunmöglichen die Schaffung einer Vertrauensbasis oder einer notwendigen Interaktion, so dass Jugendliche möglicherweise immer stärker in den Teufelskreis der Schuldistanzierung geraten. Sind damit zunehmend schlechte Schulleistungen verbunden, nimmt nicht nur ihr Prestige bei Lehrpersonen weiter ab, sondern sie werden zusätzlich als „hoffnungsloser Fall" etikettiert. Solche Prozesse sind eskalativer und kumulativer Art. Sie lassen sich mit der Metapher des Fasses, das zum Überlauf gebracht wird, beschreiben (vgl.

Hascher et al., 2004; Mettauer & Szaday, 2005). Dabei werden die Jugendlichen oft gegen ihren Willen von der Schule ausgeschlossen (Push-out) ohne dass dafür aufgrund der Schulleistungen ein Grund besteht (vgl. Osler, Watling, Busher, Cole & White, 2001; Riehl, 1999; Rumberger, 2001).
- Aktivistische Schulen zeigen ebenfalls eine geringe Haltekraft, vertuschen diese jedoch durch einen besonderen Aktivismus. So registrieren sie zwar mangelnde Schulpräsenz und Engagement von Schülerinnen und Schülern sehr genau, bemühen sich jedoch kaum auf zwischenmenschlicher Ebene um Unterstützungsmaßnahmen (verstärkte Partizipation, Schaffung sozialer Bindungen, Lernunterstützung), sondern fokussieren ausschließlich auf Umplatzierungsmaßnahmen in andere Schulen oder auf Time-out-Angebote (vgl. Hascher et al., 2004).

Welches jedoch wäre eine Schule, die sich um Haltekraft bemüht? Es ist eine Schule, welche die Rückzugsprozesse und Verhaltensauffälligkeiten ihrer Schüler zu unterbrechen versucht. Zwar setzt sie vielleicht Suspensionsandrohungen als Signal, weil sie damit die Schüler aufrütteln und ihnen aufzeigen will, wie wesentlich schulische Partizipation und Leistungsfähigkeit für die Schul- und Berufslaufbahn sind. Parallel dazu setzt sie jedoch gezielte Interventionsmaßnahmen im Sinne von Beziehungs-, Schul- und Lernangeboten ein, um solchen Schülerinnen und Schülern die Schule positiv und inklusiv erlebbar zu machen. Auch wenn am Ende der Versuch scheitert und die Jugendlichen die Schule verlassen, so hat die Schule doch versucht, ihre Haltekraft unter Beweis zu stellen.

**Fazit**
Insgesamt belegen die Forschungsergebnisse zur institutionellen Perspektive, dass sich Schulen nicht nur in ihren Strukturen unterscheiden und dadurch Drop-out begünstigen oder hemmen, sondern auch in der Art und Weise, wie sie Aussonderungsstrategien und -prozesse formulieren und organisieren. Sie definieren Partizipation und Identifikation sowie die Standards, wann ein Schüler, eine Schülerin als Drop-out bezeichnet wird, unterschiedlich. Schulen haben somit auf die Zusammensetzung ihrer Schülerschaft einen bedeutenden Einfluss: Obwohl sie nicht per se für das Scheitern ihrer Schülerinnen und Schüler verantwortlich zu machen sind, können sie sowohl bestimmen, ob Kinder und Jugendliche in der Schule bleiben oder sie verlassen, als auch, ob sie Abbrüche geschehen lassen wollen oder nicht.

## 3.2 Theoretische Erklärungsmuster

Die vorangehenden Ausführungen haben deutlich gemacht, dass Abbrüche, Ausstiege und Ausschlüsse als Formen abweichenden Verhaltens bezeichnet werden. Dieses wird definiert als Verhalten, das gegen soziale Normen verstößt. Zur Erklärung solchen Verhaltens stehen verschiedene Theorien zur Verfügung. Im Hinblick auf die Drop-out-Problematik gelten die soziale Kontrolltheorie, die Anomietheorie und die Etikettierungstheorie als die wichtigsten Erklärungsansätze.

**Soziale Kontrolltheorie**
Dieser auf Hirschi (1969) zurückgehende Ansatz erklärt abweichendes Verhalten damit, dass ein Individuum wenige Bindungen an die Gesellschaft und an Subsysteme wie Familie, Freunde, Schule hat, welche ihm Werte vermitteln und eine soziale Kontrolle ausüben. Demzufolge weist der Mensch eine universelle Motivation zu abweichendem Verhalten auf. Deshalb versucht die Gesellschaft, mittels Kontrollmechanismen die Einhaltung allgemeingültiger Normen sicherzustellen. Hirschi (ebd.) unterscheidet dabei vier Bindungstypen an die gesellschaftliche Struktur: die emotionale Bindung an Bezugspersonen („Attachment"), die Investition in Lebensziele und Laufbahn („Commitment"), die Integration in institutionalisierte Aktivitäten („Involvement") sowie das Ausmaß der Internalisierung von Werthaltungen („Beliefs"). Positiv formuliert zeigt die Kontrolltheorie, dass Jugendliche umso weniger zu abweichendem Verhalten neigen, je engere Bildungen sie an andere Menschen haben und dabei deren Meinungen und Interessen respektieren, je stärker sie in eine Ausbildung oder ein Engagement investieren und dabei Verpflichtungen eingehen und auf diese Weise in das gesellschaftliche Umfeld integriert sind. Nach Hirschi (ebd.) hängen diese Bindungstypen zusammen: Wenn eine Art der Bindung geschwächt wird, dann trifft dies auch für die anderen zu. Während auf diese Weise eine soziale Kontrolle über die Bindungsdimensionen nur indirekt erfolgt, betonen Sampson und Laub (2003) in ihrem Ansatz die direkte soziale Kontrolle der Eltern in Kindheit und Adoleszenz. Ihre Studie zeigt, dass mangelnde direkte elterliche Kontrolle einer der wichtigsten Erklärungsfaktoren krimineller Handlungen darstellt.

Insgesamt haben diese theoretischen Elemente die Konzeptualisierung des Engagements von Schülerinnen und Schülern in vielen Drop-out-Studien beeinflusst. Im Mediationsmodell von Tinto (1993) beispielsweise wird Schulabbruch als fortlaufender Entwicklungsprozess dargestellt. Ab Schuleintritt interagieren Kinder in einem leistungsorientierten Sozialsystem. Individuelle und familiäre Hintergrundsmerkmale haben einen Anteil an die Anbindung der

Kinder an die Schule. Diese Anbindung wiederum beeinflusst die Zeit, welche ein Kind für die Schule investiert. Diese Merkmale und ihre Entwicklung beeinflussen die schulischen und sozialen Erfahrungen der Kinder und – wenn die Bedingungen ungünstig sind – spielen allenfalls eine Rolle in der Entscheidung, aus der Schule auszusteigen.

Auch das vorangehend diskutierte Partizipations-Integrations-Modell schulischen Rückzugs von Finn (1989) betrachtet Anbindung und Engagement von drop-out-gefährdeten Schülerinnen und Schülern. Das Schülerengagement wird dabei durch die Identifikation mit und die Partizipation in der Schule definiert. Die Identifikation verweist auf einen Sinn von Zugehörigkeit und die Bedeutung, die man der Schule beimisst. Partizipation umfasst vier unterschiedliche Komponenten, welche zwischen einem minimalen und einem maximalen Engagement angesiedelt sind. Es sind dies: Bereitschaft, Anforderungen zu erfüllen; die Partizipation in klassenbezogenen Aktivitäten und in außerschulischen Aktivitäten sowie Entscheidungsfindung. Angenommen wird dabei, dass sich Kinder und Jugendliche stärker mit der Schule identifizieren, wenn sie partizipativ beteiligt werden. Andererseits verweist eine geringe oder ausbleibende Partizipation auf mögliche Rückzugstendenzen. Die Entscheidung zum Schulabbruch wird jedoch immer von beiden Dimensionen beeinflusst. Es braucht sowohl ein fehlendes Engagement zum Lernen oder die Verneinung schulischer Leistung und auch einen mangelnden Einbezug in schul- und klassenbezogene Aktivitäten.

**Anomietheorie**
Im Anschluss an den französischen Soziologen Emile Durkheim fragt die Anomietheorie nach den gesellschaftlichen Bedingungen, die abweichendes Verhalten provozieren. Nach Durkheim ist es Regel- und Normlosigkeit. Merton (1968) erklärt abweichendes Verhalten als Folge der Differenz von kulturellen Zielen (wie Wohlstand und soziale Anerkennung) und den Mitteln, wie diese Ziele erreicht werden können (wie etwa Bildungschancen oder Schulabschlüsse). Entscheidend ist nun Mertons Annahme, dass es die gesellschaftliche Positionierung ist, welche den Zugang zu diesen Mitteln reguliert. Wem der Zugang zu diesen Mitteln nicht gelingt, das Ziel jedoch anstrebt, sucht andere Wege, um sich Anerkennung oder Wohlstand zu besorgen. Merton (ebd.) differenziert zwischen fünf verschiedenen Reaktionsformen des Individuums auf anomische Zustände: Konformität, Innovation, Rituale, sozialer Rückzug und Rebellion. Aus dem Blickwinkel der Anomietheorie ist Drop-out so etwas wie eine sozio-ökonomische Mangelerscheinung. Jugendliche verfolgen zwar legitime Ziele wie gesellschaftliches Ansehen, Schul- oder Berufserfolg, können diese jedoch mit legalen Mitteln nicht erreichen. Deshalb suchen sie die Erfül-

lung dieser Ziele außerhalb der Schule. Anerkennung kompensieren sie dann durch Zeitvertreib mit Gleichaltrigen („Peers"), ökonomischen Wohlstand versuchen sie möglicherweise durch das Ausüben einer zusätzlichen Tätigkeit zu erreichen. Diese wiederum erhöht den emotionalen Rückzug von der Schule und damit den Schulausstieg.

**Etikettierungstheorie**
Aus der Perspektive dieses Ansatzes, der auch als Labeling Approach bekannt geworden ist (vgl. Becker, 1973), resultiert abweichendes Verhalten vor allem durch gesellschaftliche Definitions- und Zuschreibungsprozesse. Deviantes Verhalten ist demnach ein Resultat gesellschaftlicher Normvorstellungen. Unterschieden wird dabei zwischen primärer von sekundärer Devianz. Um primäre Devianz handelt es sich, wenn ein abweichendes Verhalten erstmals aus verschiedenen Gründen auftritt. Sekundäre Devianz, auf die sich der Etikettierungsansatz konzentriert, entsteht aus der Reaktion und den Etikettierungen seitens der sozialen Umwelt. Übertragen auf das Drop-out-Verhalten Jugendlicher würde beispielsweise erstmaliges Schuleschwänzen als primär deviant etikettiert. Eine Schülerin würde damit als „Schulschwänzerin" stigmatisiert und mit weiteren Stigmatisierungsversuchen verbunden sein, welche sie zu noch größerem Rückzug und zum vollständigen Ausklinken aus der Schule veranlassen würde (sekundäre Devianz). Der Etikettierungsansatz verweist somit auf die motivationsverstärkende Wirkung von Etikettierungen, so dass Schülerinnen und Schüler langsam zu Verhaltensabweichlern werden.

**Subkulturtheorie**
Dieser im Rahmen der so genannten „Chicagoer Schule" entstandene Ansatz unterscheidet Wohnviertel nach dem Ausmaß der Desorganisation. In desorganisierten Stadtteilen oder Regionen dominieren Norm- und Regellosigkeit, sind die Kriminalitätsraten hoch und die Familienstrukturen häufig problematisch (vgl. Oberwittler, 2003). Es wird somit angenommen, dass Jugendliche, welche in solchen desorganisierten Gebieten wohnen, verstärkt Peers haben, welche mit den allgemein gültigen Wertvorstellungen im Widerstreit sind. Sie gehen nicht gerne und auch nicht häufig zur Schule und halten sich durch Gelegenheitsjobs über Wasser. Aufgrund dieser Subsysteme, die jeweils für sie geltende Regeln und Werte beinhalten und die Subkultur prägen, verstärkt sich ihre Unfähigkeit, außerhalb ihrer Subgruppe soziale Bindungen einzugehen. Wer Jugendkulturen kennt, der weiß, wie stark sie Schule, Schulbesuch und auch schulische Normen relativieren, z. T. gar als irrelevant abtun. Das bedeutet aber noch lange nicht, dass diese Jugendlichen delinquent sind.

Die Subkulturtheorie geht davon aus, dass erstens schwierige Bedingungen im Elternhaus dazu führen können, dass Jugendliche den Kontakt zu gleichfalls Betroffenen suchen. Zweitens herrscht in vielen desorganisierten Wohnvierteln eine geringe soziale Kontrolle. Diese erhöhen die Wahrscheinlichkeit, dass Schülerinnen und Schüler mit anderen Heranwachsenden in Kontakt treten, die gegenüber der Schule ebenfalls negativ eingestellt sind und möglicherweise bereits Delinquenzerfahrungen gemacht haben. Eine Folgerung aus der Theorie zum Modelllernen ist. dass Jugendliche solche Verhaltensweisen imitieren. Als dritter Punkt gilt die Mittelschichtorientierung der Schule. Für Schülerinnen und Schüler, die aus sozial benachteiligten Familien stammen, formuliert die Schule Ziele, die für sie kaum erreichbar sind. Viele dieser Jugendlichen setzen sich deshalb eigene Ziele und bestimmen auch selbst die Mittel, wie sie diese erreichen wollen. Das Ausklinken von der Schule und das Nebenprogramm, das aufgebaut wird, werden dann möglicherweise zum Kontrapunkt zur Norm der Schulpflicht.

Positiv an der Subkulturtheorie ist, dass sie nicht nur das defizitäre, verhaltensschwierige und familiär belastete Individuum in den Blick nimmt, sondern auch der Bedeutung und dem Einfluss der Gleichaltrigen Rechnung trägt und versucht, Schulausstieg mit Gruppennormen, Gruppendruck und Sanktionen zu korrelieren.

**Fazit**
Wie sieht es mit der empirischen Bestätigung dieser Erklärungsansätze aus? Hierzu liegen unterschiedliche Befunde vor. Im Hinblick auf die Kontrolltheorie liefern einige Studien bestätigende Befunde. Dazu gehören Untersuchungen von Tinto (1993), Finn (1989), aber auch von Wagner et al. (2004) für den Bereich des Schuleschwänzens. Die Anomietheorie wird zwar durch verschiedene Untersuchungen ebenfalls empirisch gestützt (Battin-Pearson, Newcomb, Abbott, Hill, Catalano & Hawkins, 2000; Wagner et al., 2004), doch ist ihre Aussagekraft auf bestimmte Drop-out-Gruppen beschränkt. Im Wesentlichen gilt dies auch für die Subkulturtheorie (Cohen, 1961; Schwendter, 1993). Gemäß Sweeten (2006) erweist sich die Etikettierungstheorie insofern dann als vielversprechender Ansatz, wenn die Frage einbezogen wird, was aus Schulabbrechern als Außenseiter wird und wie sie mit ihrem Etikett des „Drop-outs" umgehen.

## 3.3 Drop-outs: Was wird aus ihnen?

Schulabbruch ist immer ein einschneidendes Ereignis für Jugendliche. Doch muss es sich dabei nicht notwendigerweise um einen permanenten Zustand handeln, der im beruflichen Desaster endet. Es gibt viele Drop-outs, die in die Schule zurückkehren, den Schulabschluss nachholen oder direkt in eine berufliche Ausbildung einsteigen (Chib & Jacobi, 2011). Ein solcher Wiedereinstieg ist somit kein seltenes, aber ein bisher unbeachtetes und kaum diskutiertes Phänomen. Allgemein liegt die Schätzung zu Drop-outs, welche einen Schulabschluss nachholen, bei 60%. Gemäß Chuang (1997) oder Wayman (2002) sind es über 70%. Hinzu kommen nochmals über 20% Jugendliche, die zwar über keinen Schulabschluss auf der Sekundarstufe I verfügen, aber zumindest ihre obligatorische Schulzeit abgeschlossen haben. Leider gibt es nur ganz wenige Untersuchungen, welche Drop-outs, die einen Schulabschluss nachgeholt haben, mit denen vergleichen, welche ohne einen solchen geblieben sind. Solche Studien sind jedoch von besonderem Interesse, denn die Suche nach Erfolgsfaktoren ist genauso wichtig wie die Suche nach Versagensfaktoren.

Erstaunlicherweise gibt es zu Drop-outs als Wiedereinsteiger kaum Forschung. Für diese Tatsache dürften mehrere Faktoren verantwortlich sein: so die in vielen Ländern mangelnde statistische Datenbasis oder die schwierige und kontinuierliche Erreichbarkeit der Drop-outs selbst sowie – damit verbunden – fehlende Längsschnittstudien. Es verwundert deshalb kaum, dass aktuell kein Land über offizielle Statistiken verfügt, die sowohl Abbruch- als auch Rückkehrraten erfassen. Allerdings sind in den USA in einzelnen Staaten wie etwa Kalifornien entsprechende Aktivitäten im Gang (vgl. Berliner, Barrat, Fong & Shirk, 2008).

Die wenigen Studien, die Anhaltspunkte zur Anzahl von Wiedereinsteigern, zu ihren Hintergründen und Motiven liefern, fokussieren entweder auf Drop-outs, welche in die Schule zurückkehren (vgl. Borus & Carpenter, 1983; Chuang, 1997) oder auf solche, die später einen Schulabschluss nachholen (vgl. Kolstad & Owings, 1986; Kolstad & Kaufman, 1989). Die Rückkehr- resp. Nachholquoten liegen dabei durchgehend zwischen 30% und 45% (vgl. Ekstrom et al., 1986; Hurst, Kelly & Princiotta, 2004; Kolstad & Kaufman, 1989) und 50% und 60% (vgl. Chuang, 1997; Wayman, 2001). Die einzige deutschsprachige Studie von Stamm, Holzinger, Suter und Stroezel (2011) eruierte eine Rückkehrrate von 66%.

Die gründlichsten Studien zur Thematik stammen von Chuang (1997) und Wayman (2001). Anhand großer Datensätze wie etwa der National Longitudinal Surveys (NLS) analysierten sie die zu Drop-outs und ihrem Rückkehrverhalten verfügbaren Daten. Dabei kamen sie zu weitgehend ähnlichen Ergebnissen. So erwiesen sich drei Variablen als mit dem Wiedereinstieg positiv korreliert: die vorangehenden Schulleistungen, der sozio-ökonomische Status sowie die Schulpräsenz. Variablen wie Geschlecht oder Ethnie erwiesen sich hingegen als wenig aussagekräftig. Die Studie von Chuang (1997) kristallisierte ferner auch das Alter sowie die Dauer zwischen Schulabbruch und Rückkehr als zwei für den Wiedereinstieg bedeutsame Variablen heraus. In einer weiteren Studie untersuchte Wayman (2002) auf der Basis des Konzepts der Bildungsresilienz ein Set an Variablen, von denen sich zwei als für den Wiedereinstieg von Drop-outs bedeutsam herausstellten: die Wahrnehmung von Schulerfolg sowie die Unterstützung durch Peers.

**Das Konzept der Bildungsresilienz**
Weshalb meistern gewisse Menschen herausfordernde Umstände erfolgreich, während andere versagen? Unter dem Begriff „Resilienz" wird dieses Phänomen als ein Set selbst-protektiver Faktoren eines Individuums definiert, trotz widerwärtiger Lebensumstände mit schwierigen Situationen umzugehen und flexibel zu reagieren. Drop-outs können demnach dann als „bildungsresilient" bezeichnet werden, wenn sie trotz ihrer schulischen, familiären und/oder persönlichen Negativerfahrungen in die Schule zurückkehren oder eine Ausbildung beginnen. Obwohl „Bildungsresilienz" im Gegensatz zu „Resilienz" im deutschsprachigen Raum allerdings ein selten verwendeter Begriff ist, so etwa im Zusammenhang mit Kinderarmut von Zander (2009), ermöglicht dieses Konzept gerade im Hinblick auf den Schulabbruch, diejenigen Faktoren herauszuschälen, welche eine Rückkehr ins Bildungssystem wahrscheinlicher machen.

Auf dieser Basis werden nachfolgend diejenigen Merkmale zusammengestellt, die in den Forschungsarbeiten wiederholt als protektive Wirkfaktoren aufscheinen und im Hinblick auf Bildungsresilienz eine Rolle spielen. Dabei werden in Anlehnung an die immer noch gültige Unterscheidung von Werner und Smith (1982) und Werner (2000) Schutzmechanismen, die in der Person des Individuums liegen von den sozialen Schutzmechanismen (Ressourcen innerhalb des Umfeldes) unterschieden.

Personale Schutzfaktoren: Personale Faktoren sind internale Zuschreibungen und Einstellungen, welche das Individuum nutzt, um die negativen situationellen Effekte zu bekämpfen oder zu überwinden. Die Resilienzforschung fokussiert dabei auf die Selbstwirksamkeitstheorien von Masten, Bandura, Deci oder Ryan (vgl. zusammenfassend Waxman, Padraon & Gray, 2004), welche verschiedene personale Resilienzmerkmale mit einer gewissen Selbstwirksamkeit und Selbstbestimmung verbinden. Sie äußern sich in der Fähigkeit des Individuums, für den eigenen Erfolg selbst verantwortlich zu zeichnen, in realistischen Kontrollüberzeugungen, einem gesunden Maß an Selbstverantwortlichkeit, der Bereitschaft, je nach Bedarf bei Erwachsenen und Peers Hilfe zu holen sowie in Flexibilität und Anpassungsfähigkeit. Solche Faktoren können am ehesten mit Bildungsresilienz assoziiert werden. Zukunftsoptimismus hat sich dabei als ebenso bedeutsame Variable insofern herausgestellt, als er zu großen Teilen für die schulische Integration und Partizipation verantwortlich zeichnet (vgl. Stamm, Holzinger, Suter & Stroezel, 2011).

Soziale Schutzfaktoren: Umgebungsfaktoren sind eng mit Bildungsresilienz korreliert, wenn sie externe Unterstützung gegenüber negativen Einflüssen bieten oder als Kompensation von ungünstigen Aufwachsbedingungen dienen können. Als wichtige Schutzfaktoren gelten insbesondere enge und stabile Beziehungen zu mindestens einer Bezugsperson innerhalb des sozialen Nahraumes, die häufig auch als Identifikationsmodell oder als problemreduzierender Coach genutzt wird. Dieser Kontakt muss nicht notwendigerweise ein Familienmitglied sein. Als Quellen der Unterstützung können auch Lehrkräfte, Verwandte außerhalb der Familie oder auch Peers dienen (Floyd, 1996; Schoon, 2006). Aber auch die Institution Schule selbst kann resilienzfördernd konzipiert sein. Wesentliche Komponenten sind hohe Leistungsanforderungen, klare Strukturen, Regeln und angewiesene Pflichten, eine geeignete Binnendifferenzierung mit Variation von Lehrinhalten und Lehrformen sowie eine zielgerichtete Führung durch eine Klassenlehrperson, die sich als Bezugsperson definiert und Gefühle des Halts und der Sicherheit vermittelt. Schließlich erweist sich die berufliche Perspektive als bedeutsame Variable. Sowohl in der Bremer Längsschnittstudie von Schuhmann (2003) als auch in der Invulnerabilitätsstudie von Lösel und Bender (1999) zeigte sich, dass die Entwicklung resilienten Verhaltens eng mit beruflichen Perspektiven verbunden ist oder dass arbeitslose Jugendliche dann resilientes Verhalten entwickeln konnten, wenn sie über adaptive Umweltressourcen mit beruflichen Aussichten verfügten.

Insgesamt machen die Befunde aus der Resilienzforschung die Identifikation derjenigen Faktoren möglich, welche vor durch Risikokonstellationen entstandenen benachteiligenden Effekten schützen und einen Beitrag zum Ausbildungserfolg von Kindern und Jugendlichen leisten können. Bildungsresilienz ist somit kein Produkt angeborener Charakteristika oder ein einzelnes Lebensereignis, sondern das Ergebnis einer kontinuierlichen Interaktion zwischen Individuum und Umgebung. Diese Interaktion korrespondiert auch mit der Tatsache, dass Schulabbruch fast nie ein plötzliches Ereignis darstellt, sondern als Ergebnis einer langen Entwicklungsgeschichte verstanden werden muss.

Waymans (2002) Ergebnisse lassen sich zu fünf markanten Schwerpunkten zusammenfassen: So spielen (1) persönliche Bildungsaspirationen eine wichtige Rolle in Bezug auf die Rückkehrwahrscheinlichkeit und das Nachholen des Schulabschlusses. (2) Schulabbrecherinnen kehren deutlich häufiger in die Schule zurück oder machen ihren Abschluss als Schulabbrecher. Die Rückkehrwahrscheinlichkeit nimmt (3) in dem Masse ab wie die Zeit seit dem Schulabbruch zunimmt. (4) Die Aktivitäten der Drop-outs während ihrer Auszeit (z.B. Jobben, Schwangerschaft etc.) haben wenig Einfluss auf ihre Entscheidung, den Schulabschluss nachzuholen. Drop-outs aus bildungsnahen Elternhäusern holen (5) häufiger den Schulabschluss nach als solche aus eher bildungsfernen Familien.

# 4 Bilanz: Das theoretische Arbeitsmodell

Die in den vorangegangenen Kapiteln dargestellten Befunde verdeutlichen, dass in der Forschung die Drop-out-Thematik bislang kaum als lang anhaltender Prozessuntersucht wurde, der mit dem Verlassen der Schule bei weitem nicht beendet ist. Weitgehend unberücksichtigt geblieben sind auch die zu Drop-out führenden mehrschichtigen Bedingungskonstellationen. Sie tragen der Tatsache Rechnung, dass nicht nur das Individuum selbst, sondern auch das (primäre) soziale Umfeld, die Peers und die Institution Schule am Abkoppelungsprozess beteiligt sind. Daher lassen sich aufgrund der bisherigen Ausführungen folgende Erfordernisse an ein theoretisches Modell formulieren, das sowohl theoretische als auch empirische Erkenntnisse einschließt (Stamm, 2007b):

- Es muss Drop-out nicht nur als situatives Ereignis abbilden, sondern den Entwicklungsverlauf von Drop-out-Karrieren in den Blick nehmen und deshalb die vielen Faktoren des Abkoppelungsprozesses umschreiben. Auf dieser Basis soll es kausale Effekte und Prozesse erklären können, welche zu diesem Problem führen.
- Es hat Wege zu beschreiben, wie schüler- und institutionsbezogene Charakteristika über die Zeit hinweg in ihrem Einfluss auf Schulabbruchsverhalten interagieren und wie sie schulische und soziale Integration beeinflussen. Soziale Integration bezieht sich dabei darauf, wie Schüler eine Zugehörigkeit zu Peers, Lehrkräften und Schulleitung entwickeln und am Schulgeschehen partizipieren können.
- Es muss zwischen unterschiedlichen Formen des Schulabbruchs, zwischen freiwilligem und unfreiwilligem („Pull-out" und „Push-out") oder frühem und spätem Abgang („Fade-out") unterscheiden.
- Es hat zu erklären, welchen Faktoren Präventions- und Interventionsbedeutung zukommt, d.h. einen Beitrag dazu leisten, dass aus Drop-outs Rückkehrer werden oder dass der Schulabbruch gar vermeidbar wird.
- Gesamthaft resultiert aus diesen Betrachtungen die Forderung, dass ein Drop-out-Modell einen ressourcenorientierten Zugang abbilden und damit den bisher defizitorientierten Zugang überwinden soll. Ein solcher Zugang identifiziert protektive Faktoren und unterstützt dadurch einen erfolgreichen Umgang mit Schulabbrüchen. Wenn dabei die Frage im Mittelpunkt

## 4 Bilanz: Das theoretische Arbeitsmodell

stehen muss, welche Rolle die Schule in diesem Prozess spielt, dann ließen sich möglicherweise Faktoren einer „institutionellen Resilienz" eruieren, d.h. der Fähigkeit von Schulen, eine besondere Form von Haltekraft zu entwickeln.

Die Ausgestaltung eines umfassenden Drop-out-Modells oder gar einer Drop-out-Theorie ist jedoch nicht das Ziel der vorliegenden Studie. Es wird zwar anhand des derzeitigen Forschungsstandes und in Anlehnung an Erkenntnisse der Sozialisationsforschung im folgenden Kapitel ein theoretisches Arbeitsmodell entworfen, das die unterschiedlichen Aspekte des Schulabbruchs erfasst und in einen Kontext stellt. Das primäre Ziel unserer Längsschnittstudie ist jedoch der theoriegestützte, vertiefte Einblicks in die Lebenswelt von Drop-outs, ihren Abkoppelungsprozess und ihren anschließenden weiteren Verlauf.

In Abbildung 4 wird das Arbeitsmodell vorgestellt. Es hat für unsere Studie eine heuristische, den Forschungsprozess leitende Funktion. Basierend auf den im vorangehenden Kapitel diskutierten Forschungsstand baut es auf der Annahme auf, dass Schulabbruch Teil eines komplexen Abkoppelungsprozesses darstellt, an dessen Zustandekommen sehr unterschiedliche Gruppen beteiligt sind und der sich nach dem eigentlichen Schulabbruch in unterschiedliche Richtungen weiter ausdifferenziert. Deshalb wird der gesamte Drop-out-Prozess in zwei getrennte Phasen eingeteilt: in den Abkoppelungsprozess und den an den Schulabbruch anschließenden weiteren Entwicklungsverlauf. Am Abkoppelungsprozess sind vier Bedingungsvariablen beteiligt: das Individuum selbst, die Familie, die Peers und die Schule. Da angenommen wird, dass auch Devianz im Sinne von Schuleschwänzen oder Delinquenz eine Rolle spielt, wird sie ebenfalls als Bedingungsvariable eingefügt. Als Faktoren des weiteren Entwicklungsverlaufs werden die Reintegration in die Schule, die berufliche Ausbildung in Form einer Lehre, die Inanspruchnahme von Brückenangeboten, Maßnahmen in sonderpädagogischen Institutionen, die ambulante oder stationäre Aufnahme in eine psychiatrische Klinik, die Ausübung einer unqualifizierten Arbeit oder die Arbeitslosigkeit angenommen.

4 Bilanz: Das theoretische Arbeitsmodell

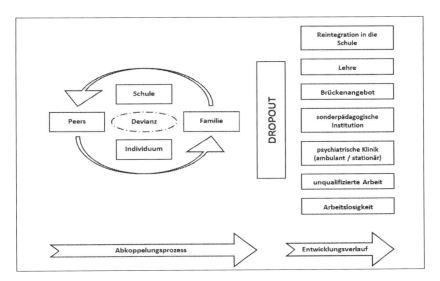

**Abbildung 4: Theoriebasiertes Arbeitsmodell**

Je nach individueller Konstellation sind die einzelnen Bereiche und die verschiedenen Akteure unterschiedlich stark am Abkoppelungs- und am weiteren Entwicklungsverlauf beteiligt. Dies kann an einem Beispiel illustriert werden:
Der Vater einer Schülerin missbrauchte ihre Schwester über mehrere Jahre sexuell. Bei der Trennung der Eltern kam dieser Missbrauch ans Tageslicht. In der Folge wurde der Vater gerichtlich verurteilt und mit Gefängnis bestraft. Die Trennung der Eltern und das Familientrauma des sexuellen Missbrauchs führten bei der Schülerin zu starken psychischen Belastungen und selbstzerstörendem Verhalten. In der Folge konnte sie sich in der Schule immer weniger konzentrieren, isolierte sich von ihren Klassenkameraden und fing an, Alkohol und Cannabis zu konsumieren und sich vom schulischen Kontext zu entfremden. Aufgrund der mehrschichtigen Problemlage musste sie sich in psychiatrische Behandlung begeben. Heute hat sie eine Schulkarriere hinter sich, die durch mehrere Abbrüche und Ausschlüsse gekennzeichnet ist.

Dieses Beispiel belegt unsere theoretische Annahme, dass die einzelnen Lebensbereiche stark miteinander verflochten sind und den Abkoppelungsprozess (mit-)bedingen und beeinflussen. Die Verflechtung muss jedoch keinesfalls in diesem Ausmaß vorhanden sein, und es müssen nicht alle Faktoren zum Tragen kommen. Zu berücksichtigen ist dabei auch, dass die Akteure und Konstellationen in den einzelnen Bereichen sowohl drop-out-fördernd als auch drop-out-reduzierend wirken können.

– **Teil B** –

# Das Projekt und seine Untersuchungen

# 5 Untersuchungsdesign

In diesem Teil wird die Konzeption unserer Studie vorgestellt. Zunächst werden die Ziele und Fragestellungen umrissen und der Forschungsplan vorgestellt. Dieser gibt einen Überblick über den Untersuchungsablauf und die einzelnen Projektphasen. Anschließend werden die verschiedenen Stichproben sowie die Datenerhebungsmethoden, Instrumente und abschließend die Datenauswertungsmethoden vorgestellt.

## 5.1 Ziele des Projekts und die Fragestellung

Im Mittelpunkt unseres Projektes stehen die psychischen, schul- und ausbildungsrelevanten sowie sozialen Auswirkungen und ihre möglichen Zusammenhänge mit delinquentem Verhalten. Dementsprechend stehen drei Ziele im Mittelpunkt: (a) wer die Schulabbrecher sind, wie sie charakterisiert werden können, wie Schulabbruch entsteht und wer dafür verantwortlich gemacht werden kann (Abschnitte 6.1 bis 6.3); (b) wer die Schulabbrecher eigentlich sind resp. wie sich ihre Heterogenität fassen lässt (Abschnitt 6.4); (c) welche Entwicklungs- und Berufseinmündungswege die Schulabbrecher kennzeichnen, ob ihr Ausklinken aus dem Bildungssystem definitiv oder nur episodenhaft ist, d.h. ob sie zu „Rückkehrern" werden (Kapitel 7) und welche Strategien und Mechanismen Schulen präventiv anwenden können, um einen drohenden Schulabbruch zu vermeiden (Kapitel 9).

## 5.2 Forschungsplan

Weil unser Projekt als Längsschnittstudie angelegt ist, liegt ihm ein komplexer Forschungsplan mit zwei Erhebungsphasen zu Grunde: (1) eine quantitative Schülerbefragung mit über 3700 Schülerinnen und Schülern als *baseline* der Studie, (2) eine über drei Erhebungszeitpunkte hinweg durchgeführte qualitative Befragung. Abbildung 5 zeigt sowohl die unterschiedlichen Erhebungsphasen als auch die Struktur der gesamten Studie auf.

Im Sommer 2007 wurde eine nach Region, Schulniveau und Schuljahr geschichtete Zufallsstichprobe der 8. und 9. Klassen in verschiedenen Kantonen der Deutschschweiz gezogen. Im August/September 2007 erfolgte dann in

51 Schulen die schriftliche Befragung von insgesamt 3708 Schülerinnen und Schülern. Um während des laufenden Schuljahres alle Abgänge zu ermitteln, wurde den Schulen in Abständen von jeweils zwei Monaten ein Erfassungsformular zugeschickt mit der Bitte um Registrierung ihrer vorzeitigen Austritte. Aus Datenschutzgründen wurden dabei nur die bei der Befragung erstellten Schülercodes übermittelt.

Auf diese Weise konnten zwar N=101 Drop-outs erfasst werden, doch ließen sich aufgrund verlorener Schülercodes durch die Schulen oder Verweigerungen nicht alle Drop-outs in die Stichprobe aufnehmen, so dass schließlich N=61 Jugendlichen für die Teilnahme an der qualitativen Langzeitstudie gewonnen werden konnten.

In der Phase II (2008 bis 2010) wurden die 61 Drop-outs insgesamt drei Mal anhand eines problemzentrierten Interviews resp. eines halbstandardisierten Telefoninterviews befragt. Die problemzentrierten Interviews wiesen zum ersten und dritten Erhebungszeitpunkt eine Dauer zwischen 45 und 60 Minuten auf. Das zweite Interview, welches der Stichproblempflege diente, erfolgte telefonisch und dauerte zirka 15 Minuten. Die Panelmortalität betrug N=10, so dass schließlich die Daten von N=51 Drop-outs ausgewertet werden konnten.

## 5.3 Stichproben

### Quantitative Querschnittbefragung

An der quantitativen Querschnittsbefragung als *baseline* nahmen elf Kantone der deutschsprachigen Schweiz teil: Aargau, Appenzell-Ausserrhoden, Basel-Stadt, Freiburg (nur der deutschsprachige Teil), Graubünden, Luzern, Nidwalden, Thurgau, Uri, Zug und Zürich. Die Stichprobenziehung erfolgte aufgrund der Vielfalt und Unterschiedlichkeit der kantonalen Schulsysteme für jeden Kanton separat. Ausgehend vom relativen kantonalen Anteil an der Wohnbevölkerung 2005 (Bundesamt für Statistik, 2005) wurde der Soll-Wert für die Anzahl der zu befragenden Schüler pro Kanton ermittelt. Mit dem Ziel größtmöglicher Heterogenität wurde die Stichprobe mittels eines dreistufigen Verfahrens gezogen. Erstes Schichtungskriterium war die geographische Region. Angestrebt wurde, in jedem Kanton Schulen aus sowohl städtisch als auch ländlich geprägten Ortschaften zu rekrutieren (Quasi-Schichtung Stadt-Land). Das zweite Schichtungskriterium, die Wahl der Schulen, beinhaltete das Ziel, möglichst alle Anforderungsniveaus des jeweiligen Kantons zu berücksichtigen. Schließlich wurde mit dem dritten Schichtungskriterium, dem Schuljahr, angestrebt, in den Schulen möglichst gleich viele 8. und 9. Klassen zu erfassen. Daran anschließend erfolgte die Auswahl der einzelnen Schulen und Klassen mittels eines randomisierten Verfahrens. Aufgrund pragmatischer Erfordernis-

5 Untersuchungsdesign

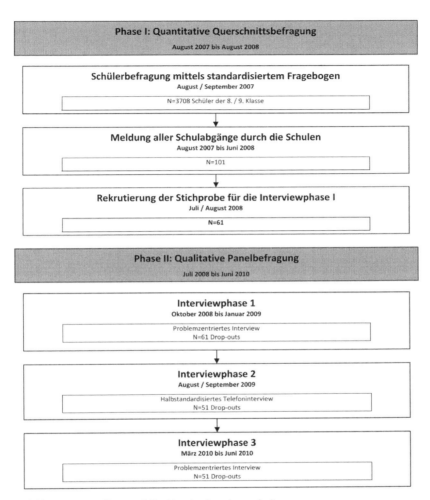

Abbildung 5: Darstellung und Struktur des Forschungsdesigns

se und Gegebenheiten in einzelnen Kantonen wurde das Ziel, eine repräsentative Stichprobe zu ziehen, leichtunterschiedlich umgesetzt.

Die Rücklaufquote von insgesamt 93,4% verweist auf erfreulich wenige Ausfälle, so dass sich die *baseline*-Stichprobe wie folgt beschreiben lässt: Die für 11 beteiligten Kantone repräsentative Stichprobe umfasste 3.756 Schülerinnen und Schüler des 8. und 9. Schuljahres aus allen Anforderungsniveaus. Mädchen (N=1.883; 50,4%) und Jungen (N=1.851; 49,6%) waren zu fast gleichen Anteilen vertreten. Von den Probanden besuchten 44 (1,4%) eine Schule ohne Selektion (Kleinklassen, Angebote für Schüler mit Lernzielanpassungen), 901 (29,6%) eine Schule mit Grundansprüchen (Realschule; entspricht der deutschen Hauptschule), 1795 (58,9%) eine Schule mit erweiterten Ansprüchen (Sekundarschule, Bezirksschule oder gymnasiale Vorbereitungsklassen) und 308 (10,1%) das Gymnasium. Insgesamt konnten im Verlauf der ein Jahr dauernden Erhebung 52 Drop-outs identifiziert werden, was einer Schulabbruchrate von 1,4% entspricht.

**Qualitative Panelbefragung**
Wie bereits ausgeführt bildeten die Angaben der Schulen zu den Abgangsgründen die Basis für die Zusammenstellung der qualitativen Stichprobe. Für uns waren die Gründe „Abbruch auf Eigeninitiative", „Time-out" und „Ausschluss durch Schule" von besonderem Interesse. 72 Jugendliche, welchen solche Abgangsgründen zugeordnet worden waren, wurden telefonisch kontaktiert und für eine Beteiligung an der mündlichen Befragung angefragt. Allerdings konnten trotz erheblichen Bemühungen zahlreiche Jugendliche nicht erreicht werden oder zeigten schlicht kein Interesse an einer Teilnahme. 61 sagten dennoch zu und konnten in einer ersten Phase und 51 auch in der zweiten und dritten Phase interviewt werden. Dabei zeigte sich, dass sich die von den Schulen gemeldeten Abbruchgründe häufig nicht mit den von den Jugendlichen angegebenen Gründen deckten.

Während Wegzug oder Wechsel in ein tieferes Niveau resp. das Nichtbestehen der Probezeit die meist genannten Gründe der Schulen waren, berichteten die Jugendlichen selbst häufig von Schulausschluss, Time-out oder Abbruch auf Eigeninitiative. Weshalb diese Perspektiven so unterschiedlich waren, lässt sich unterschiedlich interpretieren:
- Abbruchursachen werden je nach individuellem oder institutionellem Blickwinkel unterschiedlich erklärt. Was beispielsweise seitens der Schule als Platzierung in einem Time-out Angebot deklariert wird, kann aus der Sicht des Drop-outs selbst als Ausschluss durch die Schule oder als externe Platzierung wahrgenommen werden.
- Weil Schulabbruch im Bildungssystem prinzipiell nicht vorgesehen ist und die Schulpflicht bis zum vollendeten 9. Schuljahr gilt, tun sich Schulen verständlicherweise schwer damit, Schulabbrüche als solche zu deklarieren.

**Fazit**
Während die quantitative Befragung reibungslos verlief und mit einer Rücklaufquote von über 90% eine hohe Repräsentativität aufweist, kam es bei der Stichprobenziehung der qualitativen Panelbefragung zu zwei größeren Pro-

blemen. Als erstes ist davon auszugehen, dass lange nicht alle Schulen ihre frühzeitigen Schulabgänger meldeten. Es liegt die Vermutung nahe, dass in der Schweiz seit der Schulabsentismus-Studie (Stamm, Niederhauser, Ruckdäschel & Templer, 2009) Schuleschwänzen und Schulabbruch zunehmend im Zusammenhang mit mangelnder Schulqualität diskutiert wird. Entsprechend hüteten sich Schulen davor eine große Anzahl an Schulabbrecher preiszugeben, die Nachfrage nach vorzeitigen Schulabgängern wurde daher möglicherweise mit einer „externen Evaluation" in Verbindung gebracht. Die zweite Schwierigkeit war, dass sich viele Drop-outs nicht bereit erklärten, an der Studie teilzunehmen und/oder sehr unzuverlässig waren bei der Kontaktvereinbarung. Trotz größerer Anstrengungen zur Reduktion der Panelmortalität, wie z.B. das Schreiben von Weihnachtskarten und die in Aussicht gestellten finanziellen Anreize bei der Teilnahme an allen drei Interviewphasen, waren nach der ersten Interviewphasen zehn Schulabbrecher nicht mehr bereit für eine weitere Befragung oder konnten gar nicht mehr aufgefunden werden.

Insgesamt muss angenommen werden, dass viele, vor allem „typische" Schulabbrecher mit massiv deviantem und delinquentem Verhalten, nicht in der Stichprobe der qualitativen Panelbefragung vertreten sind.

## 5.4 Datenerhebungsmethoden und Instrumente

Auf der Basis der Anlage unserer Studie wurden für die beiden Projektphasen je unterschiedliche methodische Zugänge zum Feld gewählt und folge dessen auch unterschiedliche Erhebungsinstrumente.

**Quantitatives Erhebungsinstrument: Der schriftliche Fragebogen**
In der ersten Projektphase wurde den Schülerinnen und Schülern ein standardisierter Fragebogen vorgelegt, der im Klassenverband beantwortet wurde und zwischen 30 und 40 Minuten in Anspruch nahm.

Als Vorlage diente der Fragebogen aus der Studie des Schweizerischen Nationalfonds „Schulabsentismus: Ein Phänomen, seine Bedingungen und Folgen" (Stamm, 2009), der für diese Erhebung auf angepasst wurde. Unser theoretisches Arbeitsmodell mit den fünf Bereichen Schule, Familie, Peers, Persönlichkeitsmerkmale und Devianz machte den Einsatz einer Reihe zusätzlicher Items und Skalen notwendig. Auf diese Weise wurde es möglich, mit bereits validierten Skalen zu arbeiten.

Neben persönlichen Informationen wie Geschlecht, Alter, Schulstufe, Nationalität und bei Jugendlichen mit Migrationshintergrund das Einreisealter, umfasste der Fragebogen die in den nachfolgenden Tabellen 1 bis 5 dargestellten Dimensionen. Aufgeführt sind jeweils die den Skalen resp. Items zugrunde liegenden Quellen, je ein Beispielitem, die Anzahl der Items pro Skala sowie die Reliabilität (Cronbach's α).

Der schulische Bereich (Tabelle 1) umfasste Aspekte zu den institutionellen, formellen und informellen Strukturen, zu den Beziehungen innerhalb der Klasse und zu den Lehrpersonen, zur Leistungsorientierung sowie zum Schulklima. Dieser Bereich wurde aufgrund der Ergebnisse der Forschungsreview, welche ihm im Zusammenhang mit dem Schulabbruch eine besondere Bedeutung zuweisen, besonders ausführlich erhoben.

**Tabelle 1: Erhobene Konstrukte des Einflussfaktors Schule**

| Dimension/ Variable | Beispielitem | Quelle | Items/Skala Cronbach's α |
|---|---|---|---|
| Beziehung unter den Schülern | Wenn jemand aus meiner Klasse Hilfe braucht, helfen wir einander gerne 0 = stimmt genau; 1 = stimmt eher; 2 = stimmt eher nicht; 3 = stimmt überhaupt nicht | Eder (1998); Ditton & Merz (1999) | 3 Items α = .675 |
| Strenge-Kontrolle | Wir Schüler werden ständig genau beaufsichtigt. 0 = stimmt genau; 1 = stimmt eher; 2 = stimmt eher nicht; 3 = stimmt überhaupt nicht | Eder (1998) | 4 Items α = .697 |
| Leistungs- und Unterrichtsdruck | Für eine gute Note muss man an dieser Schule sehr viel leisten. 0 = stimmt genau; 1 = stimmt eher; 2 = stimmt eher nicht; 3 = stimmt überhaupt nicht | Eder (1998) | 6 Items α = .719 |
| Persönliche Beziehung zu den Lehrpersonen | Meine Lehrpersonen schimpfen mit mir oder bestrafen mich mehr als andere in der Klasse. 0 = stimmt genau; 1 = stimmt eher; 2 = stimmt eher nicht; 3 = stimmt überhaupt nicht | Eder (2005, S. B1) | 3 Items α = .698 |
| Wahrgenommene Bedeutsamkeit schulischer Inhalte | Bei manchen Fächern weiß ich nicht, wofür sie eigentlich gut sind. 0 = stimmt genau; 1 = stimmt eher; 2 = stimmt eher nicht; 3 = stimmt überhaupt nicht | Eder (1998); Eder (2005, S. B1); Ditton & Merz (1999); Eigenentwicklung | 6 Items α = .619 |
| Schul- und Leistungsangst | Wenn jemand an die Tafel gehen soll, denke ich: hoffentlich komme ich nicht dran. 0 = stimmt genau; 1 = stimmt eher; 2 = stimmt eher nicht; 3 = stimmt überhaupt nicht | Jacobs & Strittmatter (1979) | 6 Items α = .779 |

| Dimension/ Variable | Beispielitem | Quelle | Items/Skala Cronbach's α |
|---|---|---|---|
| Einstellung gegenüber der Schule | Die Schule wird mir immer gleichgültiger. 0 = stimmt genau; 1 = stimmt eher; 2 = stimmt eher nicht; 3 = stimmt überhaupt nicht | Drop-out-Projekt | 6 Items α=.769 |
| Verhalten in der Schule | Ich ärgere absichtlich die Lehrperson. 0 = fast immer; 1 = häufig; 2 = selten; 3 = fast nie | Eder (2005, S. B3) | 5 Items α = .709 |
| Wohlbefinden an der Schule | Die Stimmung an unserer Schule ist meistens: 0 = heiter, fröhlich; 1 = ein wenig fröhlich; 2 = ein wenig gedrückt; 3 = gedrückt, lustlos | Eder (1998); Kittl-Satran, Mayr & Schiffer (2006) | 5 Items α = .668 |
| Bullying an der Schule | Wie oft hast du in den vergangenen zwölf Monaten an deiner Schule beobachtet wie ein Schüler von anderen geschlagen oder getreten wurde. 0 = nie; 1 = ein- oder zweimal; 2 = manchmal (häufiger als zweimal); 3 = einmal in der Woche; 4 = mehrmals in der Woche | Eisner, Manzoni & Ribeaud (2000) | 5 Items α = .698 |
| Bullying auf dem Schulweg | Wie oft hast du in den vergangenen zwölf Monaten auf deinem Schulweg beobachtet wie einem Schüler absichtlich die Sachen kaputt gemacht wurden? 0 = nie; 1 = ein- oder zweimal; 2 = manchmal (häufiger als zweimal); 3 = einmal in der Woche; 4 = mehrmals in der Woche | Eisner et al. (2000) | 5 Items α = .734 |
| Leistungsstress durch Lehrer (Häufigkeit) | Häufigkeit, dass mindestens eine Lehrperson mich anschrie. 0 = öfter als 6 Mal; 1 = 3 – 6 Mal; 2 = 1 – 2 Mal; 3 = nie | Bergmüller (2003) | 10 Items α = .826 |
| Leistungsstress durch Lehrer (Belastung) | Belastungsgrad, dass mindestens eine Lehrperson mich vor der Klasse lächerlich machte. 0 = sehr; 1 = ziemlich; 2 = etwas; 3 = gar nicht | Bergmüller (2003) | 10 Items α = .831 |
| Schulstress Disengagement | Häufigkeit zu denken, dass es egal ist, wenn ich nicht alles mitbekomme. 0 = immer; 1 = oft; 2 = manchmal; 3 = selten; 4 = nie | Compas, Connor-Smith, Saltzman, Harding Thomsen & Wadsworth (2001) | 6 Items α = .787 |
| Schulstress Engagement | Häufigkeit, jemanden zu bitten mir den Stoff zu erklären. 0 = immer; 1 oft; 2 = manchmal; 3 = selten; 4 = nie | Compas et al. (2001) | 6 Items α = .642 |

Zusätzlich zu den in Tabelle 1 aufgeführten Konstrukten wurden weitere schulbezogene Bereiche mittels Einzelitems erhoben: das Angebot und die Teilnahme an schulischen Aktivitäten (z.B. Musik, Theater, Sport), Fragen zur Anzahl und zur Qualität der Schüler-Lehrer-Beziehungen, Schulwechsel und die damit verbundenen Hintergründe, die Noten des letzten Zeugnisses in Deutsch, Mathematik und Sport, die Einschätzung der Wichtigkeit von Schulnoten, die persönliche Zufriedenheit mit den schulischen Leistungen (Noten), das Alter bei Schuleintritt, Angaben zu Klassenwiederholungen resp. Klassenüberspringen, zu Zukunftsplänen sowie zur Unterstützung bei den Hausaufgaben.

In Tabelle 2 sind die Konstrukte zum Bereich Familie dargestellt, die hauptsächlich mittels Einzelitems erhoben wurden. Dazu gehören traditionelle Faktoren wie der sozio-ökonomische Status, der Migrationshintergrund oder die Bildungsnähe der Eltern etc. In der Tabelle nicht abgebildet sind weitere Variablen wie Wohnsituation, sprachliche Sozialisation, Nationalität und der Geburtsort der Eltern sowie deren Beruf. Für die Erhebung des sozio-ökonomischen Status wurde der International Socio-Economic Index of Occupational Status (ISEI) verwendet, der bereits schon bei den PISA-Studien zum Einsatz kam (vgl. Ganzeboom, Graaf, &Treiman, 1992). Der ISEI gruppiert Personen nach ihrer Berufsangabe unter den Aspekten der Ausbildungsdauer, des Einkommens sowie des sozialen Berufsprestiges und ordnet sie hierarchisch. Zur übersichtlicheren Darstellung und Vereinheitlichung der Analysen wird jeweils der höchste Index-Wert der Eltern HISEI (Highest ISEI) verwendet, d.h. weist die Mutter einen höheren ISEI auf als der Vater, wird der ISEI der Mutter verwendet und umgekehrt (Autorengruppe Bildungsberichterstattung, 2010, S. VIII).

**Tabelle 2: Erhobene Konstrukte des Einflussfaktors Familie**

| Dimension | Beispielitem | Quelle | Items/Skala Cronbach's α |
|---|---|---|---|
| Arbeitspensen der Eltern | Was macht deine Mutter/dein Vater zurzeit? 1 = Arbeitet Vollzeit, also 5 Tage in der Woche (auch selbstständige Arbeit); 2 = Arbeitet Teilzeit, also weniger als 5 Tage in der Woche (auch selbstständige Arbeit); 3 = Arbeitet ganz Zuhause (Hausfrau/Hausmann); 4 = Ist auf Arbeitssuche; 5 = Ist Pensioniert (Rentnerin/Rentner); 6 = Ist nicht berufstätig; 7 = Sonstiges: | PISA-Konsortium Schweiz (2003) | 1 Item |
| Schulbildung der Eltern | Welches ist die höchste abgeschlossene Schulbildung von deinem Vater und deiner Mutter? 1 = Obligatorische Schulzeit; 2 = Berufslehre; 3 = Eidgenössische Matura, Diplommittelschule; 4 = Universität, Fachhochschule; 5 = Ich weiß es nicht | Sälzer (2010) | 1 Item |
| Elterlicher Erziehungsstil | Meine Eltern wissen fast immer, wo ich bin. 0 = stimmt genau; 1 = stimmt eher; 2 = stimmt eher nicht; 3 = stimmt überhaupt nicht | Eder (1995); Kittl-Satran et al. (2006); Eigenentwicklung | 8 Items α = .706 |
| Belastung durch Eltern (Häufigkeit) | Häufigkeit, dass sich meine Eltern in die Kontakte zu meinen Mitschülern einmischten. 0 = öfter als 6 Mal; 1 = 3 – 6 Mal; 2 = 1 – 2 Mal; 3 = nie | Bergmüller (2003) | 6 Items α = .747 |
| Belastung durch Eltern (Belastung) | Belastungsgrad, dass meine Eltern mir Fehler lange vorwarfen. 0 = sehr; 1 = ziemlich; 2 = etwas; 3 = gar nicht | Bergmüller (2003) | 6 Items α = .777 |

Tabelle 3 umfasst die erhobenen Merkmale im Bereich der Peers. Entsprechend den theoretischen Erkenntnissen wurde dieser Bereich einerseits der Dimension des Freizeitverhaltens zugeordnet, andererseits auch in Bezug auf das Schuleschwänzen genauer erfragt. Zudem wurden Fragen zu Freundschaften (Art und Ausmaß von Aktivitäten in Begleitung von Freunden, Einstellungen und persönliche Merkmale der Freunde) sowie zum Zeitvertreib neben der Schule gestellt (Freizeitjobs, Gelderwerb).

**Tabelle 3: Erhobene Konstrukte des Einflussfaktors Peers**

| Dimension | Beispielitem | Quelle | Items/Skala Cronbach's α |
|---|---|---|---|
| Zeit mit Freunden | Wie oft bist Du neben der Schule mit deinen Freunden/Freundinnen zusammen? | Eder (2005, S. B1) | 1 Item |
| Freunde zum Reden | Hast Du eine oder mehrere Freunde/ Freundinnen, mit denen du über alles reden kannst? | Drop-out-Projekt | 1 Item |
| Belastung durch Mitschüler (Häufigkeit) | Häufigkeit, dass mindestens ein/e MitschülerIn mich nicht mitreden ließ, mich ignorierte. 0 = öfter als 6 Mal; 1 = 3 – 6 Mal; 2 = 1 – 2 Mal; 3 = nie | Bergmüller (2003) | 6 Items α = .843 |
| Belastung durch Mitschüler (Belastung) | Belastungsgrad, dass mindestens ein/e MitschülerIn schlecht über mich redete. 0 = sehr; 1 = ziemlich; 2 = etwas; 3 = gar nicht | Bergmüller (2003) | 6 Items α = .863 |
| Mitschülerstress Disengagement | Häufigkeit sich nichts anmerken zu lassen und so tun, als ob mir es mir nichts ausmachen würde, wenn ein/e MitschülerIn schlecht über mich redet. 0 = immer; 1 = oft; 2 = manchmal; 3 = selten; 4 = nie | Compas et al. (2001) | 6 Items α = .707 |
| Mitschülerstress Engagement | Häufigkeit den/die MitschülerIn zur Rede zu stellen, wenn ein/e MitschülerIn schlecht über mich redet. 0 = immer; 1 = oft; 2 = manchmal; 3 = selten; 4 = nie | Compas et al. (2001) | 6 Items α = .730 |
| Freizeitverhalten | Party- und Peerorientierung | Eisner et al. (2000) | 6 Items α = .759 |
| | Familienorientierung | Eisner et al. (2000) | 3 Items α = .712 |
| | Sportorientierung | Eisner et al. (2000) | 3 Items α = .689 |
| | kreative und intellektuelle Orientierung | Eisner et al. (2000) | 5 Items α = .550 |
| | passive Orientierung | Eisner et al. (2000) | 3 Items α = .470 |

Tabelle 4 umfasst die Konstrukte des individuellen Bedingungsbereichs. Da dieser Bereich immer in Verbindung zu anderen Bereichen steht, ist damit eine klare Dimensionszuordnung erschwert. So sind etwa Beziehungsaspekte zur Familie, zu den Peers und zur Schule zentral. Diese Aspekte werden sowohl in der Dimension des sozialen als auch des Leistungs-Selbstkonzepts erfasst. Ein zusätzlicher Fokus wurde auf individuelle Belastungen gelegt, die durch

Leistungsdruck, Mobbing oder familiäre Probleme verursacht sein und sich in körperlichen Beschwerden manifestieren können. Dementsprechend wurden die physische und psychische Befindlichkeit und Belastungen in unterschiedlichen Situationen erfragt[1].

**Tabelle 4: Erhobene Konstrukte des Einflussfaktors Individuum**

| Dimension | Beispielitem | Quelle | Items/Skala Cronbach's α |
|---|---|---|---|
| Soziales Selbstkonzept | Es fällt mir leicht, Freundschaften zu schließen. 0 = stimmt genau; 1 = stimmt eher; 2 = stimmt eher nicht; 3 = stimmt überhaupt nicht | Eder (2005, S. B1) | 3 Items α = .612 |
| Leistungs-Selbstkonzept | Für gute Noten brauche ich mich nicht anzustrengen. 0 = stimmt genau; 1 = stimmt eher; 2 = stimmt eher nicht; 3 = stimmt überhaupt nicht | Eder (2005, S. B1) | 5 Items α = .775 |
| Normen | Man sollte sich an Regeln halten, auch wenn die eigenen Wünsche zu kurz kommen. 0 = stimmt genau; 1 = stimmt eher; 2 = stimmt eher nicht; 3 = stimmt überhaupt nicht | Oberwittler & Blank (2003); Stamm (2009) | 4 Items α = .699 |
| Physische und psychische Beschwerden | Häufigkeit von Kopfschmerzen im letzten Schuljahr 0 = öfter als 6 Mal; 1 = 3 – 6 Mal; 2 = 1 – 2 Mal; 3 = nie | (Eigenentwicklung) | 23 Items α = .931 |

Angaben zu den erfassten Devianz-Dimensionen finden sich in Tabelle 5. Da die Forschungserkenntnisse im vorangehenden Kapitel deviantes Verhalten als starken Prädiktor für Schulabbruch ausgewiesen haben, wurde dieses mittels der drei Dimensionen Schuleschwänzen, Delinquenz und Drogenkonsum erfasst. Nicht in Tabelle 5 aufgeführt sind weitere, damit im Zusammenhang stehenden Aspekte wie etwa das längere Fernbleiben von der Schule, die dahinterliegenden Gründe, der Zeitpunkt des ersten Schuleschwänzens, Gründe und Form des Schwänzens sowie Zeitpunkt des Drogenkonsums.

---

1   Diese Variablen bilden die Grundlage einer im Projekt angegliederten Dissertation und werden deswegen in diesem Bericht nur noch am Rande berücksichtigt.

Tabelle 5: Erhobene Konstrukte des Einflussfaktors Devianz

| Dimension | Beispielitem | Quelle | Items/Skala Cronbach's $\alpha$ |
|---|---|---|---|
| Schule-schwänzen | Hast du im vergangenen Schuljahr schon mal mehr als 2 Tage hintereinander geschwänzt? 0 = noch nie; 1 = ab und zu; 2 = mehr als 5 Mal | Kittl-Satran et al., (2006) | 8 Items $\alpha = .855$ |
| Delinquenz | Hast du schon mal ein Fahrrad, ein Töffli oder sonst ein Fahrzeug geklaut? 0 = Nein; 1 = Ja | Eisner et al. (2000) | 13 Items $\alpha = .706$ |
| Drogenkonsum | Wie oft hast du in den letzten 12 Monaten Haschisch, „Gras" genommen? 0 = nie; 1 = selten (einmal im Monat oder seltener), 2 = manchmal (mehrmals im Monat); 3 = oft (mehrmals in der Woche); 4 = sehr oft (täglich) | Eigenentwicklung | 8 Items $\alpha = .889$ |

## Qualitative Erhebungsinstrumente

Im Mittelpunkt der qualitativen Panelbefragung stand die von Witzel (1982) entwickelte Methode des problemzentrierten Interviews. Die Dauer des einzelnen Interviews variierte sowohl zwischen den einzelnen Erhebungen als auch den einzelnen Interviews beträchtlich. Während das erste Interview durchschnittlich 40 bis 50 Minuten dauerte, waren es im zweiten Interview, das telefonisch durchgeführt wurde, zirka 10 bis 15 Minuten. Das dritte Interviewnahm durchschnittlich 30 bis 35 Minuten in Anspruch. Alle Interviews wurden auf Tonträger aufgezeichnet und anschließend transkribiert. Die Interviews selbst fanden in der Regel bei den Jugendlichen zu Hause resp. an ihrem Ausbildungsort statt. Einige wenige mussten an einem öffentlich zugänglichen Ort, z.B. im Café durchgeführt werden.

Grundlage aller drei Erhebungen bildete ein auf der Basis des theoretischen Arbeitsmodells entwickelter Leitfaden mit Fragen zum schulischen Abkoppelungsprozess und zum Abbruchentscheid. Um eine gewisse Standardisierung der Interviewantworten zu erreichen, die im Hinblick auf die angestrebte empirische Typenbildung von Bedeutung ist, wurden alle Mitarbeitenden im Vorfeld geschult.

Im Mittelpunkt des ersten Interviews standen die Schullaufbahn der Jugendlichen und ihre zukünftige Pläne. In den beiden anschließenden Interviews wurden sie zusätzlich nach den aktuellen Tätigkeiten und Beschäftigungen gefragt. Im dritten Interview wurde der Schwerpunkt nochmals auf die zentralen Abgangsgründe aus der Rückschau gelegt. Hierzu wurden die Befragten gebeten, nochmals die konkreten Abgangsgründe zu definieren, die erfahrene Unterstützung durch Dritte zu reflektieren und den Schulabgang insgesamt selbstkritisch zu kommentieren. Schließlich wurde noch nach dem persönlichen Umgang mit dem Abbruch sowie den zukünftigen Plänen gefragt.

## 5.5 Datenauswertungsmethoden

**Quantitative Auswertungsmethoden**
Auf der Basis der quantitativen Querschnitterhebung wurden die Daten mittels deskriptiver und multivariater Statistik, insbesondere der partitionierenden Clusteranalyse und logistischen Regressionen, ausgewertet. Die Analysen wurden mit dem Statistikprogramm SPSS 17 durchgeführt.

**Qualitative Auswertungsmethoden**
Der qualitative Datenkorpus umfasste insgesamt 163 Interviews aus den drei Interviewphasen. Die Auswertung erfolgte auf der Basis der empirischen Typenbildung nach Kluge (1999) mit Hilfe des Programms Maxqda. Das Ziel der Typenbildung ist die Erkenntnis der Sinnzusammenhänge innerhalb eines Typus sowie die Unterscheidung zwischen den Typen. In Abbildung 6 sind die vier Stufen des Verfahrens dargestellt.

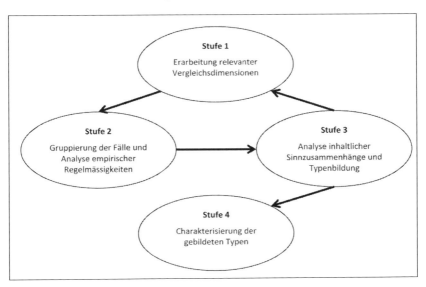

Abbildung 6: Die Auswertungsstufen der empirischen Typologie nach Kluge, (1999, S. 261)

Stufe 1 umfasst die Erarbeitung der relevanten Vergleichsdimensionen auf der Basis der zugrunde liegenden Merkmale. Auf Stufe 2 werden die Fälle anhand der Merkmale gruppiert und in ihrer Regelmäßigkeit überprüft. Aufbauend auf dem Konzept des Merkmalsraums (vgl. Lazarsfeld & Barton, 1951) wird für die Typenbildung eine Mehrfeldertafel mit den beiden zentralen Vergleichsdimensionen verwendet. Sie erlaubt sowohl einen Überblick über alle potentiellen Kombinationsmöglichkeiten als auch über die konkrete empirische Verteilung der Fälle auf die Merkmalskombinationen. Um die interne Homogenität sicherzustellen (d.h. die Ähnlichkeit der Fälle auf der Ebene der Typologie) werden die einer Merkmalskombination zugeordneten Fälle miteinander verglichen. Des Weiteren müssen die Gruppen untereinander verglichen werden, um zu überprüfen, ob die entstehende Typologie genügend Heterogenität bzw. Varianz im Datenmaterial abbildet. Auf Stufe 3 werden die zugeordneten Fälle zunächst auf ihre inhaltlichen Zusammenhänge hin geprüft, bevor dann in Stufe 4 die Charakterisierung der einzelnen Typen anhand der Merkmalskombinationen und der inhaltlichen Sinnzusammenhänge erfolgt und das charakteristisch Gemeinsame in einem geeigneten Begriff zum Ausdruck gebracht wird. Das Ziel einer Typendarstellung besteht darin, dass sich die einzelnen Typen durch eine möglichst interne Homogenität und externe Heterogenität auszeichnen sollen (vgl. Kluge, 1999; Uhlendorf, 2010).

**Stufe 1: Die beiden Vergleichsdimensionen**
Auf der Basis des theoriegeleiteten Arbeitsmodells wurden zunächst die beiden Vergleichsdimensionen entwickelt. Da das Modell die am Schulabbruch beteiligten Gruppen einerseits und die Abbruchbedingungen im schulischen und familiären Kontext andererseits abbildet, wurden die beiden Dimensionen „Akteure" und „Kontexte" herausgearbeitet. In der Dimension „Akteure" geht es um Personen, die neben dem betroffenen Individuum und durch die Interaktion mit ihm den Abkoppelungsprozess maßgeblich beeinflussen. Dies sind in erster Linie die Eltern, Peers und Lehrpersonen. Bei gewissen Fällen sind keine Co-Akteure zentral am Abkoppelungsprozess beteiligt außer den Drop-outs selbst. Daher wurde ein Merkmal dieser Dimension kreiert, das mit „Individuum" bezeichnet wird. Meistens sind mehrere Akteure in den Prozess involviert, doch wurden die Fälle derjenigen Akteursgruppe zugeordnet, die am stärksten am Abkoppelungsprozess beteiligt war. Die vier Merkmale wurden durch zehn Merkmalsausprägungen ausdifferenziert. In der Dimension der „Kontexte" ist die Manifestation der Abbruchproblematik in den verschiedenen Lebenskontexten verortet. Aufgrund dieser Dimension wird der Raum der Problemmanifestation in die Merkmale Schule, Familie und außerschulische Tätigkeiten aufgeteilt und mittels elf Merkmalsausprägungen differenziert.

Tabelle 6: Merkmale der ersten Vergleichsdimension „Akteure"

| Merkmal | Merkmalausprägung | Inhalt |
|---|---|---|
| Peers | Negativer Einfluss der Peers | Fernbleiben von zu Hause, massives Schuleschwänzen, Drogenkonsum, Schlägereien |
| | Konflikte mit den Peers | Mobbing, Angriffe (körperliche), Ignoranz, Beschimpfungen |
| Lehrpersonen | Diskriminierung | Vorurteile, Mobbing, Bloßstellen, Beschimpfungen, Strafen, Unterstützung empfundene Ungerechtigkeit z.B. bei der Notenverteilung, Nicht-Beachtung |
| | Mangelnde Unterstützungsleistung | Unzureichendes Hilfsangebot, Anonymität |
| Eltern | Erwartungshaltung der Eltern | Bildungsaspiration und -ambition, Kritik an der Schule und an Lehrpersonen |
| | Unterstützungsleistung | Kommunikation, Verständnis |
| Individuum | Persönliche Eigenschaften und Einstellungen | Persönliche Meinung, mangelnde Selbstkontrolle, Aggressionspotential, Beeinträchtigungen (körperlicher oder psychischer Natur), antikonformistische Haltung |
| | Sozialverhalten und persönliche Rollenzuschreibung | Rückzug aus Gemeinschaften, Einsamkeit, Passivität, Trostlosigkeit, Opferrolle, Motivationsverlust |
| | Selbstwertgefühl und Selbstbewusstsein | Mangelndes Selbstwertgefühl, Depressionen, selbstverletzendes Verhalten, Angstzustände, Suizidversuch |
| | Coping-Strategien und Konfliktmanagement | Überforderung, Ernsthaftigkeit der Problematik, überraschender Abbruch, Abbruch als Lösungsweg, Defizite in der Selbstbeherrschung, Provokation, Gewalt, Konflikte |

Tabelle 6 listet die Merkmale der Vergleichsdimension „Akteure" auf. Das Merkmal der Peers enthält in seinen Merkmalsausprägungen den Einfluss und die Konflikte mit den Peers. Diskriminierung und mangelnde Unterstützungsleistung sind die Merkmalsausprägungen des Merkmals Lehrpersonen. Im Merkmal Eltern finden sich die Erwartungshaltung der Eltern sowie die Unterstützungsleistung. Persönliche Eigenschaften und Einstellungen, Sozialverhalten sowie Selbstwertgefühl und Coping-Strategien zählen zu den Merkmalsausprägungen des Merkmals Individuums.

# 5 Untersuchungsdesign

Die zweite Vergleichsdimension enthält die drei Kontexte, in denen sich Probleme konstituieren können: die Schule, die Familie und die außerschulischen Tätigkeiten. Tabelle 7 gibt Auskunft über die insgesamt elf Merkmalsausprägungen, welche den Kontext differenzieren.

**Tabelle 7: Merkmale der Vergleichsdimension „Kontexte"**

| Merkmal | Merkmalsausprägungen | Inhalt |
|---|---|---|
| Schule | Strukturelle Probleme in der Schule | Schlechtes Schulklima, (zu) strenges Regelwerk, Ausspielen der Machtasymmetrie, Fehlplatzierung, Probleme mit der Anonymität, schwierige Zusammenarbeit mit der Schulsozialarbeit, inhaltliche Ausrichtung der Schule |
| | Leistungsprobleme | Leistungsdruck, Überforderung, Langeweile, Unterforderung, Fehlplatzierung, Schulstress und Motivationsverlust, Konzentrations- und Lernschwierigkeiten |
| | Motivationsprobleme | Persönliche Einstellung gegenüber der Schule, Schulmüdigkeit, Hinterfragung des Sinns der Schule (persönliche Kosten-Nutzen-Analyse) |
| | Schulbezogene Devianz | disziplinäre Verstöße, Stören des Unterrichts, Nicht-Erledigen der Aufgaben, Auflehnung gegen Lehrpersonen und schulische Instanzen, Schwänzen, Provokation, Schlägereien, Graffiti-Malereien, Mobbing |
| Familie | Zergliederung der Kernfamilie | Verlust eines Familienmitgliedes, fehlende Unterstützung, Trennung bzw. Scheidung der Eltern (Sorgerechtsstreit, neue/ instabile Wohnsituation), zwischen den Eltern stehend |
| | Familiäre Notwendigkeit | Finanzielle Unterstützung, Übernahme einer Betreuung oder Pflege eines Familienmitgliedes |
| | Psychische Krankheiten | Depressionen, Essstörungen, Angstzustände, Selbstverletzungen, Suizidgedanken, Selbstmordversuche |
| | Häusliche Gewalt | Verbale Gewalt (Aggression, Diskriminierung, Beschimpfung), Missbrauch (sexueller) |
| Außerschulische Tätigkeiten | Ausgeprägte Freizeitgestaltung | „Herumhängen" mit den Peers, Freizeitverhalten (Freizeit vor Schule), negative Gruppendynamik, Motivationsverlust, Schwänzen, Alkohol- und Tabakkonsum |
| | Strafdelikte | Drogenverkauf, Diebstahl, Strafdelikte, Geldbetrug, gewalttätige Auseinandersetzung |
| | Substanzkonsum | Drogen- und Alkoholkonsum |

**Stufe 2: Gruppierung der Fälle und Analyse empirischer Regelmässigkeiten**

Mittels der theoriegeleiteten Vergleichsdimensionen und deren zum Teil induktiv erarbeiteten Merkmale und Ausprägungen war es in einem zweiten Schritt möglich, alle Fälle in der Mehrfeldertafel zu verorten. Einzig die zwei Felder mit der Merkmalskombination Peer/Familie, Lehrpersonen/Familie blieben leer. Dies lässt sich damit erklären, dass familiäre Probleme offenbar nur selten von Peers oder Lehrpersonenweiter verstärkt wurden.

Tabelle 8: Drop-out-Typologie

| Akteure | Kontexte | | |
|---|---|---|---|
| | Schule | Freizeit | Familie |
| Peers | „Gemobbte" 16% (N=8) | „Hänger" 20% (N=10) | |
| Lehrpersonen | „Schulmüde" 31% (N=16) | | |
| Eltern | | | „familiär Belastete" 17% (N=9) |
| Individuum | „Delinquente" 16% (N=8) | | |

**Stufe 3: Analyse inhaltlicher Sinnzusammenhänge**

In der dritten Stufe wurden die zugeordneten Fälle auf ihre inhaltlichen Zusammenhänge hin geprüft. Für die Analyse inhaltlicher Sinnzusammenhänge und Typenbildung wurde das Verfahren des Fallvergleichs und der Fallkontrastierung angewandt. Die Gruppen wurden hierfür zuerst nach „widersprechenden" und „abweichenden" Fällen untersucht und verglichen. Diese Stufe beinhaltete eine Fallrekonstruktion, in welcher, durch die Steigerung einzelner Aspekte eines Falles, es zur Präsentation eines Idealtypus kam. Anschließenden wurden die Fälle in jedem einzelnen Typus mit dem jeweiligen Idealtypus konfrontiert, sowie Abgrenzungen und Abstufungen innerhalb des Typus vorgenommen wurden. In dieser Phase wurde der Merkmalsraum verkleinert und die Anzahl der Gruppen auf einige wenige Typen reduziert. (vgl. Kluge 1999; Uhlendorf 2010).

**Stufe 4: Charakterisierung der Typen**

In der vierten Stufe wurde der Prozess der Typenbildung mit einer umfassenden Charakterisierung der einzelnen Typen abgeschlossen. Dies geschah auf der Basis der Merkmalskombinationen und der sie verbindenden inhaltlichen

Sinnzusammenhänge. Die einzelnen Fälle eines Typus wiesen unterschiedliche Merkmalsausprägungen auf. Entscheidend war somit die Benennung des „Gemeinsamen" (Kluge, 1999). Kuckartz (1988) sprach hierbei von einem Aufzeigen des Typischen und die Abgrenzung des individuell Besonderen.

Die *Gemobbten* zeichnen sich durch eine Entwicklung zum „Loser" aus, d.h. zum Verlierer, welcher in der Klasse von seinen Mitschülern nicht akzeptiert und ständig gehänselt wird. Sie sind somit klassische Mobbingopfer. Die *Schulmüden* brechen aufgrund von zunehmenden schulischen Problemen unterschiedlicher Art die Schule ab. Es sind dies Probleme mit Lehrpersonen, auffälliges Verhalten wie Stören des Unterrichts oder Rebellion und Provokation. Die *Delinquenten* lassen sich durch ihr hohes Ausmaß an deviantem Verhalten charakterisieren. Dieses Verhalten hat sowohl strafrechtliche als auch gerichtliche Folgen. Der Konsum und Verkauf illegaler Drogen, Vandalismus, Schlägereien und Körperverletzung sowie Einbrüche und Diebstahl sind in diesem Typus zentral. Die *Hänger* sind ausgeprägt peer- und freizeitorientiert. Dies zeigt sich im „Herumhängen" und dem Konsum von Alkohol und Cannabis sowie Schlägereien, schulaversivem Verhalten und disziplinären Verstößen in der Schule. Die *familiär Belasteten* stehen für Jugendliche, welche von länger andauernden Streitigkeiten in der Familie, der Trennung der Eltern, erbitterten Scheidungskämpfen und oder häuslicher Gewalt bis hin zum sexuellem Missbrauch betroffen sind. Psychischen Belastung bis hin zu selbstverletzenden Verhalten und Suizidversuchen sind Folgen der familiären Umstände und psychischen Belastungen.

# Teil C
# Ergebnisse

# 6 Drop-outs und ihre Merkmale

In diesem Teil werden die Ergebnisse anhand unserer Forschungsfragen dargestellt. Dargelegt wird in einem ersten Schritt (Kapitel 6), wer die Drop-outs sind, welche Ausstiegsformen sie gewählt haben, welche Faktoren einen Schulabbruch voraussagen können und wie die empirisch eruierten Drop-out-Typen charakterisiert werden können. Danach werden die Entwicklungswege der Drop-outs anhand ihrer Wiedereinstiegsmuster nachgezeichnet (Kapitel 7).

## 6.1 Wer sind die Drop-outs?

In Tabelle 9 wird die Frage beantwortet, welche Merkmale unsere Drop-outs auszeichnen. Dabei wird ersichtlich, dass sich Drop-outs von Stabilen in gewissen Merkmalsbereichen deutlich unterscheiden in anderen wiederum kaum Unterschiede feststellbar sind. So zeigt sich in Bezug auf das Geschlecht der überraschende Befund, dass der Mädchenanteil mit rund 56% deutlich über demjenigen der Jungen liegt (rund 44%). Somit bestätigt die Studie, die in der traditionellen Drop-out-Forschung vielfach vertretene These, wonach Drop-outs vorwiegend männlich seien, nicht.

## 6 Drop-outs und ihre Merkmale

**Tabelle 9: Merkmale der Drop-outs (N=52) und der Stabilen (N=370)**

| Merkmal | Drop-outs (N=52) | Stabile (N=3704) |
|---|---|---|
| **Geschlecht** | | |
| Männlich | 44,2% | 49,6% |
| Weiblich | 55,8% | 50,4% |
| **Schulniveau** | | |
| ohne Selektion | 4% | 1,4% |
| Grundansprüche | 40% | 29,4% |
| erweiterte Ansprüche | 38% | 59,2% |
| Gymnasium | 18% | 10% |
| **Nationalität** | | |
| Schweiz | 73,1% | 81,8% |
| Ausland | 26,9% | 18,2% |
| **Sozio-ökonomischer Status (HISEI)++** | | |
| sehr niedrig (16 bis 34) | 27,1% | 29,7% |
| niedrig (35 bis 49) | 8,3% | 13,3% |
| mittel (50 bis 65) | 39,6% | 40,9% |
| hoch (66 bis 90) | 25% | 16,1% |
| **Klassenwiederholungen (einmal oder mehrmals)** | | |
| Ja | 51,9% | 21,1% |
| Nein | 48,1% | 78,9% |
| **Schuleschwänzen+++** | | |
| Nie | 22,4% | 64,4% |
| Gelegentlich | 36,7% | 30,6% |
| Massiv | 40,8% | 5% |

+: Das N unterscheidet sich je nach Missings; ++:Kategorisierung nach Lohmann, Spiess und Feldhaus (2009, S. 643); +++: Gelegentliches Schuleschwänzen bedeutet ab und zu – massives Schuleschwänzen hingegen mehr als 5 Mal bewusst Prüfungen, gewisse Fächer, einzelne Schulstunden, Halbttage, ganze Tage, zwei aufeinanderfolgende Tage und/oder direkt vor oder nach den Ferien geschwänzt zu haben.

Gleiches gilt für ihre schulische Herkunft, über die Hälfte der Drop-outs besuchten zum Zeitpunkt des Schulabgangs das Gymnasium (18%) oder eine Oberstufe mit erweiterten Ansprüchen (38%). Die Schulniveauverteilung der Drop-outs entspricht damit in etwa derjenigen der schweizerischen Bildungsstatistik, wobei der Anteil an Schülerinnen und Schülern in der Stichprobe mit erweiterten Ansprüchen (mit 38% gegenüber 29%) leicht übervertreten ist (Bundesamt für Statistik, 2010). Schulabbrecher gibt es in unserer Studie somit in allen Schulniveaus.

Drop-outs sind am häufigsten Schweizer (73,1%), vertreten sind jedoch auch Jugendliche aus Ländern wie Malaysia, Polen oder der Dominikanischen Republik. Die Mehrheit bilden Jugendliche aus Ex-Jugoslawien, gefolgt von Deutschland. Ein Viertel der Drop-outs stammt aus einem gehobenen Milieu, im Gegensatz zu den Stabilen, von denen 16% aus einem Elternhaus mit hohem sozio-ökonomischen Status stammen. In einem direkten HISEI-Mittelwertsvergleich geht hervor, dass die Drop-outs mit 51.2 Punkten gegenüber den Stabilen mit 48.6 Punkten durchschnittlich über einen höheren sozio-ökonomischen Status verfügen. Dieser Wert liegt etwas über dem nationalen Durchschnitt von 49.2 Punkten (Coradi Vellacott, Hollenweger, Nicolet & Wolter, 2003, S. 75). Damit kann die oft formulierte Vermutung, Schulabbrecher seien Ausländern aus einem tiefen sozialen Milieu, für unsere Studie verworfen werden.

Insgesamt verdeutlicht Tabelle 9, dass unsere Drop-outs lediglich in zwei Merkmalsbereichen den Erkenntnissen der traditionellen Forschung entsprechen: in den Klassenwiederholungen und im Schuleschwänzen. So hat über die Hälfte der Drop-outs mindestens einmal eine Klasse wiederholt, während dem es bei den Stabilen deutlich weniger sind. Diese Befunde ähnelnd damit den bundesdeutschen PISA-Resultate von 2003. Sie zeigten, dass sich durchschnittlich nur 60,0% der 15jährigen in der 9. Klassenstufe befanden (Klein, 2005) und 32,7% aller Schülerinnen und Schüler eine Verzögerung (verspätete Einschulung oder Klassenwiederholung) in der Schullaufbahn aufwiesen. Ähnliche Ergebnisse berichten Tresch und Zubler (2009) für die Schweiz, resp. den Kanton Aargau.

Dass diskontinuierliche Schullaufbahnen verschiedenste Risiken mit sich bringen, wissen wir aus der amerikanischen Drop-out-Forschung (Rumberger 1995; Alexander et al., 1997). Aber auch die Zürcher Studie „Schullaufbahn und Leistung" von Moser, Keller und Tresch (2003) belegt, dass frühzeitig eingeschulte Kinder bis zum Ende des 3. Schuljahres wesentlich häufiger eine Klasse wiederholen (26%) als Kinder mit einer regulären (7%) oder verspäteten Einschulung (4%). Gleiches konnte Bellenberg (2005) für die Wiederholungsrate von frühzeitig Eingeschulten bis zum 10. Schuljahr nachweisen. Obwohl es auch Untersuchungen gibt, welche zu gegenteiligen Schlüssen kommen (Lehmann et al. 2002), scheint eine frühzeitige Einschulung ein möglicher Risikoindikator für eine kontinuierliche Schullaufbahn zu sein.

In Bezug auf das Schwänzverhalten sind zwischen Drop-outs und Stabilen deutliche Unterschiede festzustellen. So gab lediglich ein gutes Fünftel (22,4%) der Drop-outs an, während der ganzen Schullaufbahn nie die Schule geschwänzt zu haben, während es bei den Stabilen gut zwei Drittel waren (64,4%). Zwar sind im gelegentlichen Schuleschwänzen keine großen Gruppenunterschiede festzustellen (36,7% Drop-outs; 30,6% der Stabilen), wohl jedoch im massiven Schuleschwänzen. 40% der Drop-outs outeten sich als massive Schulschwänzer und damit achtmal häufiger als Stabile (5%). Im Vergleich zu unserer Schulabsentismus-Studie (Stamm, Niederhauser, Ruckdäschel & Templer, 2009) liegen die Stabilen damit gleichauf mit dem eruierten Wert von 5,4%.

Betrachtet man die Entwicklung des Schuleschwänzens über die Schuljahre hinweg, wie dies in Abbildung 7 visualisiert ist, so zeigt sich der erstaunliche Befund, dass Schuleschwänzen kein Phänomen der Oberstufe, sondern bereits eines der Grundschule ist und dass dies sowohl für Stabile als auch für Drop-outs gilt. So gaben mehr als 10% beider Gruppen an, bereits in der Unterstufe und mehr als 35% in der Mittelstufe der Grundschule geschwänzt zu haben. Insgesamt bestätigen diese Ergebnisse solche aus den USA von Alexander et al. (1997) oder Hickman et al. (2008) nicht, wonach Drop-outs bereits im Kindergarten häufiger schulabsent seien als Schülerinnen und Schüler, die einen Abschluss machen.

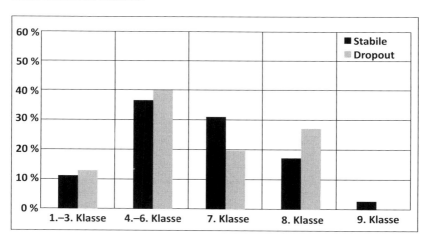

Abbildung 7: Zeitpunkt des ersten Schulschwänzens von Drop-outs (N=52) und Stabile (N=3704)

## 6.2 Welches sind die Bedingungen für Drop-out?

Von Interesse ist nun die Frage, ob es bestimmte strukturelle und individuelle Bedingungen gibt, welche einen Schulabbruch begünstigen. Diese Frage haben wir mittels einer partitionierenden Clusteranalyse auf der Basis der euklidischen Distanz beantwortet. Ziel der partitionierenden Clusteranalyse ist es, Gruppen von Personen aufgrund ihrer spezifischen Eigenschaften zu bilden und auf diese Weise ein System von Konstruktgrößen zu identifizieren, die jeweils einen maximalen Binnen- und einen möglichst geringen Zusammenhang mit anderen Clustern aufweisen. Grundlage für diese Clusteranalyse war die Auswahl von zwei kontrastierenden Gruppen, die sich jeweils durch eine besonders hohe resp. besonders niedrige Risikokonstellation kennzeichnen ließen (vgl. Stamm, Kost, Suter, Holzinger, Safi & Stroezel, 2011[1]).

Dabei wurde wie folgt vorgegangen: Auf der Basis des gesamten Datensatzes (N=3756) wurden folgende Variablen ausgewählt und mit ihnen eine Clusteranalyse gerechnet: der sozio-ökonomische Hintergrund (ISEI), die Nationalität (deutschsprachig vs. nicht deutschsprachig), die Stabilität der Schullaufbahn (kontinuierlich vs. diskontinuierlich) sowie das Schulniveau (ohne Selektion, grundlegende Anforderungen, erweiterte Anforderungen, Gymnasium). Im Ergebnis erwies sich eine Vierclusterlösung als ideal. Sie bildet die verschiedenen Muster von Jugendlichen ab, die jeweils ein ähnliches Risikopotential zum Schulabbruch hatten. Das Ergebnis ist in Tabelle 10 dargestellt. Eine Diskriminanzanalyse konnte dabei 99,5% der Fälle korrekt zuteilen.

Tabelle 10: Cluster mit je spezifischem Risikopotential zum Schulabbruch

| | Cluster 1<br>N=871<br>(35,1%) | Cluster 2<br>N=618<br>(24,9%) | Cluster 3<br>N=591<br>(23,8%) | Cluster 4<br>N=400<br>(16,1%) |
|---|---|---|---|---|
| ISEI+ | Hoch | Hoch | Tief | Tief |
| Nationalität | deutschsprachig | deutschsprachig | deutschsprachig | nicht deutschsprachig |
| Schullaufbahn | kontinuierlich | diskontinuierlich | kontinuierlich | diskontinuierlich |
| Schulniveau | erweiterte Anforderungen | erweiterte Anforderungen | grundlegende Anforderungen | grundlegende Anforderungen |
| Schulabbruch | N=21<br>(2,4%) | N=0<br>(0%) | N=6<br>(1%) | N=13<br>(3,3%) |

---

[1] Die zentralen Ergebnisse dieses und des nachfolgenden Abschnitts wurden bereits im Aufsatz Stamm, M., Kost, J., Suter, P., Holzinger, M., Netkey, S. & Stroezel, H. (2011). Dropout CH: Schulabbruch und Absentismus in der Schweiz. Zeitschrift für Pädagogik, 57 (2), 187-202. publiziert.

Sowohl Cluster 1 (N=871; 35,1%) als auch Cluster 2 (N=618; 24,9%) umfassen Jugendliche, welche Schulen mit erweiterten Anforderungen besuchten, deutschsprachiger Nationalität sind und aus Familien mit hohem ISEI stammen. Die Cluster unterscheiden sich jedoch in der Kontinuität der Schullaufbahnen und auch in der Anzahl der Drop-outs. Erstaunlicherweise sind in Cluster 1, das durch kontinuierliche Schullaufbahnen charakterisiert werden kann, insgesamt N=21 Drop-outs (2,4%) vertreten, während das als diskontinuierlich charakterisierte Cluster 2 keine Drop-outs enthält. Den beiden Clustern 3 (N=591; 23,8%) und 4 (N=400; 16,1%) ist gemeinsam, dass sie Jugendliche aus Schulen mit grundlegenden Anforderungen und Familien mit einem tiefen ISEI umfassen. Wie Cluster 1 und 2 unterscheiden sie sich in Bezug auf die Kontinuität der Schullaufbahnen, zusätzlich jedoch in Bezug auf die Nationalität. Cluster 3 lässt sich durch Jugendliche deutschsprachiger Nationalität und kontinuierliche Schullaufbahnen kennzeichnen, während in Cluster 4 Jugendliche nicht deutschsprachiger Nationalität mit diskontinuierlichen Schullaufbahnen vertreten sind. In beiden Clustern finden sich Drop-outs: In Cluster 3 sind es N=6 (1%) und in Cluster 4 N=13 (3,3%). Damit bilden diese Cluster vier empirisch besondere Lesearten des in allgemeinen Kategorien gefassten Gegenstandes des potenziellen Schulabbruchs auf der Basis verschiedener Bedingungsvariablen.

Welche Erkenntnisse lassen sich aus dieser Clusteranalyse ableiten? Erstens bestätigt sie, dass Schulabbruch im Hinblick auf die soziale Herkunft (auf der Basis des ISEI-Indexes) kein sozio-ökonomisch determiniertes Phänomen ist. Jugendliche mit dem Risiko eines Schulabbruchs sind sowohl in Cluster 1 (hoher ISEI) als auch in Cluster 4 (tiefer ISEI) vertreten. Zweitens sind Dropouts nicht nur in anforderungsniedrigen, sondern auch in Schultypen mit erweiterten Anforderungen zu finden. Darauf verweisen wiederum Cluster 1 und 4. Drittens konnte mit dem Faktor der Stabilität von Schullaufbahnen zwar ein Merkmal der angloamerikanischen Drop-out-Forschung aufgenommen und Instabilität als valider Risikomarker bestätigt werden. Da unsere Daten jedoch belegen, dass Schulabbruch auch im Zusammenhang mit einer stabilen Schullaufbahn auftreten kann, gilt es, auch bei diesem Faktor nicht nur die eine Seite der Medaille zu betrachten. Der Blick auf die Instabilität von Schullaufbahnen lenkt viertens den Blick auch auf potenziell leistungsstarke Drop-outs, denn Instabilität umfasst nicht nur Merkmale wie Klassenwiederholung und Späteinschulung, sondern ebenso Klassenüberspringen und Früheinschulung. Insgesamt verweisen unsere Ergebnisse auf die Notwendigkeit, den engen Blick der traditionellen Drop-out-Forschung, der sich ausschließlich auf den „leistungsschwachen Realschüler aus sozial benachteiligten Familien" konzentriert, auszuweiten und auch potenziell leistungsstarke Schülerinnen und Schüler aus nicht benachteiligten familiären Milieus einzuschließen.

## 6.3 Welche Faktoren machen einen Schulabbruch wahrscheinlich?

Wenn die soziale Herkunft Schulabbruch nicht erklären kann, dann ist die Frage von besonderem Interesse, anhand welcher Prädiktoren sich ein Drop-out-Risiko feststellen lässt. Oder anders ausgedrückt: Welche Faktoren machen einen Schulabbruch wahrscheinlich? Um diese Frage zu beantworten wurden mittelseiner logistischen Regression exemplarisch diejenigen Cluster aus Tabelle 10 einander gegenübergestellt, die sich am stärksten in der Anzahl der Drop-outs unterscheiden. Dabei wurde die Zuteilungswahrscheinlichkeit zu diesen beiden kontrastierenden Cluster geschätzt, wobei das Cluster 4 auf der Basis der typischen Risikofaktoren wie etwa ein tiefer sozio-ökonomischer Status, ein Migrationshintergrund, oder ein diskontinuierlicher Schulverlauf als „Risikogruppe" bezeichnet wurde. Cluster 2 wurde im Gegensatz dazu als „Gruppe der Unauffälligen" ins Modell aufgenommen. Die beiden Gruppen wurden als dichotome abhängige Variable definiert. Über die unabhängigen Variablen Geschlecht, Wichtigkeit von Schulnoten, Fahrzeugdiebstahl, Alkoholkonsum, Schuleschwänzen, selbstständiges Lösen von Aufgaben und die drei Freizeitorientierungen (Peerorientierung, Familienorientierung, Sportorientierung) wurde die Zuteilungswahrscheinlichkeit zu den beiden kontrastierenden Clustern geschätzt. Auf diese Weise lassen sich die Prädiktoren bestimmen, welche einen Schulabbruch wahrscheinlicher machen.

## 6 Drop-outs und ihre Merkmale

**Tabelle 11: Vorhersagemodell für Schulabbruch (logistische Regression**

| Unabhängige Variablen | ß | S.E. | Wald | p |
|---|---|---|---|---|
| Geschlecht<br>1 = Jungen; 2 = Mädchen | -0.551 | 0.178 | 9.541 | .0020** |
| Wichtigkeit von Schulnoten++ | 0.587 | 0.158 | 13.704 | .0002** |
| Freizeitorientierungen | | | | |
| Party- und Peerorientierung+<br>Sportorientierung+<br>Familienorientierung+ | 0.460<br>-0.401<br>0.338 | 0.101<br>0.079<br>0.090 | 20.663<br>25.631<br>13.984 | <.0001**<br><.0001**<br><.0001** |
| Tageweises Schuleschwänzen+++ | 0.391 | 0.203 | 3.707 | .0542m |
| Selbstständiges Lösen von Aufgaben++ | -0.357 | 0.139 | 6.603 | .0102* |
| Alkoholkonsum+ | -0.372 | 0.101 | 13.642 | .0002** |
| Fahrrad-/Mofadiebstahl<br>(0 = nein, 1 = ja) | 1.209 | 0.265 | 20.793 | <.0001** |
| Konstante | 0.561 | 0.438 | 1.636 | .2009 |

+: 5er-Skala: 0 = tiefe Ausprägung, 4 = hohe Ausprägung; ++: 4er-Skala: 0 = tiefe Ausprägung, 3 = hohe Ausprägung; +++: 3er-Skala: 0 = nie, 1 = ab und zu, 2 = mehr als 5mal im letzten Jahr; m = p<.1; * = p<.05; ** = p<.01

Aus Tabelle 11 wird ersichtlich, dass sich die beiden Gruppen in allen ins Modell aufgenommenen Variablen in Bezug auf die Wichtigkeit von Schulnoten, das selbstständige Lösen von Aufgaben, die Freizeitorientierungen und Disziplinprobleme – hier Schuleschwänzen, Alkoholkonsum und Delinquenzmerkmale (Fahrzeugdiebstahl) – unterscheiden. Ferner wird deutlich, dass die Gruppe der Unauffälligen eher weiblich ist ($\beta$=-.551; p=.002), sich durch eine ausgeprägte Sportorientierung auszeichnet ($\beta$=.401; p<.0001), in der Lage ist, selbstständig Aufgaben zu lösen ($\beta$=-.357; p=.0102), jedoch eher Alkohol konsumiert ($\beta$=-.372; p=.0002). Die Risikogruppe begeht eher Diebstähle ($\beta$=1.209; p<.0001), schwänzt tendenziell häufiger die Schule ($\beta$=.391; p=.0542) und ist ausgeprägt peerorientiert ($\beta$=.460; p<.0001). Gleichzeitig zeigt sie eine hohe Elternorientierung ($\beta$=.338; p<.0001) und misst den Schulnoten eine hohe Bedeutung bei ($\beta$=.460; p=.0002).

Welches sind nun – auf der Basis dieser Ergebnisse – Konstellationen, bei denen Schulabbruch eher wahrscheinlich wird? In erster Linie ist es eine ausgeprägte Peerorientierung, eine Tendenz zu tageweisem, also manifestem Schuleschwänzen sowie zu delinquenten Handlungen. Darüber hinaus ist für männliche Jugendliche Schulabbruch wahrscheinlicher.

Trotz dieser interessanten Befunde bleibt das Bild der Drop-outs auf dieser quantitativen Basis diffus. Eine Annäherung über eine qualitative Typologie im nächsten Kapitel ist deshalb viel versprechend.

## 6.4 Wer sind typische Drop-outs?

In Kapitel 5.5 wurde unsere empirisch begründete Typenbildung nach Kluge (1999) beschrieben, welche im Ergebnis zur Generierung von fünf Drop-out-Typen führte: die Schulmüden, die Gemobbten, die familiär Belasteten, die Delinquenten und die Hänger. Damit stehen fünf Schemata zur Verfügung, die sich methodologisch gesehen als Elemente einer „Drop-out-Grammatik" begreifen lassen. Sie bilden die Varianz, mit der die Heterogenität der Schulabbrecher in den Blick genommen und die Vielfalt der Problemkonstellationen und -manifestationen vor dem Schulabbruch erkannt werden können. Damit bestätigen sie unsere bereits quantitativ eruierten Befunde, wonach das Ausmaß schulischer, familiärer und persönlicher Probleme zwischen den Drop-outs deutlich schwankt.

Nachfolgend werden diese Typen zunächst allgemein charakterisiert und hierauf auch anhand der beiden zentralen, bereits im theoretischen Arbeitsmodell visualisierten Aspekte des Abkoppelungsprozesses und des Ereignisses des Schulabbruchs diskutiert und bilanziert.

## 6.5 Die Drop-out-Typen

**Die Gemobbten (16%)**
Dieser Typus beinhaltet Jugendliche, für die Schule und Peers eine große Bedeutung haben. Sie werden deshalb unter dem Begriff „Gemobbte" subsummiert, weil schulische Mobbingsituationen im Mittelpunkt ihrer Schullaufbahn gestanden sind. Charakteristisch für diese „Gemobbten" sind somit sowohl Konflikte mit Mitschülern als auch einzunehmendes Unwohlsein im Schulalltag. Hinzu kommen ein als schlecht empfundenes Schulklima, eine erschwerte, teils unmögliche Zusammenarbeit mit den Mitschülern, diverse schulischen Belastungen und damit verbundene Motivationsprobleme sowie schlechte Schulleistungen. Zusammen mit Mobbing-Gefühlen, die sich aus Bloßstellungen, Einschüchterungen, Beschimpfungen, Telefonterror und gewalttätigem Verhalten speisen, bildeten sie die Motive für den Abbruch:

„Also die Schülerinnen und Schüler haben mich immer gemobbt wegen meiner Körperfülle und weil ich einmal in einer Vorstellungsrunde erzählt habe, dass mein Opa Adolf heißt. Sie haben mich danach immer mit Adolf Hitler genervt, mich mit Essen beworfen und in der Schulstunde beschimpft." (P27 I Z 40-52[2])

Warum sich die Betroffenen zunehmend als Opfer von Mobbingattacken fühlten, bleibt unklar. Mögliche Ursachen können körperliche Eigenschaften (z.b. Übergewicht, Damenbart, etc.) oder ein spezieller, auffallender Kleidungsstil etc. gewesen sein. Obwohl die Lehrpersonen solche Mobbingattacken häufig wahrnahmen oder davon in Kenntnis gesetzt wurden, waren siegegenüber verdeckt ablaufenden Gruppendynamiken eher machtlos. Ihre Vermittlungsversuche führten in der Regel zu keinen nennenswerten Verbesserungen der Situation. Es erstaunt deshalb kaum, dass Konflikte eskalierten und sich die Gemobbten in ihrem Wohlbefinden und in ihrer psychischen Stabilität zunehmend beeinträchtigt fühlten. In der Folge entwickelten sie große Mühe, sich in der Schule zu konzentrieren und sich zu motivieren. Besonders problematisch war dabei, dass ihnen Bezugspersonen fehlten, mit denen sie sich austauschen konnten und bei denen sie sich geborgen fühlten. Durch derart zunehmende Isolation fühlten sie sich immer einsamer und flüchteten ins Schuleschwänzen. Dieses wurde zu einer Notlösung und der Schulabbruch schließlich zur großen Erleichterung. Meist waren es dabei die Eltern, welche den Schulabbruch initiieren.

Abkoppelungsprozess: Grundsätzlich lässt sich kein ausschlaggebendes Ereignis identifizieren, das den Beginn der Abwärtsspirale der Gemobbten markiert. Vielmehr verschlechterte sich ihr Verhältnis zur Schule, zu den Mitschülerinnen und Mitschülern und auch zu den Lehrkräften über die Jahre hinweg kontinuierlich. Für viele war es nicht möglich mit dem Übertritt in die Oberstufe ihre belastende Vorgeschichte hinter sich zu lassen, da die Mitschülerinnen und Mitschüler teils dieselben blieben. Insgesamt ließ sich der Übertritt, resp. die ersten Monate in der neuen Klasse, als die zentrale Zeitspanne für die Entwicklung von Mobbinggefühlen. Ein Grund dürfte in der allgemeinen Erkenntnis der Forschung darin liegen, dass in dieser Phase die Rollenbilder teilweise neu definiert werden und oft schon nur ein von der Klasse als Fehltritt empfundenes Verhalten sich in den Köpfen der Mitschüler festsetzen kann. Auf diese Weise wird die Person als Ganzes zur Zielscheibe für verbale als auch physische Angriffe.

Die Gemobbten erlebten je nach Dynamik innerhalb der Klasse oder der Schule unterschiedliche Formen, die von konsequentem Ignorieren und links liegen lassen bis zu Drohbriefen und Messerattacken reichten. Was als Hänse-

---

2 Die Bezeichnung „P 27 I Z 40-52" steht für Probandennummer 27, Interview zum ersten Erhebungszeitpunkt, Interviewtranskriptzeilen 40 bis 52.

leien begann, steigerte sich in manchen Fällen zu groben Tätlichkeiten. Analog hierzu konnte sich der Radius des Mobbings erweitern, indem beispielsweise aus einem Mobbingproblem einer Gruppe von Mädchen ein Mobbingfall der ganzen Klasse, der Schule oder sogar der gesamten Gemeinde wurde. Die Probleme der Gemobbten konnten so weit führen, dass sie sich vor der Schule fürchteten und jeder Tag im Schulzimmer zur Qual wurde. Daraus resultierten zum einen Gefühle des Krankseins, so dass sie bei jeder Gelegenheit den Schulbesuch mieden.

Schulabbruch: Der Typus des Gemobbten brach in der Regel die Schullaufbahn nach einer langen, durch Mobbingerfahrungen geprägten Leidenszeit mittels eines Schul- oder Niveauwechsels ab. Diesen Entscheid trafen sie meist selbstständig und eigeninitiiert, jedoch mit Unterstützung der Eltern. Unterstützungsangebote durch die Schulleitung waren sehr unterschiedlich, und auch die Reaktionen der Lehrpersonen reichten von Entgegenkommen, Gleichgültigkeit bis hin zu Unverständnis. Gemobbte fühlten sich auf ihren Entscheid triumphierend und sehr erleichtert. Leistungsprobleme sowie psychosomatische Erkrankungen verschwanden im neuen schulischen Umfeld schlagartig.

**Die Schulmüden (31%)**
In diesem Typus sind Jugendliche zusammengefasst, für die sowohl die Schule insgesamt als auch die Beziehung zu Lehrpersonen und Eltern eine große Bedeutung hat. Ihr Hauptmerkmal ist die Schulmüdigkeit, häufig das Ergebnis einer problematischen Lehrer-Schüler-Beziehung oder teilweise hoher elterlicher Bildungsaspirationen. Solche Beziehungsmuster belasteten die Schulmüden nicht nur, sondern haben auch große Spannungen zur Folge. Dieser Situation fühlten sie sich nicht gewachsen, so dass sie sich zunehmend sowohl von der Schule als auch vom Elternhaus distanzierten und sich im vermehrten und massiven Schuleschwänzen eine neue Realität aufbauten. Da dadurch die Schulleistungen immer stärker nachließen, wurde ein Schulabbruch, der eher einem Schulausschluss aufgrund mangelnder Noten gleich kam, unvermeidlich. Peers spielten in diesem Abkopplungsprozess eine untergeordnete Rolle, da die Schulmüden sich weitgehend von der Schule und auch von ihren Mitschülerinnen und Mitschülern entfernt hatten.

Zu ihren Klassenlehrkräften entwickelten sich über verschiedenen Etappen hinweg unheilvolle Beziehungsstrukturen. Zunächst fühlten sich die Schulmüden unverstanden und ungerecht behandelt, weil sie der Überzeugung waren, den schulischen Ansprüchen nicht gerecht werden zu können. Zwar versuchten sie verschiedentlich, ihre Leistungen zu verbessern, jedoch ohne Erfolg. Deshalb verschlechterte sich die Zusammenarbeit mit der jeweiligen Lehrperson, wobei sich die Probleme jedoch zusehends ausweitenden. Missverständnisse häuften sich, Frustrations- und Überforderungsgefühle nahmen zu und die Überzeugung, stigmatisiert zu werden, gewann Überhand. Dies wiederum hatte einerseits zur Folge, dass die Schulmüden die Hausaufgaben nicht mehr erledigten und andererseits, dass sich die Lehrpersonen durch dieses Verhalten zunehmend provoziert fühlten. Konflikte häuften sich und weiteten sich auf andere Lehrpersonen aus, manchmal sogar auch auf Schulsozialarbeit und Schulleitung. Dies führte nicht selten dazu, dass sich die Schulmüden wegen Regelverstößen vor der Schulleitung oder gar der Schulbehörde verantworten mussten, obwohl sie selbst meist der Ansicht waren, sich regelkonform verhalten zu haben. Deshalb fühlten sie sich häufig ungerecht behandelt. Gepaart mit kontinuierlichen Misserfolgen beeinträchtigten solche andauernden und eskalierenden Konfliktsituationen das Selbstbewusstsein der Schulmüden derart, dass sie begannen, an ihren schulischen Fähigkeiten zu zweifeln. Die Schule bewältigen zu können wurde zur großen Hürde, und die Motivation, sich dafür anzustrengen, sank:

> „Die Probleme mit den Lehrpersonen häuften sich und meine Motivation zum Lernen sank zunehmend. Ich hatte immer wieder Stress mit den Lehrern und wurde auch diskriminiert. Irgendwann hatte ich keine Lust mehr auf die Schule." (P7 I Z 36-41)

Die Eltern der Schulmüden nahmen eine vorwiegend vermittelnde Rolle ein und bemühten sich um eine Lösung, nicht zuletzt dort, wo es sich herausstellte, dass die Ursache in der falschen Schulwahl lag (z. B. Gymnasium).

Abkoppelungsprozess: Schulmüde erlebten ihre Schulzeit vorwiegend als ein Absitzen. Mit jedem Schultag und Schuljahr stieg die Schulunlust und damit auch die Distanz zur Schule. Allerdings gab es auch Schulmüde, die zwar gern lernen, aber zunehmend merkten, dass sie dem schulischen Leistungsdruck nicht gewachsen waren. Dies war insbesondere für Schulabbrecher an Gymnasien der Fall, die oftmals früh schon merkten, dass sie dem schulischen Leistungsdruck nicht gewachsen waren. Manche gaben an, sich blauäugig und ohne Ziel für das Gymnasium „entschieden" zu haben oder dass die Schulwahl von den Eltern für sie getroffen worden war. Das Gefühl, nicht genau zu wissen, was man will, lässt – gepaart mit schlechten Schulleistungen – die schulische Motivation sehr bald sinken. In der Folge wurde das „Experiment" Gymnasium abgebrochen.

Schulabbruch: Schulmüde sahen ihren Schulabbruch lange voraus und verhielten sich in der Regel auch relativ passiv, um ihn vermeiden zu können. Somit kam er kaum überraschend. Die Entscheidung war von der Schule meist gemeinsam mit den Eltern getroffen worden. War ein Praktikumsplatz vorhanden oder konnte eine andere Alternative ins Auge gefasst werden, wurde der Schulabbruch meist von allen Seiten toleriert. Die Schulmüden selbst reagierten auf diesen Entscheid erleichtert und empfanden ihn als „wenig tragisch". Während Lehrpersonen dem Ereignis skeptisch und reserviert gegenüberstanden, reagierten Eltern und Familienangehörigen wie auch die Peers mit Verständnis und Unterstützung.

**Die Delinquenten (16%)**
Jugendliche dieses Typus lassen sich anhand der Dimensionen Schule und Freizeit sowie Individuum charakterisieren. Kennzeichnend sind neben der Position als Anstifter und Rädelsführer ein hohes, sich oft auch in der Schule entladendes Aggressionspotential, der Konsum sowie der Verkauf illegaler Drogen, Körperverletzung und Diebstähle. Deshalb werden sie als Delinquente etikettiert, die tendenziell zu den schwerwiegenden Fällen gehören. Das Ausmaß des abweichenden Verhaltens verstärkt sich mit zunehmendem Alter:

> „In der Oberstufe ist es schlimmer geworden. Ich hatte weiterhin Probleme mit den Lehrern, da ich Unterschriften gefälscht und Schulgeld geklaut hatte. Nachher bin ich in die Schule eingebrochen und habe mit anderen randaliert und Sachen gestohlen. Der Geldbetrug und der Einbruch waren für den Schulausschluss ausschlaggebend."(P06 I Z 45-49)

Auffallend war die Wir-Form, wenn die Delinquenten von ihren Delikten berichteten. Sie meinten mit diesem Plural nicht ausschließlich Delikte, die sie innerhalb der Peergroup begangen, sondern auch solche in einem erweiterten Kollegenkreis. Trotzdem war die Abbruchproblematik stark vom Individuum selbst geprägt, da sie häufig als Anstifter fungierten. Die Folgen des Verhaltens der Delinquenten manifestierten sich häufig in Strafanzeigen und gerichtlichen Verurteilungen mit anschließender Platzierung in Heimen oder Jugendstrafanstalten. Diese Folgen zogen den Schulabbruch nach sich.

Weitere Kennzeichen der Delinquenten waren sowohl der exzessive Konsum von Alkohol und Drogen als auch Verhaltensprobleme wie die die Unfähigkeit, sich selbst beherrschen oder sich in der Schule anstrengen zu können. Diese Gesamtsituation führte dazu, dass die Delinquenten in der Klasse zunehmend zu Außenseitern wurden und durch ihr rebellierendes Verhalten die Aufmerksamkeit aller auf sich zogen. Nicht nur ihre mangelnde Selbstbeherrschung, sondern auch ihre Unfähigkeit, Konflikte zu lösen, führte schließlich zu strafrechtlichen Folgen und zum Schulabbruch oder Schulausschluss.

Charakteristisch für die Delinquenten ist, dass sie meist bereits eine Abbruch- resp. Ausschlussgeschichte hinter sich haben. So waren sie im Verlaufe ihrer Schullaufbahn bereits verschiedentlich als in der Schule nicht tragbar eingestuft sowie aus unterschiedlichen Heimen, Maßnahmenzentren, Beobachtungsstation oder Kriseninterventionscenter ausgeschlossen worden. Der Ausschluss erfolgte häufig aufgrund eines Vertragsbruches der Jugendlichen. Teilweise befanden sie sich auch in Untersuchungshaft oder sind auf Bewährung und hatten einen Beistand. Häufig wurden sie zudem psychologisch betreut. Von besonderer Bedeutung war dabei, dass die Delinquenten ihre Problematik zwar erkannten, aber nicht die Bedeutung der Konsequenzen und weitreichenden Auswirkungen auf ihr Leben, wie etwa die Schwierigkeit, eine Lehrstelle zu finden.

Abkoppelungsprozess: Die Delinquenten haben eine lange Vorgeschichte, die bereits in der frühen Kindheit begann und sich im Kindergarten in Form von aggressiven und rebellischen Verhaltensweisen äußerten, in der Schule dann in Form von Unterrichtsstörungen, Disziplinproblemen, Schlägereien auf dem Pausenplatz, Schuleschwänzen und verbalen oder körperlichen Attacken wie etwa Respektlosigkeit gegenüber Erwachsenen oder Schlägereien. Mit zunehmendem Schulalter hatten Ausmaß und Schweregrad der Verfehlungen zugenommen, und auch die Streitereien in der Familie wurden heftiger. In der Folge verbrachten die Delinquenten immer weniger Zeit zu Hause und gingen vermehrt ihren (devianten) Aktivitäten nach. Die Distanz zwischen Schule und den Delinquenten wurde mit jedem Schuljahr grösser, bis es zum Schulabbruch oder Ausschluss kam.

Schulabbruch: Beim Typus der Delinquenten erfolgte der Schulabbruch entweder aufgrund einer externen Platzierung, beispielsweise in ein Heim für Schwererziehbare, einer Zuweisung in ein Time-out, oder eines selbstinitiierten Schulabbruchs. Jugendliche, welche dem Delinquenten-Typus angehören, waren sich dessen bewusst, dass sie durch ihr Verhalten einen Hinauswurf provozierten. Dabei lag die Entscheidungsgewalt bei der Schule und externen Fachpersonen(Schulsozialarbeit, Jugendanwaltschaft). Nur vereinzelt wurden die Delinquenten in die Abbruchentscheidung einbezogen. Während ihre Familien sehr heftig und mit Enttäuschung und Unverständnis auf den Schulabbruch reagierten, waren die Lehrpersonen erleichtert und die Mitschülerinnen und Mitschüler schockiert, dass die angekündigte Maßnahme durchgesetzt wurde. Die Peers reagierten verunsichert, da die Delinquenten in der Regel eine führende Position innerhalb der Gruppe eingenommen hatten und diese nun wegfiel.

**Die Hänger (20%)**
Dieser Typus setzt sich aus Jugendlichen zusammen, die sich in erster Linie an der Freizeit und an den Gleichaltrigen orientieren. Dementsprechend verbringen sie ihre Zeit herumhängend lieber mit Kollegen und Freunden als hinter den Büchern. Deshalb werden sie als „Hänger" bezeichnet. Sie galten

als Wortführer und fielen in der Schule durch disziplinarische Probleme auf. Diese äußerten sich in massivem Schuleschwänzen, in Schlägereien sowie in starkem Konsum von Alkohol und Cannabis. Damit verbunden waren ein massiver Leistungsabfall und eine zunehmende Schulunlust. Vergleichbar mit den Schulmüden spielten zwar auch bei den Hängern schulinterne Versäumnisse aufgrund des massiven Schwänzens und Provokationen beispielsweise das massive Stören des Unterrichts eine Rolle, doch war es die Freizeit, die sich zunehmend als Problemfaktor herauskristallisierte. Die hauptsächliche Freizeitbeschäftigung war das Nichtstun, das Herumhängen mit Freunden. Während dieser Zeit konsumierten die Hänger gemeinsam mit ihren Freunden Alkohol und Tabak sowie weiche Drogen. In der Schule gehörten Beleidigungen, Pöbeleien und Drohungen gegenüber Lehrpersonen und Mitschülerinnen und Mitschülern zu ihrem Alltag. Ihre Peers spielten auch hierbei eine zentrale Rolle. Ähnlich wie die Delinquenten waren auch die Hänger in deviantes Verhalten verwickelt (Malen von Graffitis an Hauswände, Zerstörung von Schuleigentum, Verwicklung in Schlägereien und Diebstähle), doch waren sie häufig nur Mitläufer und kaum Rädelsführer. Aus diesen Gründen zog ihr Verhalten meist keine strafrechtlichen Folgen nach sich.

Derartiges Verhalten sanktionierte die Schule mit strengen Regeln und klaren Konsequenzen. Weil die Hänger jedoch solche Regeln häufig nicht einhielten, verschärfte sich die familiäre und schulische Problematik zusehends. Die Jugendlichen versuchten zum Teil, sich an die mit der Schule getroffenen Vereinbarungen zu halten, jedoch häufig ohne Erfolg. Zwar erkannten dies auch die Eltern. Doch führten ihre Versuche, über Drohungen angemessenes Verhalten dazu, dass ihr Kind sich noch weiter vom Elternhaus entfernte. Das erneute Fehlverhalten und das Brechen der Vereinbarung mündeten schließlich in Heimeinweisungen, Time-out-Platzierungen oder in Schulwechsel. Für die Hänger selbst war im Rückblick klar, dass für ihren Schulabbruch die Peergruppe verantwortlich war:

> „Ich hatte sehr viele Kollegen, die mich zu unterschiedlichen Sachen überredeten, und ich machte einfach mit. Es ging sehr schnell, und wir hatten mit dem Kiffen und mit dem Trinken angefangen. Daraufhin hatte ich häufig Streit zu Hause. Durch den Freundschaftskreis war ich häufig draußen, und schwänzte zunehmend die Schule." (P18 I Z 192-198)

Abkoppelungsprozess: Der Abkoppelungsprozess der Hänger war besonders prägnant und augenscheinlich. Klassenwiederholungen und Schulwechsel gehörten fast zur Tagesordnung. Ihre Freizeitorientierung nahm mit jedem Schuljahr zu, während das Interesse an der Schule stark abnahm. Zwar waren sich die Hänger ihrer Probleme schon relativ früh bewusst, und sie fassten auch immer wieder gute Vorsätze, vermochten diese jedoch nicht umzusetzen.

Schulabbruch: Die Hänger verließen die Schule in erster Linie aufgrund eines Time-outs. Die Abbruchentscheidung trug in der Regel die Schule. In einzelnen Fällen wurden die Familien und die Hänger selbst in den Entscheidungsprozess miteinbezogen. Stand er einmal fest, so begegneten sie ihm sowohl mit Aggression und Provokation als auch mit Reue. Häufig reflektierten sie ihr Verhalten unmittelbar nach dem Abbruch selbstkritisch und äußerten gegenüber ihrer Zukunft Angst und Unsicherheit. Sie hofften, nach dem Timeout wieder in die Stammklasse zurückkehren zu können. In ihrem schulischen Umfeld fanden sie nur geringes Interesse. Lehrpersonen zeigten sich erleichtert, Mitschüler nahmen die Problematik der Hänger kaum wahr. Die Familie reagierte mit Enttäuschung und Mitleid, Peers hingegen empathisch und unterstützend

**Die familiär Belasteten (17%)**
Dieser Typus setzt sich aus den Dimensionen Familie und Individuum zusammen. Im Mittelpunkt stehen ausgeprägte familiäre Probleme, weshalb dieser Typus auch als „die familiär Belasteten" bezeichnet wird. Solche Probleme wirken sich stark auf ihre Psyche aus und verunmöglichen die Bewältigung der schulischen Anforderungen. In Bezug auf die familiäre Situation war entweder die Zergliederung der Kernfamilie zentral (Scheidung, Trennung der Eltern), familiäre Gewalt oder der Verlust eines Familienmitgliedes. Im ersten Fall belasteten solche traumatischen Erlebnisse sowohl das Selbstwertgefühl als auch das Selbstbewusstsein und führten zu einem Rückzug in die selbst gewählte Isolation. Besonders problematisch war dabei, dass die familiär Belasteten im Falle der Trennung ihrer Eltern häufig eine Sandwich-Position zwischen ihnen einnahmen und dabei Zeugen, manchmal auch Opfer, eines erbitterten Sorgerechtsstreits, verbaler oder körperlicher Gewalt, Alkoholmissbrauch und Beschimpfungen wurden. Vereinzelt erfuhren sie (sexuellen) Missbrauch innerhalb des familiären Umfeldes.

Im zweiten Fall hatte der Verlust oder eine schwerwiegende Krankheit eines Familienmitgliedes für die familiär Belasteten zur Folge, dass sie aufgrund einer finanziellen Notsituation die Schule verlassen und berufliche oder familiäre Aufgaben übernehmen mussten. Anders als die Belasteten aus problematischen Familien reagierten diese Jugendlichen überlegen, schnell und eigenständig.

Den familiär Belasteten ist gemeinsam, dass sie mit Folgeproblemen konfrontiert wurden, die tief greifende Entscheidungen erforderten. Wurden sie mit Krankheits- oder Todesfällen konfrontiert, so hatte die Unterstützung der Familie oberste Priorität. Dies hatte zur Folge, dass der Schulabbruch wegen der Dringlichkeit und Plötzlichkeit solcher Ereignisse kaum thematisiert wurde und auch wenig Alternativen zum Schulabbruch ins Auge gefasst wurden. Für familiär Belastete aus zergliederten Familien wurde hingegen meist lediglich versucht, das Problem mit einem Aufenthalt in einem Heim oder einer Pflegefamilie zu lösen. Gerade weil die familiäre Stütze zum Teil komplett wegfiel und weitere unterstützende Personen nicht verfügbar waren, fühlten sich die auf diese Weise familiär Belasteten oft unverstanden, überfordert, hilflos und isoliert. Die Folgen waren gravierend: Schulmüdigkeit, Essstörungen, Depressionen, selbstverletzendes Verhalten und Suizidversuche:

> „Ich verbrannte mich mit Gegenständen, weil ich den Schmerz nicht mehr spüren wollte. Einmal spürte ich den Schmerz nicht im Herzen sondern wo anders. Ich wollte nicht mehr leben. Wenn ich jetzt zurückdenke, war es eine Zeit mit sehr viel Leid." (P11 I Z 372-377)

In der Folge blieben diese familiär Belasteten der Schule zunehmend fern, so dass der Schulabbruch eine logische Folge derartigen Verhaltens oder aber auch einer Einweisung in eine psychiatrische Anstalt, eines Spitalaufenthalts oder einer Heimeinweisung war.

Abkoppelungsprozess: Bei familiär Belasteten, die von der Zergliederung ihrer Kernfamilie betroffen waren, begannen die Probleme und damit auch der Abkoppelungsprozess meist lange vor dem eigentlichen Abbruch. Obwohl sich solche Jugendliche nicht selten in den ersten Schuljahren wohlfühlten, wurden die zunehmenden Leistungsanforderungen für sie immer mehr zu einer Belastung, nicht zuletzt deshalb, weil ihnen Personen fehlten, die sie schulisch unterstützten. Verstärkt wurde der Abkoppelungsprozess durch den Umstand, dass sich die derart familiär Belasteten auch aus außerschulischen Lebensbereichen, immer mehr zurückzogen und deshalb zunehmend Freunde verloren. Schulabbruch: Der Typus der familiär Belasteten verließ die Schule aus unterschiedlichen Gründen, entweder aufgrund einer externen Platzierung oder eines Time-outs. Der Entscheid wurde aufgrund der spezifischen Situation und der gegebenen Notwendigkeit von Fachpersonen getroffen, allerdings unter teilweisem Einbezug der familiär Belasteten. Für sie war der Schulabbruch in erster Linie eine Befreiung. Zwar empfanden sie ihn als persönliche Enttäuschung, sehen jedoch die vordergründige Notwendigkeit ein. In der Folge verbesserte sich ihre Situation rasch. Während die Familienangehörigen mit der Situation schlichtweg überfordert waren, reagierten die Lehrpersonen mehrheitlich mit Verständnis und Unterstützung. Auch die Mitschüler zeigten Betroffenheit.

6 Drop-outs und ihre Merkmale

**Drop-out-Typen und Arten des Schulabbruchs**
Unsere Typologie widerspiegelt die Tatsache, dass es den Schulabbrecher nicht gibt und dass deshalb zwischen ihren Kontexten und den am Schulabbruch beteiligten Akteuren zu unterscheiden ist. Weil der Schulabbruch an sich kein konstanter Zustand bleiben muss und auch zu Wiedereinsteigern werden können, muss von unterschiedlichen Ausstiegsformen gesprochen werden. Gleiches gilt für die je nach Typus unterschiedlich verlaufenden Abkoppelungsprozesse, die dem Schulabbruch vorangegangen sind. Gerade in Bezug auf die Abgangsform unterscheiden sich die fünf Typen beträchtlich. Abbildung 8 visualisiert diesen Sachverhalt. Unterschieden wird dabei nach Schulabbruch, Time-out, Schul- oder Niveauwechsel und externer Platzierung.

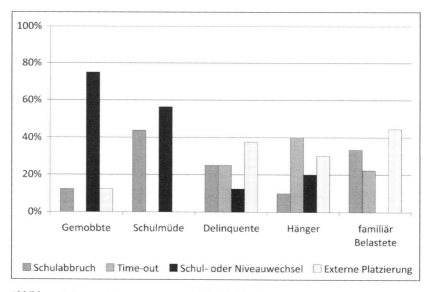

Abbildung 8: Drop-out-Typen und Arten des Schulabbruchs

Die Abbildung macht zunächst einmal sichtbar, dass in den beiden Typen der Delinquenten und der Hänger alle Abgangsformen vertreten sind. Die Delinquenten haben zu gleichen Anteilen einen Schulabbruch (25%) und eine Time-Out-Platzierung (25%) zu verzeichnen, während dem ein Schul- oder Niveauwechsel (12,5%) eher seltener, eine externe Platzierung (37,5%) hingegen am häufigsten vorkommt. Innerhalb des Typus der Hänger überwiegt das Time-out (40%). Gefolgt von der externen Platzierung (30%), dem Schul- oder Niveauwechsel (20%) und dem Schulabbruch (10%).Der Typus der Gemobbten bildet das homogenste Cluster insofern, als ein Abgang von der Schule durch einen Schul- oder Niveauwechsel (75%) vertreten ist. Während ein Schulabbruch (12,5%) und eine externe Platzierung (12,5%) in diesem Typus jeweils nur marginal ausgeprägt sind. Der Typus der Schulmüden zeichnet sich dadurch aus, dass die Jugendlichen entweder die Schule aufgrund eines Schul- resp. Niveauwechsels (56,3%) verlassen oder die Schule (43,7%) ohne Anschluss abbrechen. Innerhalb des fünften Typus, der familiär Belasteten, überwiegt die externe Platzierung (44,4%), gefolgt von dem Schulabbruch (33,3%) und einer Time-Out-Platzierung (22,2%).

Es wurde berücksichtigt, dass ein Drop-out kein kontinuierlicher Zustand sein muss. Insofern liegt zum Teil kein eigentlicher Abbruch im herkömmlichen Wortgebrauch vor, sondern vielmehr unterschiedlicher Formen schulischer Mobilität, horizontal (z.B. Schulwechsel) oder temporär (z.B. Time-out) (vgl. Abschnitt 2.3). Gesamthaft lässt sich konstatieren, dass der Schulmüde abbricht oder wechselt, aber kein Time-out und keine externe Platzierung erlebt. Der Gemobbte verlässt in der Regel die Schule indem er diese oder das Niveau wechselt. Bei den Delinquenten und den Hängern sind alle Abgangsformen vertreten. Der Delinquente-Typus wird oft extern platziert, aber auch ein Abbruch oder ein Time-out kommen in Frage. Der Hänger tendiert zu einem Time-out oder einer externen Platzierung. Bei den familiär Belasteten wird die schulische Situation überwiegend durch eine externe Platzierung verlassen.

# 7 Drop-outs und ihre Entwicklungsprozesse

Zumindest so bedeutsam wie das Wissen darum, wie viele Drop-outs es in der Schweiz gibt, welches ihre Merkmale und Hintergründe sind und weshalb sie die Schule abgebrochen haben, ist die Frage, was denn aus ihnen wird. Dazu existieren im anglo-amerikanischen Sprachraum nicht mehr als eine Hand voll Untersuchungen (vgl. Kapitel 3). Unsere Studie hat demzufolge den großen Vorteil, dass diese Frage aufgrund ihres Längsschnittdesigns beantwortet werden kann. Es erlaubt, die Verläufe und Entwicklungsperspektiven nach dem eigentlichen Schulabbruch nachzuzeichnen und aufzuzeigen, inwiefern ein Schulabbruch eine End- oder lediglich eine Durchgangsstation ist. Dieses Kapitel differenziert die unterschiedlichen Verlaufs- und Entwicklungsmuster der Drop-outs.

## 7.1 Wie viele Drop-outs werden zu Wiedereinsteigern?

Die Antwort auf die erste Frage wird aus Tabelle 12 ersichtlich. Demzufolge ist der Schulabbruch nur in 6% der Fälle ein permanenter Status insofern geblieben, als sie weder den Schulabschluss nachgeholt noch die Schulpflicht erfüllt haben. 43% haben den Schulabschluss hingegen nachgeholt. Weitere 35% befanden sich im Herbst 2010 – d.h. zum Zeitpunkt der letzten Befragung – in einer schulischen oder sonderpädagogischen Maßnahme, welche erwarten lässt, dass ein Schulabschluss teilweise wahrscheinlich werden dürfte. 16% befanden sich schließlich in einer beruflichen Ausbildung oder in einem Praktikum. Sie besaßen im Herbst 2010 zwar kein Abschlusszeugnis, hatten aber die neun Schuljahre beendet und damit die Schulpflicht erfüllt. Die Bilanz ist demzufolge die, dass 59% der ehemaligen Schulabbrecher den Weg zurück mehr oder weniger gefunden haben und es 41% bis anhin nicht gelungen ist.

## 7.2 Abbrechertypen und ihre Wiedereinstiegsmuster

Wie lassen sich vor diesem Hintergrund die Abbrechertypen im Hinblick auf den Wiedereinstieg charakterisieren? Zunächst gilt Gleiches, was bereits im Hinblick auf die Abgangsformen formuliert worden ist: Aufgrund der empirischen Fundierung unterscheiden sich die einzelnen Typen auch in Bezug auf ihre Entwicklungsprozesse. Aus Abbildung 9 wird im Quervergleich der fünf Abbrechertypen ersichtlich, dass sie die möglichen Wiedereinstiegsmuster sehr unterschiedlich repräsentieren.

Tabelle 12: Entwicklungsstatus der Drop-outs drei Jahre nach ihrem Schulabbruch

| Status November 2010 | Prozent |
|---|---|
| Schulabschluss nachgeholt | 43% |
| In schulischer oder sonderpädagogischer Maßnahme; Schulabschluss noch nicht nachgeholt | 35% |
| In Berufslehre oder Praktikum ohne Schulabschluss | 16% |
| Ohne Schulabschluss und Erfüllung der Schulpflicht | 6% |
| Total | 100% |

Am deutlichsten wird, dass die Hänger sich zu 80% knapp drei Jahre nach ihrem Abbruch in einer beruflichen Ausbildung befinden. Für die Schulmüden trifft dies zu 50%, für die Gemobbten zu 37,5%, die familiär Belasteten zu 33,3% und die Delinquenten zu 25%, zu. Im Gegensatz zu den Hängern sind diese vier Typen am häufigsten in einer schulischen oder sonderpädagogischen Maßnahme anzutreffen. Bei den Gemobbten sind es 50%, bei den Schulmüden 43,8%, bei den familiär Belasteten 55,6% und bei den Delinquenten sind 50% in einer schulischen oder sonderpädagogischen Maßnahme. Arbeitslos oder in einer unqualifizierten Tätigkeit befinden sich knapp drei Jahre nach ihrem Abbruch 25% der Delinquenten, 12,5% der Gemobbten, 11,1% der familiär Belasteten und 6,2% der Schulmüden.

Differenziert man die fünf Drop-out-Typen entsprechend ihren Entwicklungswegen und Mustern des Wiedereinstiegs, so lassen sich folgende Charakteristika erkennen:

7 Drop-outs und ihr Entwicklungsprozess

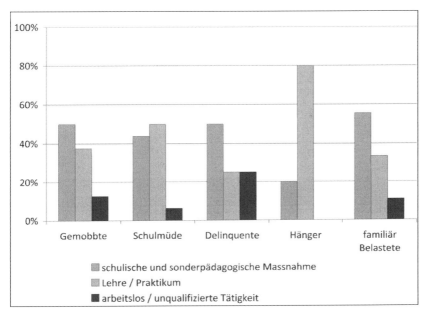

Abbildung 9: Ausbildungsstand zum im Herbst 2011, drei Jahre nach Schulabbruch

Gemobbte: Gemobbte sind insgesamt wenig zielstrebig. Sie sind zu 50% in der schulischen und zu 37,5% in der beruflichen Ausbildung zu finden, ebenso jedoch zu 12,5% in Arbeitslosigkeit resp. unqualifizierter Tätigkeit. Zwar können sie berufliche Ziele präzise formulieren, doch finden sie nur schwer den Anschluss. Im Hinblick auf ihre Zukunft sind sie unschlüssig, jedoch bemüht, den richtigen Weg zu finden. Um sich über ihre Zukunft klar zu werden, suchen sie häufig Berufsberatungen auf oder besuchen ein Berufsvorbereitungsjahr. Im Anschluss an ihren Schulabbruch nutzen die Gemobbten verschiedene Zwischenlösungen (andere Schule, Au-pair, schulische oder sonderpädagogische Maßnahmen, Praktikum). Im Vergleich zu allen anderen Abbrechertypen ist dabei auffallend, dass sie nach ihrem Drop-out keinen weiteren Abbruch mehr zu verzeichnen haben. Vor dem Hintergrund der Tatsache, dass sie kaum Zukunftsperspektiven haben, ist dies erstaunlich. Insgesamt lassen sie sich keinem beruflichen Entwicklungsmuster zuordnen. Dementsprechend stehen soziale Berufsziele, Berufsausbildungen im Service oder im Detailhandel sowie in der Informatikbranche oder im Musikgeschäft nebeneinander.

Schulmüde: Die Schulmüden zeichnen sich durch zwei unterschiedliche Entwicklungsmuster aus: entweder befinden sie sich zu 43,8% in einer schulischen oder sonderpädagogischer Maßnahme oder absolvieren zu 50% eine Berufslehre oder ein Praktikum. 6,2% der Schulmüden sind arbeitslos oder gehen einer unqualifizierten Tätigkeit nach. Während sich die einen als zielstrebig erweisen, konsequent in die Zukunft blicken und nach ihrem Abschluss einen Anschluss finden, sind die anderen sprunghaft und orientierungslos. Dies zeigt sich in ihren wechselnden Zielen und Berufswünschen. Die Sprunghaften der Schulmüden sind es auch, welche nach ihrem Abbruch vor drei Jahren zwischenzeitlich einen erneuten Abbruch zu verzeichnen hatten. In Bezug auf berufliche Entwicklungsmuster sehen sich die Schulmüden am ehesten im medizinischen Bereich, im Management oder in der Selbstständigkeit.

Delinquente: Den Jugendlichen dieses Typus gelingt ein Anschluss kaum. Im Vergleich zu den anderen Typen driften 25% von ihnen in die Arbeitslosigkeit ab oder geht einer unqualifizierten Arbeit nach. Weitere 50% nimmt eine schulische oder sonderpädagogische Maßnahme in Anspruch und 25% ist der Einstieg in eine berufliche Ausbildung gelungen. Insgesamt erleben die Delinquenten nach ihrem Schulabbruch weitere Abbrüche, Verweise und Time-outs. Daraus ergibt sich eine große Perspektivenlosigkeit, die in der Regel mit der Unfähigkeit verbunden ist, Zukunftspläne zu formulieren. 25% von ihnen sind aktuell arbeitslos. Besonders alarmierend ist auch die Tatsache, dass bereits 25% von ihnen drei Jahre nach dem Schulabbruch einen Lehrstellenabbruch hinter sich haben. Von den anderen vier Typen unterscheiden sich die Delinquenten dadurch, dass 12,5% nicht nur einen, sondern insgesamt drei Abbrüche vorzuweisen haben. Obwohl sie ihre Ziele in einem Beruf im Detailhandel oder im Handwerk sehen und einen Lehrabschluss anstreben, scheint es insgesamt so, dass sie von den vielfältigen Angeboten des Bildungssystems überfordert werden.

Hänger: Fokussiert man den Wiedereinstieg ins Bildungssystem, so sind die Hänger am erfolgreichsten. 80% haben den Weg in eine berufliche Grundbildung oder in ein Praktikum eingeschlagen, währendem 20% in einer schulischen Ausbildung verblieben sind. Der überwiegende Teil derjenigen, die den Weg in eine Berufslehre gefunden haben, hat einen handwerklichen und sozialen Bereich gewählt (Metallbauer, Berufspraktiker, Pfleger). Dass die Hänger keine höheren Abschlüsse planen, erstaunt, formulieren sie doch durchaus Traumberufe, welche mit hohen Qualifizierungsanforderungen verbunden sind. Solche Traumberufe reichen vom Fachangestellten Gesundheit über einer selbstständigen Berufstätigkeit bis hin zum Chirurgen. Zwar haben die Hänger keine konkreten Zukunftspläne, welche sie konsequent verfolgen. Dennoch gelingt ihnen der Anschluss nach dem Abbruch.

Familiär Belastete: Jugendliche dieses Typs sind auch drei Jahre nach dem Schulabbruch immer noch familiär belastet. 55,6% sind in schulischen oder sonderpädagogischen Maßnahmen integriert, während 33,3% in eine berufliche Ausbildung gewechselt haben. 11,1% sind arbeitslos oder gehen einer unqualifizierten Tätigkeit nach. Häufig schaffen die familiär Belasteten die Reintegration in eine schulische Ausbildung resp. den regulären Anschluss im ersten Anlauf nicht und es folgt beispielsweise ein weiterer Spitalaufenthalt, bevor sie in eine schulische oder sonderpädagogische Maßnahme integriert werden können. Familiär Belastete wirken insgesamt unentschlossen, unsicher und in ihrer Situation verharrend. Dies wird an ihren vielen und wenig erfolgreichen Therapien ersichtlich, weswegen sie sich auch ihrer Situation ausgeliefert fühlen und diese passiv zu ertragen versuchen. Dass sie teilweise von unrealistischen Zielen träumen, mag darin begründet sein, dass sie sich teilweise in einer ganz anderen als ursprünglich geplanten (Ausbildungs-) Situation befinden. Dies zeigt sich etwa im Beispiel, dass eine sich in Ausbildung befindende Storenmonteurin plant, Chirurgin zu werden.

Meist trägt das psychische Befinden, eine längere Therapie oder eine Krankheit zu einem erneuten Abbruch bei. Ihre aktuelle, meist nach wie vor belastete Situation lässt vermuten, dass ihr beruflicher Weg weiterhin diskontinuierlich verlaufen wird. Viele bemühen sich immer noch, den Schulabschluss über das 10. Schuljahr oder ein Brückenangebot nachzuholen oder den Einstieg in eine Lehre zu schaffen.

## 7.3 Fazit

Zusammenfassend ist festzustellen, dass Drop-outs zwar in zwei Dritteln der Fälle zu Wiedereinsteigern geworden sind, die Hälfte von ihnen jedoch einen oder mehrere weitere Abbrüche zu verzeichnen hat. Sowohl familiär Belastete als auch Delinquente kommen in ihrer Ausbildung nicht oder nur schwerfällig weiter und haben häufig auch keine konkreten Zukunftsperspektiven. Die Hänger hingegen bilden den erfolgreichsten Typus, ist ihnen doch der Übergang in eine Berufslehre mehrheitlich gelungen. Auch die Schulmüden sind erfolgreich, entweder dank der Reintegration in eine schulische Ausbildung oder den Start in eine Berufslehre. Bei den Gemobbten wie auch den familiär Belasteten zeigt sich hingegen kein einheitliches Bild. Diese sind sowohl in eine schulische Ausbildung zurückgekehrt, in einer Lehre, einer Übergangslösung oder einem Praktikum, aber auch beschäftigungslos.

Vor dem Hintergrund dieser Befunde gilt es jedoch besonders herauszustreichen, dass die Drop-outs vor ihrem Ausstieg in vielen Fällen Unterstützung und Begleitung bekommen haben. Für die Schulmüden, die Gemobbten, die familiär Belasteten und auch die Delinquenten waren es mehrheitlich die Familien, zwischen 62% und 75%, während es bei den Hängern zu 60% die

## 7 Drop-outs und ihr Entwicklungsprozess

Peers waren. Allerdings betonte auch 25% der Delinquenten, keine Bezugspersonen zu haben. In allen anderen Typen ist das Ausmaß unter 10%.

# 8 Drop-out-Portraits

Nachdem detailliert auf die unterschiedlichen Drop-out-Typen und ihre Entwicklungsperspektiven eingegangen worden ist, wird in diesem Kapitel der Ergebnisteil abgerundet mit einigen Fallbeispielen. Wie in den Charakteristika beschrieben, sind selbst innerhalb eines Typus die Problemlagen und Entwicklungsgeschichten sehr vielfältig. Pro Typ werden deshalb jeweils zwei Fälle dargestellt, die das Spektrum der Typologie widerspiegeln und gleichzeitig den skizzierten Idealtypus mit realen Drop-out-Biographien untermalen. Die Portraits sind chronologisch aufgebaut und fokussieren auf den kritischen Lebensabschnitt vor dem Schulabbruch und die Entwicklungsperspektive.

## 8.1 Die Gemobbten Amanda (17) und Jürg (17)[1]

**Amanda**
Amanda wuchs auf einem großen Bauernhof zusammen mit neun Geschwistern auf. Da ihre vier älteren Geschwister bereits früh auszogen, sorgte sie sich gerne und oft um ihre kleineren Brüder und Schwestern. Die große Bedeutung der Familie, die vor Kollegen, Freundinnen und Ausgang klar Priorität hatte, betonte Amanda immer wieder. Vor allem die Mutter nahm einen zentralen Stellenwert in ihrem Leben ein und diente ihr als Stütze in der schwierigen Zeit nach dem Schulabbruch. Mit dem Vater hatte sie seit der Trennung ihrer Eltern kaum mehr Kontakt und suchte diesen auch nicht.

Amandas Probleme in der Schule begannen mit dem Wechsel in die Oberstufe. Aufgrund eines unverschuldeten Zwischenfalls konnte Amanda erst eine Woche nach dem offiziellen Schulstart die neue Schule besuchen. Aufgrund dieser Verspätung hatte sie in der Folge mit zwei Problemen zu kämpfen, die ihr schwer zusetzten. Zum Einen verpasste sie den Anschluss an ihre neuen Mitschülerinnen und Mitschüler, da sie per se eher eine ruhige Person war und nicht von sich aus auf andere Personen zuging, zum anderen wurde ihr Französisch als Wahlpflichtfach zugewiesen, da sie bei der Wahl in der ersten Woche zwischen Englisch und Französisch nicht dabei war. Amanda hatte mit Französisch sehr große Mühe und wurde deswegen von ihren Mitschülerin-

---
[1] Die Namen wurden zur Gewährleistung der Anonymität verändert, die Zahl in der Klammer ist das Alter in Jahren zur Zeit des Schulabbruchs.

nen und Mitschülern heftig ausgelacht. Sie ersuchte erfolgreich die Lehrperson unter Tränen sie umzuteilen, was ihr aber im Nachhinein nur noch mehr Ärger einbrachte. Von ihrer Klasse wurde sie als „Schleimerin" abgestempelt und deswegen regelmäßig gehänselt. Selbst ihre Kolleginnen wandten sich angesichts ihres Außenseiterstatus von ihr ab und die Konflikte wurden immer grösser. Als Kind einer großen Bauernfamilie „ohne" Vater, mit wenig Sinn für Mode und Schminke, zudem als einzige Schweizerin der gesamten Klasse verfestigte sich ihre Position als Ausgeschlossene. In dieser Zeit fing Amanda mit dem Schwänzen an. Sie ließ sich für zwei Wochen krankschreiben, weil sie schlichtweg nicht mehr zur Schule gehen und ihre Mitschülerinnen und Mitschüler meiden wollte. Das lange Fernbleiben von der Schule blieb nicht unbemerkt. Die Schule schaltete die Familienberatung ein, welche ihr den Vorschlag unterbreitete das Schulhaus zu wechseln. Ihre Betreuungsperson von der Familienberatung wurde im Laufe der Zeit zu einer wichtigen Bezugsperson, allerdings konnte auch er nicht vermeiden, dass Amanda auch im neuen Schulhaus regelmäßig gemobbt wurde. In ländlichen Orten, wo jeder jeden kennt, war ihre Geschichte bei den Schülerinnen und Schülern im neuen Schulhaus bereits bekannt, ehe sie dort startete. Die einzigen Kolleginnen die sie hatte, waren ebenfalls Außenseiterinnen, was ihre Lage weiter verschlechterte. Ihre Strategie, dem Stress in der Schule zu entkommen, war es wiederum zu schwänzen. Regelmäßig blieb Amanda eine Woche oder mehr dem Unterricht fern. Mit der Zeit getraute sie sich nicht mehr in die Schule sowohl wegen den Hänseleien der anderen Schülerinnen und Schüler als auch wegen den Auseinandersetzungen mit den Lehrpersonen. Die Probleme verschärften sich fortlaufend. Seit dem Wechsel in die Oberstufe war Amandas Schulzeit geprägt von Mobbing und Schwänzen. In der Mitte des letzten Schuljahres beschloss Amanda die Schule abzubrechen. Trotz des großen Schocks der Mutter über ihre Entscheidung, war sie bereit Amanda zu unterstützen, wie sie es immer tat. Den Rektor kannte die Mutter bereits von unzähligen Gesprächen und Ermahnungen. Mit ihm wurde ausgehandelt, dass Amanda die Schule verlassen kann unter der Bedingung, dass sie einen Job findet. Amanda hatte „Glück", sie fand kurzerhand eine Stelle als Au-pair und verließ ohne qualifizierenden Abschluss die Schule. Allerdings gelang es ihr nicht einen guten Kontakt zur Au-pair-Familie herzustellen und so beendete sie nach nur drei Monaten ihr Arbeitsverhältnis.

Seit dem steht Amanda ohne Abschluss und ohne Job da. Zwischendurch verdient sie sich etwas Geld mit Babysitten und hilft aktiv zu Hause mit, beim Einkaufen und bei der Betreuung ihrer Geschwister. Die Versuche eine Stelle zu finden verliefen bislang alle ohne Erfolg und Aussichten auf ein Nachholen des Schulabschlusses stuft sie selbst als sehr gering ein. Sie ist sich sehr wohl bewusst, dass sie ohne Zeugnis nur schwer etwas finden wird. Bei der letzten Interviewphase ist Amanda im vierten Monat schwanger, mit dem Vater des Kindes ist sie aber nicht zusammen und wohnt noch immer zu Hause bei ihrer Mutter. Amanda ist sich nicht sicher, ob sie wirklich in der Lage ist ihr Kind zu erziehen. Sie befürchtet einmal nicht in der Lage zu sein ihrem Kind bei den Hausaufgaben zu helfen, zudem macht ihr die berufliche Situation zu schaffen. Sie plant nach der Geburt ihres Kindes eine Ausbildung als Spielgruppenleiterin zu absolvieren. Die Schule abzubrechen bereut sie heute sehr und ist davon überzeugt, dass alle Drop-outs dies nach spätestens einem Jahr bereuen. Gewünscht hätte sie sich in der Zeit des Abbruchs vor allem eine bessere Unterstützung der Lehrpersonen und etwas mehr Strenge seitens der Schulleitung um sie wach zu rütteln.

**Jürg**
Jürg ist ein Einzelkind und besuchte die Sprachheilschule bevor er in die reguläre Primarschule wechselte. Um den verpassten Stoff nachzuholen musste er eine Klasse wiederholen. Bereits in dieser Zeit begannen ihn seine Mitschülerinnen und Mitschüler zu mobben. Nach dem Übertritt in die Oberstufe nahmen die Schwierigkeiten rapide zu, was in einem gewalttätigen Übergriff gipfelte. Die Lehrpersonen sahen sich außer Stande etwas gegen das Mobbing ausrichten und vor seinen Eltern verheimlichte er seine Probleme.

Das Mobbing begann relativ harmlos, nahm jedoch innert kurzer Zeit ein besorgniserregendes Ausmaß an. Anfangs wurde Jürg von den Mitschülern gehänselt und aus dem Klassenverband ausgeschlossen. Auf dem Pausenplatz wurde er gejagt und während des Unterrichts mit Papierkügelchen beworfen. Auf dem Schulweg lauerten ihm seine Mitschüler auf und verprügelten und beschimpften ihn; der Schulweg wurde für ihn zu einem regelrechten Spießrutenlaufen. Die Vorkommnisse häuften sich und Jürg hatte Angst überhaupt noch die Schule zu besuchen. Während er zu Beginn „nur" von den Jungs gemobbt und attackiert wurde, beteiligten sich nach und nach auch die Mädchen. Jürgs Probleme wurden von den Lehrpersonen zu lange nicht ernst genommen. Wenn er sie mit dem Mobbing durch die Mitschüler konfrontierte, bekam er zur Antwort, er solle einfach nicht hinhören. Später versuchten zwar die Lehrpersonen zu intervenieren, jedoch gelang es ihnen nicht, das Mobbing zu unterbinden. Auch die zwei Mitschüler, die anfangs noch zu Jürg hielten, distanzierten sich mit der Zeit von ihm. Das Mobbing immer häufiger in körperliche Angriffe über. Eines Tages wurde Jürg gar von einem Mitschüler mit einem Brotmesser bedroht. Jürg kapselte sich ab, verschloss sich gegen Außen und erzählte seinen Eltern nichts von dem massiven Mobbing an der Schule. Als er jedoch eines Tages mit zersprungenen Brillengläsern nach Hause kam, schöpften die Eltern Verdacht. Von den Lehrern nicht beachtet, von den Mitschülerinnen und Mitschülern gemobbt und von den Eltern nicht verstanden, steigerte sich Jürgs Leiden kontinuierlich. Lediglich beim Computer spielen vergaß er seine Sorgen und fand Zuflucht in seiner virtuellen Welt. Die schwerwiegenden Probleme nagten an ihm, was sich auch in körperlichen Beschwerden ausdrückte. Diese Beschwerden ermöglichten ihm der Schule fern zu bleiben, damit verbunden waren jedoch Probleme mit seinen Schulleistungen. In der Schule selbst konnte sich Jürg immer weniger konzentrieren und seine Noten verschlechterten sich zusehends. Der geplante Aufstieg in das höhere Niveau rückte immer weiter in die Ferne und mit seinem Vater gab es häufig Streit wegen der nachlassenden Schulleistungen.

In der Schule musste die ganze Klasse als Schreibübung ein Tagebuch führen. Darin notierte Jürg seine Erlebnisse. Sein Deutschlehrer, der die Tagebücher las, erkannte den Ernst der Lage und befürchtete Jürg könnte suizidgefährdet sein. Daraufhin zog die Schule einen Sozialarbeiter herbei, der sich eingehend mit Jürgs Problemen auseinandersetzte. Der Sozialarbeiter informierte seine Eltern über das Mobbing und Jürgs angeschlagenen psychischen Zustand. Der Sozialarbeiter unterstützte Jürg in seinem schwierigen Lebensabschnitt und vermochte auch seine Eltern nach anfänglicher Skepsis zu überzeugen, dass sich etwas ändern muss. Gemeinsam entschieden sie, dass ein Schulabbruch unumgänglich sei und Jürg konnte es kaum mehr erwarten, die Klasse und die gesamte Schule zu verlassen. Es folgten Gespräche mit der Schulleitung und der Gemeinde, woraufhin Jürg die Schule in der achten Klasse abbrechen konnte. Die erste Zeit nach seinem Abbruch verbrachte er vorwiegend zu Hause und es wurde rege nach einer Anschlusslösung gesucht. Für Jürg war es undenkbar in seinem Wohnort weiterhin zur Schule zu gehen, da er den Jugendlichen seines Alters auch in einer anderen Schule nicht entgegen konnte. Deswegen zog er zu seiner Großmutter und absolvierte dort die Oberstufe.

Aktuell befindet sich Jürg im 10. Schuljahr und wird diesen Sommer seinen Schulabschluss nachholen. Die große Angst, dass es wieder so wie früher werden könnte, beschäftigt ihn noch immer. Jürg ist der Meinung, dass sein Schulabbruch viel früher hätte stattfinden sollen, da die Interventionen seitens der Schule erfolglos blieben. Sein Traumberuf ist es Informatiker zu werden und er hofft, dass er bald eine Lehrstelle finden wird.

## 8.2 Die Schulmüden Silvia (16) und Markus (16)

**Silvia**
Silvia besuchte sechs Jahre lang die Primarschule, da sie eine Klasse wiederholen musste und trat anschließend in die Oberstufe über. Diese besuchte sie drei Jahre lang und ging danach in eine Weiterbildungsschule. Gleich zu Beginn musste sie in ein tieferes Niveau aufgrund mangelnder Schulleistungen wechseln. Später konnte sie aufgrund von Problemen mit der Klassenlehrperson noch die Klasse wechseln bevor sie in der 8. Klasse schlussendlich die Schule abbrach.

Silvia wuchs bei ihrer alleinerziehenden Mutter am Rande des Existenzminimums auf. Ihren Vater kennt sie nicht und zu ihrem Bruder hatte sie kaum Kontakt. Soziale Aktivitäten, wie Basketball spielen oder sich mit Freunden treffen waren für sie eher die Ausnahme, da Silvia häufig keine Lust hatte und lieber für sich war. Häufig war die Mutter mit der Erziehung von Silvia überfordert und stand ihrer Tochter machtlos gegenüber. Silvia war nur selten zu Hause, sie kam und ging wie es ihr passte. Auf ihre Mutter hörte Silvia nicht mehr und hielt es auch nicht für nötig Bescheid zu sagen, wo sie hinging. Vorwürfe und Streitereien dominierten die Zusammentreffen zwischen Mutter und Tochter. Hilfesuchend wandte sich die Mutter sich an das Jugendamt und es wurde entschieden, dass Silvia in ein Heim muss. Silvia war mit diesem Entscheid einverstanden. Sie kam zuerst in ein Heim und im letzten Schuljahr lebte sie in einer Frauenwohngemeinschaft. Silvia verbrachte den Großteil ihrer Schulzeit in Heimen und erlebte immer wieder schulische Misserfolge. Sie bereite sich zwar auf die Klausuren vor, konnte aber oft in der Prüfungssituation das Gelernte nicht wiedergeben. Seitens der Schule erhielt Silvia nur unzureichend Hilfe und ihre Lernstrategien erwiesen sich als nicht gewinnbringend. Die mangelnde Zusammenarbeit mit der Klassenlehrperson führte zu einer steigenden Überforderung und Frustration. Aufgrund ihrer schlechten Leistungen und den privaten Problemen wurde Silvia häufig vor der Klasse bloßgestellt, dies obwohl sie die Lehrperson bat nicht in Anwesenheit anderer Schülerinnen und Schüler über ihre privaten Angelegenheiten zu sprechen. Silvia fühlte sich gedemütigt und begann zunehmend an ihren Fähigkeiten zu zweifeln. Die Pausen verbrachte sie meist alleine und hatte kaum Kontakte zu anderen Jugendlichen. Durch jeden schulischen Misserfolg stieg ihre Angst wieder zu Versagen. Immer öfter blieb sie der Schule fern um somit einen weiteren Misserfolg und Blamagen zu vermeiden. Die Schwierigkeiten mit den Lehrpersonen hatten ihre Konsequenzen und Silvia musste sich einige Male vor dem Rektor verantworten. Durch die negativen Gefühle der Schule gegenüber gesellten sich weitere Probleme hinzu. Mit der sinkenden Schulmotivation stieg die Mühe sich am Morgen aus dem Bett zu quälen und zur Schule zu gehen. In ihrer Unzufriedenheit mit der Situation in der Klasse suchte Silvia das Gespräch mit der Schulleitung um die Klasse wechseln zu können. Sie erhoffte sich durch einen Klassenwechsel neue Motivation und Kolleginnen und Kollegen zu finden. Die Schule gab ihrem Begehren nach und die neue Klasse nahm sie herzlich auf. Allerdings pflegte die Lehrperson einen sehr offenen Unterrichtsstil mit einem geringen Verpflichtungsgrad. Silvia erhielt keine klaren Anweisungen und wieder fehlten ihr unterstützende Hilfestellungen fürs Lernen. Bei Prüfungen wurde regelmäßig abgeschrieben und Silvia konnte ihre Lernstrategien nicht verbessern. Nach einer erfolgsversprechenden Anfangszeit tauchten daher erneut Probleme mit einer Fachlehrperson auf. Silvia verfiel in ihr altes Muster, vernachlässigte die Schule, schwänzte häufiger und provoziert die Lehrpersonen. So fasste Silvia nicht allzu lange Zeit nach dem Wechsel in die neue Klasse den Entschluss die Schule komplett abzubrechen, ihre neun obligatorischen Schuljahre hatte sie ja bereits hinter sich. Silvia sprach mit ihrer Mutter, dem Schulleiter und einem Schulsozialarbeiter, die ihren Entschluss noch bestätigen mussten. Ihre Mutter versuchte Silvia zu motivieren, die Schule weiter zu besuchen, jedoch hatte sie aufgrund der belasteten Mutter-Tochter-Beziehung keinen Einfluss auf ihre Entscheidung. Silvia erhielt kein Abschlusszeugnis und besitzt somit keinen qualifizierenden Schulabschluss. Nach ihrem Schulabbruch durfte Silvia nicht mehr in der Frauenwohngemeinschaft wohnen und zog zurück zu ihrer Mutter, die sie trotz ihrer misslichen finanziellen Lage unterstützte. Obwohl Silvia zu ihrer Mutter zurück musste, erlebte sie ihren Schulabbruch als Erleichterung. Silvia erzählte beim der ersten Interview, dass sie gerne ihren Schulabschluss nachholen möchte und träumte von einer Lehre als Hotelfachfrau. Ein Jahr lang nach ihrem Drop-out saß Silvia nur zu Hause herum und machte nach eigenen Angaben nichts. Anschließend besuchte Silvia im Rahmen eines Brückenangebots eine Vorlehre und fand eine Praktikumsstelle im Service. Die Arbeit im Service gefiel ihr aber nicht besonders und orientierte sich neu, woraufhin sie in einer anderen Praktikumsstelle schnuppern ging. Jedoch entsprach auch diese Stelle nicht ihren Vorstellungen und brach erneut das Praktikum ab.

Heute besucht Silvia noch immer ein Brückenangebot. Demnächst wird sie ihren Schulabschluss nachholen. Sie hat sich für eine Lehrstelle als Pflegeassistentin beworben und wartet momentan auf den Entscheid. Silvia äußert jedoch Zweifel, ob diese Lehre für sie passend ist. Sollte es mit der Lehrstelle nicht klappen, möchte sich Silvia einen weiteren Praktikumsplatz suchen und auf eine andere Lehrstelle weiterhoffen. Die familiäre Situation hat sich mittlerweile entspannt und das Verhältnis zu ihrer Mutter deutlich verbessert. Silvia bereut ihren Schulabbruch und wünscht sich, sie hätte damals das Jahr beendet. Heute würde sie versuchen mit den Lehrpersonen eine Lösung zu finden.

**Markus**
Markus wuchs als Einzelkind bei seinen Eltern im ländlichen Raum auf und absolvierte die öffentliche Primarschule ohne weitere Schwierigkeiten. Allerdings hatte die öffentliche Oberstufe in der Schulgemeinde einen sehr schlechten Ruf, die Lehrpersonen seien parteiisch und würden bestimmte Schülerinnen und Schüler schikanieren. Dies hatte zur Folge, dass Markus eine private katholische Oberstufe besuchte. Nach dem Bestehen der Mittelschulprüfung und einem vielversprechenden Informationsabend wechselte Markus in ein öffentliches Kurzzeitgymnasium. Dort merkte er jedoch bereits am ersten Tag, dass er es wohl nicht vier Jahre bis zur Matura an dieser Schule aushalten würde.

In erster Linie kritisierte Markus den unpersönlichen Unterrichtsstil der Lehrpersonen, der fehlende Klassengeist und das ständige Wechseln der Schulzimmer. Für Markus war klar, dass die schulischen Strukturen ursächlich für das schlechte Lernklima an dieser Schule waren. Die Schule selbst war für ihn mit rund 600 Schülerinnen und Schülern schlicht zu groß, ebenso die Klassen (in seiner waren zu Beginn 28 Schülerinnen und Schüler). Zudem wurden an der Schule den einzelnen Klassen kein Klassenzimmer zugeordnet, sondern die Klassen mussten die Räume nach Ende der Lektion wechseln. Dieses ständige Wechseln empfand Markus als stark belastend. Insgesamt führte die Größe und Unübersichtlichkeit der Schule und der Klassen dazu, dass sich kaum persönliche Kontakte zwischen den Lehrpersonen und den Schülerinnen und Schülern ergaben. Für Markus waren die Lehrpersonen reine Wissensvermittler, die während 45 Minuten die Tafel vollschrieben und danach wieder verschwanden; die wenigsten interessierten sich für das Wohlergehen der Klasse. Seiner Meinung nach lag es nicht im Interesse der Schule alle Schülerinnen und Schüler möglichst individuell zu betreuen und zu fördern, vielmehr seien sie darauf aus gewesen während der Probezeit „schlechte" Schülerinnen und Schüler auszuschließen. Aus seiner Erfahrung an der privaten Oberstufe war sich Markus gewohnt, dass sich die Lehrpersonen um jede einzelne Schülerin und jeden einzelnen Schüler kümmerten und nachfragten, wenn jemand Mühe hatte. Er gesteht sich jedoch auch ein, dass er nicht der fleißigste Schüler war und das öffentliche Gymnasium sehr wohl geeignet sei für intelligente Jugendliche die gerne lernen und sich kommentarlos dem Unterricht fügen. Hingegen mache es für Personen, die Mühe haben sich ständig einzuordnen, wenig Sinn diese Schule zu besuchen, da die Individualität außer Acht gelassen werde. Markus Probleme und Abneigung gegenüber dem öffentlichen Gymnasium blieben bei seinen Eltern nicht unbemerkt, so engagierte sich seine Mutter eine andere Schule für ihren Sohn zu finden. Nach einem persönlichen Gespräch zwischen Markus und dem Rektor eines katholischen Gymnasiums, bot ihm dieser einen Platz an seiner Schule an. Für Markus war spätestens zu diesem Zeitpunkt definitiv klar, dass er das öffentliche Gymnasium verlassen und seinen Maturitätsabschluss an der Privatschule machen würde. Das Gespräch mit dem Rektor des öffentlichen Gymnasiums war mehr eine Formalität, er sollte lediglich noch den Schlüssel seines Spints beim Hausmeister abgeben. Die meisten Lehrpersonen und auch viele von Markus Klassenkameradinnen und -kameraden erfuhren erst von seinem Abbruch, als dieser nicht mehr zur Schule kam. Markus brach nur gerade sechs Wochen nach seinem Eintritt in das öffentliche Gymnasium die Schule ab, allein in seiner Klasse folgten im bis zur Beendigung der Probezeit ungefähr acht weitere.

Dank seinem nahtlosen Einstieg in das katholische Gymnasium befand sich Markus während des zweiten persönlichen Interviews bereits im zweitletzten Jahr und wird voraussichtlich in Kürze die Matura abschließen. Bei Markus besonders ist, dass es zu keinem eigentlichen Abkoppelungsprozess kommt. Für ihn war schon am ersten Tag an der neuen Schule klar, dass er hier nicht lange bleiben würde. Seinen Schulabbruch bereut er nicht im geringsten, rückblickend betont er, dass er nochmals genau dasselbe machen würde.

## 8.3 Die Delinquenten Karim (15) und Janik (16)

### Karim

Karim zog mit vier Jahren zusammen mit seinen Eltern und zwei Brüdern von Südostasien in die Schweiz und galt bis in die fünfte Klasse als Musterschüler. Als Kind spielte Karim fleißig Posaune und spielte Fußball im Verein. Nach einem Umzug in die Nachbargemeinde und einem damit verbundenen Schulwechsel begannen bei Karim die Probleme. Gleich am ersten Tag kam es zu einer Schlägerei mit einem Mitschüler, es folgten Auseinandersetzungen mit den Lehrpersonen, vor denen er keinerlei Respekt hatte und „terrorisierte" seine Klassenkameradinnen und -kameraden. Der Wechsel in die Oberstufe brachte keine Besserung, sein deviantes und gewalttätiges Verhalten verstärkte sich sogar. Im ersten Interview erzählte Karim von Unterschriftfälschungen, Geldbetrug und einem Einbruch in die Schule, bei dem er zusammen mit ein paar Kollegen die ganze Schule versprayte und Geld stahl. Der Unterricht interessierte ihn überhaupt nicht, regelmäßig ging er betrunken und bekifft zur Schule. Zudem hatte Karim Probleme sein Temperament zu zügeln, er rastete sehr schnell aus, beleidigte ohne eigentlichen Grund eine Mitschülerin massiv und schlug diese. Auch gegenüber den Lehrpersonen zeigte Karim gewalttätiges Auftreten. In seiner Klasse hatte er lediglich mit zwei Personen engeren Kontakt, alle anderen mieden ihn, viele aus Angst. Über mehrere Jahre hinweg wurde Karim mindestens einmal in der Woche bei der Lehrperson, der Schulsozialarbeit oder der Jugendfürsorge vorgeladen. Die Gespräche prallten jedoch von ihm ab. Sobald er das Gefühl hatte jemand schreibe ihm vor was er zu tun und lassen habe, fing er an die Leute anzuschreien und zu beleidigen. Obwohl er gegen Außen stets den Coolen mimte war für ihn selbst die Zeit sehr belastend und er hatte Mühe mit Schlafen. So kam die Versetzung in ein Time-out nicht unerwartet und brachte eine gewisse Erleichterung mit sich. Für die Eltern und seine Verwandten war der Schulabbruch ein großer Schock, bereits sein älterer Bruder hatte große Probleme in der Schule. Er nahm massiv Drogen, wurde von einem Heim ins andere abgeschoben und kam zu guter Letzt gar nach Afrika in ein Time-out – doch selbst dort wurde er als untragbar nach Hause geschickt. Die Angst dass sich das gleiche wiederholte mit Karim spannte die Situation zu Hause massiv an. Sie waren anfänglich sehr wütend auf ihn, merkten aber sehr bald, dass er große Probleme mit sich selber hatte und Anzeichen einer Depression aufwies. Daraufhin veränderte sich ihre Wut in Mitleid. Nach seinem Schulabbruch im achten Schuljahr besuchte Karim bis zum Ende des Schuljahres eine Time-outschule. Der Direktor seiner alten Schule versprach ihm vor seiner Suspendierung, dass er wieder zurück an die Schule könne, wenn er sich im Time-out Mühe gebe. Darüber freute sich Karim sehr, strengte sich daher an seine Streiche zu unterlassen und schrieb gute Noten. Trotz seines gebesserten Verhaltens weigerte sich die Schule entgegen dem „Versprechen" ihn wieder aufzunehmen, was Karim sehr verletzte und sein Vertrauen in die Schule und das gesamte System noch mehr erschütterte.

Nach der Time-outschule folgte ein Jahr in einem Heim für Jugendliche mit Verhaltensproblemen und ein Aufenthalt in einer Lehrwerkstätte. In dieser Zeit hegte Karim den Wunsch später einmal eine Lehre zu machen als Fachmann Betreuung mit Berufsmatura um anschließend Sozialpädagogik zu studieren. Damit wollte er genau zu einem jener Leute werden, die er am meisten hasste. Sein Ziel war es anderen Jugendlichen die schmerzlichen Erfahrungen, die er hinter sich hatte, zu ersparen. Allerdings kam es anders als geplant. Wieder gab es größere Probleme mit den Sozialpädagogen und der Polizei woraufhin er in ein Maßnahmezentrum geschickt wurde. In dieser Institution hatte Karim die Möglichkeit in einer Schreinerei zu arbeiten, wo er sein handwerkliches Geschickt entdeckte. Während seinem Aufenthalt im Maßnahmezentrum folgte eine Reihe von Gerichtsverhandlungen, die ihm am Ende erlaubten wieder zu Hause zu wohnen.

Heute wohnt Karim wieder bei seinen Eltern und besucht das 10. Schuljahr auf einer Privatschule. Als Ziel äußert er nun die Schule abzuschließen und daraufhin eine Lehre als Schreiner zu beginnen. Aufgrund der guten Kontakte seiner Eltern haben ihm sogar mehrere Betriebe einen Lehrplatz angeboten.

**Janik**
Janik wuchs gemeinsam mit seinem Bruder bei seinen Eltern auf, die beide berufstätig waren. Mit seinem Bruder verstand er sich sehr gut und in der Primarschule gab es keine größeren Probleme. Janiks auffallendes Verhalten begann erst in der Oberstufe. In der Oberstufe fiel Janik durch deviantes und gewalttätiges Verhalten gegenüber seinen Mitschülerinnen und Mitschüler auf. Für die Schule konnte sich Janik nicht motivieren und eine Zusammenarbeit mit den Lehrpersonen war für ihn unmöglich. Der Unterricht interessierte ihn überhaupt nicht, er rebellierte, hielt sich an keine Regeln, beleidigte Lehrpersonen und störte den Unterricht massiv. Beleidigungen und Beschimpfungen gegenüber Autoritätspersonen standen an der Tagesordnung. Das gesamte Schulklima war aufgrund von Janiks Aggressivität und Respektlosigkeit belastet. Niemand hatte Einfluss auf ihn und auch er selbst konnte sein Temperament nicht zügeln. Öfters rastete er in der Schule aus und schrie um sich, beleidigte sein Umfeld und zerstörte mutwillig Schuleigentum. Seine Mitschülerinnen und Mitschüler sowie die Lehrpersonen hatten Angst vor ihm. Seine Schulkameradinnen und -kameraden gingen ihm regelrecht aus dem Weg und mieden jeden Kontakt. Zu Hause gab es zwar häufig Streitereien, dennoch versuchten die Eltern ihrem Sohn so gut sie konnten zu helfen und suchten immer wieder den Kontakt zu ihm. Mit der Zeit wurde es allerdings zu viel für sie und wandten sich an die Vormundschaftsbehörde. Daraufhin erhielt Janik bereits mit 13 Jahren einen Vormund.

Aufgrund seines delinquenten Verhaltens, unter anderem beschimpfte er die Schulleiterin arg, wurde er nach einem Jahr auf der Oberstufe zum ersten Mal von der Schule verwiesen. Das folgende Jahr lebte Janik in ein Heim, bevor es dort zu größeren Problemen kam und er das Heim wechseln musste. In diesem zweiten Heim folg er jedoch nach nur drei Monaten schon wieder raus. Es kam wie es kommen musste, nicht allzu lange Zeit später in seinem dritten Heim, gab es wieder Probleme und man sandte ihn wieder zurück zu seinen Eltern. Von zu Hause aus besuchte Janik drei Monate wieder die Oberstufe bevor er wiederum ausgeschlossen wurde. Dieses Mal wurde Janik direkt in eine psychiatrische Klinik eingeliefert. Da Janik gewalttätig wurde gegenüber anderen Patienten, Alkohol und Cannabis konsumierte, wurde er nur zwei Wochen später für einen Monat ins Untersuchungsgefängnis eingewiesen. In seinem darauffolgenden Aufenthalt in einem Jugendheim holte Janik seinen Schulabschluss nach und begann eine Lehre als Landschaftsgärtner. Trotz dieser erfreulichen Entwicklung stieg sein Drogenkonsum in dieser Zeit wieder massiv an und riss aus dem Heim aus. Der Ausriss hatte zur Folge, dass Janik einen Drogenentzug absolvieren musste. Im Anschluss an seinen Entzug wurde der Versuch unternommen, dass Janik wieder bei seinen Eltern einziehen konnte und von dort aus jobben konnte als Lagerist. Diese Rückkehr verlief nicht problemlos, so dass er bald wieder ausziehen musste. Für die nächste Zeit wohnte Janik ein einer Wohngemeinschaft, doch auch hier funktionierte nicht alles, so wie er es sich vorgestellt hätte. So blieb ihm schlussendlich nichts anderes übrig, als sich mit seinen Eltern zu arrangieren.

Den Job als Lagerist nahm er für ein halbes Jahr wieder auf, ist heute allerdings wieder arbeitslos. Zurzeit plant er eine Temporärstelle zu suchen oder die Matura nachzuholen um anschließend ein Studium beginnen zu können. Seine vielen Abbrüche und Verweise sowie sein deviantes und gewalttätiges Verhalten bereut Janik heute und gelobt Besserung.

## 8.4 Die Hänger Rudolf (16) und Fabian (17)

**Rudolf**
Rudolf wuchs im ländlichen Raum mit drei Geschwistern auf. In der Primarschule war er beliebt und brachte gute Schulnoten nach Hause. Sein großer Traum war es einmal Fußball-Profi zu werden, daher verbrachte er den größten Teil seiner Freizeit auf dem Fußballplatz. Mit zunehmendem Alter hatte Rudolf mehr und mehr das Gefühl, dass ihm etwas fehlte. Seine Kollegen genossen ihre Freizeit, während er ständig trainieren musste. So entschloss er sich seinen Traum des Fußball-Profi aufzugeben und vermehrt die Freizeit mit seinen Freunden zu verbringen. Mit dem Aufgeben des Fußballspielens begannen jedoch die schulischen Schwierigkeiten.

Durch das harte Training war sich Rudolf einen eng strukturierten Tagesablauf gewohnt, nun hatte er auf einmal massenhaft Freizeit und wusste nicht was er damit anfangen sollte. Ihm fehlte jeglicher Antrieb, was sich vor allem in der Schule bemerkbar machte. Rudolf hängte mit seinen Kollegen ab, störte den Unterricht und schwänzte häufig die Schule. Pöbeleien und Provokationen standen an der Tagesordnung. Rudolf fiel durch zunehmende Aggressivität und Schulunlust auf. Das Abhängen mit den Peers wurde zu seiner zentralen Freizeitbeschäftigung, in der sie häufig Alkohol und Tabak konsumierten und Pöbeleien anzettelten. Das morgendliche Aufstehen fiel im von Tag zu Tag schwerer und seine schulischen Leistungen nahmen rapide ab. Verbale und rassistische Gewaltaussagen gegenüber den Mitschülerinnen und Mitschülern und auch den Lehrpersonen dominierten den Schulalltag. Die Lehrpersonen reagierten auf Rudolfs Verhalten und er musste sich regelmäßig vor der Schulleitung verantworten. Eine Sozialarbeiterin wurde ihm zur Seite gestellt, die ihm Verhaltensregeln aufstellte und Tipps gab, wie er sich in der Schule verhalten sollte. Leider war der Nutzen der Sozialarbeiterin sehr gering, Rudolf ignorierte ihre Tipps und Regeln. Weiterhin terrorisierte er regelrecht seine Mitschülerinnen und Mitschüler und gegenüber den Lehrpersonen verschloss er sich gänzlich. In dieser schwierigen Zeit kam Rudolf immer seltener nach Hause und übernachtete oft bei seinen Kollegen. Die Eltern suchten immer wieder den Kontakt zu ihm, was Rudolf jedoch weitgehend ignorierte. Die Spannungen in der Familie spitzten sich nach und nach zu, die Eltern hatten kaum noch Einfluss auf Rudolf und waren komplett überfordert. Einige Monate vor den Sommerferien wurde Rudolf ein erstes Mal von der Schule in ein Time-out gesandt.

In diesem ersten Time-out musste Rudolf in einer Montagefirma arbeiten, bei der er sich zu Beginn richtig bemühte. Sein Elan war jedoch nur von kurzer Dauer, sehr schnell verging ihm die Lust an der Arbeit und wurde nach gerade mal zwei Wochen suspendiert. Nach dem abgebrochenen Time-out, kehrte er zurück an seine alte Schule, wo es für eine gewisse Zeit sehr gut lief. Doch auch hier verfiel Rudolf wieder in die gleichen Probleme, woraufhin die Schule den Eltern mitteilte, dass ihr Sohn nicht länger an der Schule tragbar sei. Ihr Vorschlag war ein weiteres Time-out, dieses Mal in einem Heim für schwererziehbare Jugendliche. Darüber hinaus wurde ein Verbot ausgesprochen, dass Rudolf verwehrte wieder in die öffentliche Schule zurückzukehren. Rudolf war mit dem Entscheid der Schule jedoch nicht einverstanden, da er für seine Arbeit im Time-out nicht entlohnt würde. Infolge wurde er darauf aufmerksam gemacht, dass er entweder die Schule besuchen oder einer Arbeit nachgehen müsse, um ein Ausweisung aus dem Gastland zu vermeiden. Wider Willen lenkte Rudolf für das zweite Time-out ein und saß motivationslos seine Zeit ab. Im Vergleich zum ersten Time-out, nach dem er wieder in die Schule zurück durfte, war die Ausgangslage für ihn nun eine andere. Rudolf wusste, dass er nach diesem zweiten Time-out nicht mehr in seine alte Schule zurückkehren konnte. Er zog sich im Time-out eine kleinere Verletzung zu und ließ sich für den Rest des Time-outs krankschreiben. Weg von den Kollegen schaffte es Rudolf, nach seinem zweiten Time-out, seinen obligatorischen Schulabschluss in einem Heim für schwer erziehbare Jugendliche nachzuholen. Er beklagte sich zwar über Langeweile und mangelnde Motivation, erkannte aber seine letzte Chance auf einen Schulabschluss. Im Anschluss auf seinen Abschluss Rudolf suchte vergeblich eine Lehrstelle im Detailhandel, fand aber glücklicherweise ein Brückenangebot in Form eines 10. Schuljahres mit Praktikum. Nach anfänglichen Schwierigkeiten bei der Suche nach einer Praktikumsstelle, konnte er mit Hilfe des Brückenangebots ein Praktikum im Service absolvieren.

Heute befindet sich Rudolf noch immer im Brückenangebot und plant anschließend eine Lehre als Coiffeur zu beginnen. Die Zusage hat er vor kurzem erhalten und ist darüber sehr glücklich. Er erzählt, dass ihm sein Aufenthalt im Heim geholfen hat und sich vieles zum Positiven geändert habe. Sein eigentlicher Traumberuf ist nach wie vor im Detailhandel. Dennoch freut er sich auf die Lehrstelle als Coiffeur und versucht seine Motivation zu halten und positiv in seine Zukunft zu blicken.

**Fabian**
Fabians Vater starb sehr früh, so wuchs Fabian zusammen mit seiner Mutter und zwei älteren Schwestern auf. Sein Einstieg in die Primarschule erfolgte über die Entwicklungsklasse. Anschließend besuchte er während vier Jahren die Orientierungsschule, in der eine Klasse wiederholen musste. Bereits in der Orientierungsschule kam es zu größeren Problemen mit einer Lehrerin, von der Fabian konsequent schlecht behandelt wurde. Damit hatte Fabian bereits neun Schuljahre absolviert, als er mit der Weiterbildungsschule begann. Fabian sagt von sich selbst, er sei nie ein besonderes Genie gewesen und die Schule hätte ihn nie sonderlich interessiert. Das Desinteresse an der Schule steigerte sich mit dem Übertritt in die Weiterbildungsschule immer weiter. Hinzu kam, dass in dieser Zeit seine Mutter ein schwerwiegendes Alkoholproblem hatte und Fabian mit dem damaligen Freund der Mutter ständig im Streit lag. Um der Situation zu Hause zu entgehen traf er sich oft mit seinen Kollegen, gemeinsam konsumierten sie Alkohol, rauchten und prügelten sich. Fabian erzählte, dass sie eine richtige Bande waren, die oft in Schlägereien involviert war. Zweimal wurde er gar von der Polizei inhaftiert, allerdings ohne Anklage wieder entlassen. Mehr als die Festnahme belastete ihn jedoch jeweils der Ausdruck seiner weinenden Mutter, als sie ihn vom Polizeiposten abholte. Viele seiner Freunde aus der damaligen Zeit mussten ins Gefängnis oder in ein Heim. Auch in der Schule berichtete Fabian, dass er an die „falschen" Freunden geraten war. Diese waren ihm wichtiger als der Unterricht. Die Konzentration in der Schule ließ nach, es interessierte Fabian schlicht weg nicht mehr was die Lehrpersonen vermittelten. Seine Schulunterlagen vergaß er regelmäßig zu Hause, Hausaufgaben machte er schon gar nicht mehr und Schuleschwänzen gehörte zu seinem normalen Schulalltag. Fabian sieht sich nachträglich primär in der Rolle des Mitläufers und versteht nur allzu gut, warum ihn die Lehrpersonen nicht sonderlich mochten. Durch das viele Fehlen in der Schule und dem mangelnden Engagement waren seine Noten entsprechend schlecht. Einser und Zweier waren charakteristisch für das Zeugnis nach dem ersten Jahr in der Weiterbildungsschule. In der Folge musste er in ein tieferes Niveau wechseln. Da er bereits seine neun obligatorischen Schuljahre hinter

sich hatte, entschloss sich Fabian die Schule ohne qualifizierenden Abschluss abzubrechen. Dieser Entschluss war jedoch kein reiner Bauchentscheid, da seine Schwestern ihm diesen Weg vorzeigten. Seine älteste Schwester verfügt ebenfalls über keinen Schulabschluss und fand dennoch eine Lehrstelle und seine andere Schwester besuchte eine Vorlehre. Die Idee der Vorlehre, ein Brückenangebot mit Berufspraktika und Unterricht, schwebte auch Fabian vor und er informierte bei der Berufsberatung. Seine Lehrpersonen an der Oberstufe, seine Mutter und viele seiner Kollegen hielten einen vorzeitigen Schulabbruch und Wechsel in die Vorlehre ebenfalls für eine gute Idee. Fabian betonte, dass er ohne die Möglichkeit der Vorlehre die Schule niemals abgebrochen hätte. Nach seinem Schulabbruch war Fabian in erster Linie froh, weg von der Schule zu sein. Ängste bezüglich des fehlenden Schulabschlusses hatte er keine. In seinem ersten Jahr der Vorlehre machte er mehrere Praktika als Coiffeur, Maurer und Steinhauer. Jedoch sagte ihm keiner der Berufe zu. So fand er nach seinem Jahr in der Vorlehre auch keine Lehrstelle und er begann zu bereuen, die Schule nicht regulär abgeschlossen zu haben. Er beschloss ein zweites Jahr eine Vorlehre zu machen, dieses Mal im Pflegebereich. Fabian hatte Glück, an der Institution, in der er die Vorlehre absolvierte, erhielt er die Möglichkeit im Anschluss eine Lehre als Pflegeassistent zu beginnen.

Heute ist Fabian mit seiner Lehre zufrieden und berichtet von einem 5.5 Notendurchschnitt und dass nach der Lehre noch gerne die Ausbildung zum Fachangestellten Gesundheit zu absolvieren möchte. Rückblickend betrachtet würde Fabian nochmals genau handeln, er ist sehr froh eine Lehrstelle gefunden zu haben und der Job macht ihm Spaß. Gleichwohl kritisiert er die Schule und seine Mutter nicht genügend konsequent gewesen zu sein, Strafen und eine bessere Kommunikation zwischen der Schule und Familie hätten seiner Meinung nach verhindern können, dass es überhaupt so weit kam. In diesem Zusammenhang erwähnt Fabian den frühen Tod seines Vaters und das Fehlen einer starken Hand.

## 8.5 Die familiär Belasteten Monika (18) und Nadja (14)

### Monika

Monika lebte bis zu ihrem fünften Lebensjahr bei ihren Eltern. Monikas Mutter betrieb ein eigenes Hotel und als sich die Eltern trennten blieb Monika bei ihrer Mutter. Die viele Arbeit überforderte die Mutter und die Beziehung zur Tochter litt enorm. Monikas Vater entschied, dass seine Tochter in das Gymnasium gehen sollte. Von dieser Entscheidung war Monika zwar nicht begeistert, dennoch besuchte sie die Schule regelmäßig. Das Verhältnis zur Mutter war angespannt, was vor allem daran lag, dass die Mutter nach der Trennung mit einem Alkoholproblem zu kämpfen hatte. Die Sucht verschlimmerte sich und Monika war häufig auf sich alleine gestellt. Sie fühlte sich für ihre Mutter verantwortlich und versuchte sie vom Alkohol weg zu bringen. Ihre Freunde konnte Monika nicht zu sich nach Hause einladen, da sie sich für ihre Mutter schämte. Aufgrund der schwierigen Situation nahm Monikas Vater seine Tochter zu sich. Zu Beginn zeigte sich für Monika eine Besserung der Gesamtsituation. Der Vater kümmerte sich um ihre schulischen Angelegenheiten und sorgte sich um sie. Jedoch verstand sich Monika überhaupt nicht mit der neuen, sehr jungen Frau des Vaters und ihren neuen Halbgeschwistern. Aus diesem Grund suchten sie im Einverständnis mit Monika eine Pflegefamilie. In der Pflegefamilie fand Monika rasch Anschluss und verstand sich gut mit ihren vier Pflegegeschwistern. In dieser Zeit erkrankte Monikas Mutter an Krebs. Monika unterstützte sie erneut und half ihr im Alltag mit regelmäßigen Besuchen. Nach der dritten Operation beschloss Monika sich intensiv um ihre Mutter zu kümmern und brach die Schule ab.

Monika lebte über Jahr in einer sehr belasteten familiären Situation. Die Trennung der Eltern, das Alkoholproblem der Mutter, die neue Frau des Vaters und schlussendlich die Diagnose Krebs der Mutter. All diese Belastungen führten zu großen Konzentrationsschwächen und Lernblockaden in der Schule, was folglich zu einer markanten Verschlechterung ihrer schulischen Leistungen führte. Bei Prüfungen konnte sie sich kaum konzentrieren und war mit den Gedanken nicht bei der Sache. Ihr häufiges Schule schwänzen hatte große Lücken im Lernstoff zur Folge. Die schwere Krankheit der Mutter stand im Mittelpunkt und Monika versuchte sich so oft wie möglich um sie zu kümmern. Sie fasste diesen Entscheid und arbeitet auch im Hotel mit. Die pflichtbewusste Monika befürchtete, dass das Hotel ihrer Mutter Konkurs anmelden müsste ohne ihre tatkräftige Mithilfe. Monikas Mutter nahm in ihrer Notsituation die Hilfe ihrer Tochter gerne an. Nach Absprache mit der Schule brach Monika aufgrund der familiären Notwendigkeit das Gymnasium im 9. Schuljahr ab. Die Schule sicherte Monika zu, dass sie wieder zurückkehren könnte. Monika war zum Zeitpunkt der Vereinbarung überzeugt, dass sie später wieder in die Schule zurückkehren würde. Die drei Monate, in welchen Monika ihre Mutter pflegte, waren für Monika physisch und psychisch sehr anstrengend und es gab immer wieder Streit zwischen ihnen. Eines Tages erkannte Monika, dass sie all den Aufgaben und der Belastung über Dauer nicht gewachsen war und kehrte zu ihrer Pflegefamilie zurück. Die Schule besuchte sie vorerst nicht wieder, Monika brauchte dringend ein bisschen Zeit für sich selbst und brach den Kontakt zu ihrem Vater ab. In der Pflegefamilie arbeitete Monika im Haushalt mit und nutzte die Zeit um sich neu zu orientieren. Nach einigen Monaten suchten sie eine neue Schule und Monika drückte wieder die

Schulbank. Da Monika über Monate hinweg nicht an der Schule war, hatte sie schwerwiegende schulische Defizite, so dass sich eine Klassenwiederholung ankündigte. Angesichts der drohenden Repetition brach sie das Gymnasium erneut ab. Die obligatorische Schulzeit hatte sie zu diesem Zeitpunkt bereits hinter sich und versuchte daher direkt eine Lehrstelle zu finden.

Nach längerer Suche erhielt Monika eine Lehrstelle im kaufmännischen Bereich, sie befindet sich heute im zweiten Lehrjahr und wohnt in einer Wohngemeinschaft. Eine Rückkehr zur Mutter oder zum Vater schließt sie aus. Persönliche Ängste äußert sie nur in Bezug auf ihre Mutter, welcher es noch immer nicht besser ginge. Über ihre eigenen Bedürfnisse spricht sie kaum, jedoch beschäftigt es sie, dass sie bei Abschluss ihrer Lehre bereits 22 Jahre alt sein wird. Ihren ersten Schulabbruch bereut sie aufgrund der schweren familiären Umstände nicht und würde dies auch wieder so machen. Hingegen ist sie sich immer noch unsicher ob ihre Entscheidung das Gymnasium ganz abzubrechen die Richtige war.

**Nadja**
Bis zu ihrem sechsten Lebensjahr wohnte Nadja zusammen mit ihren Eltern, ihrer älteren Schwester und ihrem älteren Bruder sowie zwei jüngere Zwillingsbrüdern in Deutschland. Nach dem Umzug über die Landesgrenze ging sie ab der zweiten Primarklasse in der Schweiz zur Schule. Die Primarschule durchlief sie ohne Schwierigkeiten und auch der Übertritt in die Oberstufe verlief glücklich. Der Vater arbeitete sehr viel und in seiner Freizeit unternahm er lieber etwas mit seinen Kollegen als sich um die Familie zu kümmern. So kam es dazu, dass sich die Mutter von ihm trennen wollte. Im Verlauf der Trennung gestand Nadjas ältere Schwester, dass sie über sieben Jahre von ihrem Vater sexuell missbraucht wurde. In der Folge entbrannte ein schmutziger Scheidungsstreit und eine strafrechtliche Verfolgung des Vaters. Trotz der schweren Vorwürfe gegen den Vater kämpfte er dennoch um das Sorgerecht für die Kinder. Er versuchte Nadjas älteren Bruder und sie dazu zu bewegen bei der Polizei eine Falschanzeige gegen die Mutter zu erstatten. Sie sollten angeben, dass sie zu Hause geschlagen werden. Der ältere Bruder ging darauf ein und kam in ein Heim, da er aufgrund der Missbrauchsvorwürfe nicht beim Vater wohnen durfte. Nadja geriet immer mehr in Bedrängnis und konnte sich nicht mehr auf die Schule konzentrieren. Das Gefühl sich zwischen ihrem Vater und ihrer Mutter entscheiden zu müssen, schnitt ihr die Luft zum Atmen ab. Die Probleme zu Hause und der Druck des Vaters belasteten Nadja zusehends und auch in der Schule begannen sich ab der Oberstufe die Probleme zu häufen. Innerhalb eines Jahres wechselte fünfmal die Lehrperson und die schulische Disziplin war in der ganzen Klasse sehr schlecht. Blödsinn machen, die Lehr-

personen beleidigen und im Schulunterricht nicht mehr mitzumachen standen für Nadja an der Tagesordnung. Sie gab an, an der Oberstufe jeglichen Respekt gegenüber Erwachsenen verloren zu haben. Trotz ihres Bewusstseins sich die Zukunft selber kaputt zu machen, war sie dennoch nicht in der Lage sich für die Schule zu motivieren, zu sehr drehte sich bei ihr alles um die familiäre Situation. Die psychische Belastung brachte Nadja an ihre Grenzen; Alkohol und Drogen waren ihr Ausweg wenigstens für einen kurzen Moment die Probleme vergessen zu können.

Nadja spielte mit Suizidgedanken und begann mit Ritzen. Daraufhin wurde sie in die Beobachtungsstation des Kinderspitals eingeliefert. Nach drei Wochen auf der Beobachtungsstation, wurde sie in die Jugendpsychiatrie verlegt, es folgte ein Aufenthalt in der geschlossenen Abteilung, danach wieder zurück in die offene Jugendpsychiatrie, weitere acht Monate in einem Heim und ein sechswöchiges Time-out.

Nach diesem langen Hin und Her kam Nadja in ein Schulheim, wo sie nun ihren Abschluss nachholen wird. Ihr Vater wurde unterdessen verklagt und sitzt im Gefängnis. Nadja hat die Möglichkeit, innerhalb des Schulheims direkt im Anschluss an ihren Abschluss intern eine Lehre als Fachfrau Hauswirtschaft zu beginnen. Die familiäre Situation hat sich deutlich entspannt und sie ist von den Suizidgedanken, die sie noch während der ersten Interviewphase regelmäßig hatte, abgekommen. Mit der Lehre verbindet sie eine Perspektive für die Zukunft und freut sich auf die Zeit nach dem Heim.

# Teil D
# Präventions- und Interventionsmöglichkeiten

# 9 Prävention und Intervention

Welche Mechanismen gibt es, um exklusive Tendenzen zu minimieren, Schulabbrüche zu verhindern und die Inklusionsfähigkeit der Schule zu stärken? Hierzu sind in den letzten Jahren einige Forschungsarbeiten vorgelegt und auch Präventionsstrategien entwickelt worden. Nachfolgend wird ein Überblick gegeben, der sich gezwungenermaßen mehrheitlich am anglo-amerikanischen Sprachraum orientiert, die bedeutendsten deutschsprachigen Arbeiten jedoch einbezieht (vgl. Hillenbrand, 2009).

## 9.1 Zum Status quo der Präventions- und Interventionsforschung

Aus dem Forschungsstand und insbesondere unseren Ergebnissen gehen zwei wichtige Erkenntnisse hervor. Erstens sind Schulabbrüche fast durchgehend die Folge eines langen Abkoppelungsprozesses. Zweitens verweist unsere Typologie darauf, dass es *den* Schulabbrecher nicht gibt. Daraus folgt, dass sowohl früh einsetzende Maßnahmen notwendig sind, die jedoch nie als allgemeine Präventions- oder Interventionsstrategie zum Einsatz gelangen können. Unter dem Begriff Prävention versteht man vorbeugende Maßnahmen, mittels derer man versucht, unerwünschte Entwicklungen oder ein unerwünschtes Ereignis (wie etwa Schulversagen) zu verhindern. Prävention zielt somit auf die Verhinderung von Störungen. Eine Form der Prävention ist auch die Gesundheitsförderung. Dazu gehören jene Maßnahmen, die auf die Unterstützung und Erhaltung der Gesundheit und des Wohlbefindens hin angelegt sind (Perrez & Hilti, 2005), zum Beispiel die Schaffung von förderlichen Handlungsspielräumen und Lernumgebungen für Kinder und Jugendliche, aber auch die Befähigung der Eltern und Lehrkräfte für ihren erzieherischen und pädagogischen Aufgaben. Von der Prävention und der Gesundheitsförderung unterscheidet man die klassische Intervention. Sie meint das Eingreifen in eine problematische Situation mit dem Ziel, diese mit angemessenen Maßnahmen zu verändern und für alle Beteiligten zu optimieren.

**Präventive Maßnahmen**
Präventive Maßnahmen lassen sich in vier Strategien unterteilen: Maßnahmen, welche auf das Individuum ausgerichtet sind; solche, welche die Schule und

die soziale Umgebung in den Mittelpunkt stellen, um sowohl den Schulerfolg von Kindern und Jugendlichen als auch ihre Schulanbindung zu erhöhen; Maßnahmen, welche die Elternarbeit in den Mittelpunkt stellen sowie früh einsetzende Maßnahmen zur vorschulischen Förderung.
- Individuelle Präventionsmaßnahmen: Hierzu liegen einige, vor allem US-amerikanische Präventionsprogramme vor, welche sozialkognitiv-verhaltensstrategisch ausgerichtet sind. Dabei erweisen sich solche Programme als besonders effektiv, welche stark individualisierende Interventionen vorsehen und mit Problemlösetechniken, Kontingenzverträgen (d.h., dass Zielverhalten und Maßnahmen bei Einhaltung resp. Nichteinhaltung genau festgelegt werden) oder Tokensystemen (d.h. Belohnungspläne) verbinden. Hillenbrand und Ricking (2011) berichtet von einer amerikanischen Metaanalyse, welche im Hinblick auf solche Ansätze besonders hohe Effektstärken zeigt.
- Innerschulische Maßnahmen: Im deutschsprachigen Europa gibt es keine Präventionsprogramme, welche spezifisch auf Drop-outs ausgerichtet sind. Vorarbeiten sind jedoch vorhanden (Projekte wie „Effekt", „Faustlos" oder „Paths", vgl. zusammenfassend Hillenbrand, 2009). Hennemann und Hillenbrand (2007) haben jedoch einen Ansatz zum Classroom Management entwickelt, dessen erstes Ziel die Etablierung klarer Abläufe und Unterrichtsregeln sowie die Formulierung von Lern- und Verhaltenserwartungen sind und mit Eigenverantwortlichkeiten der Schülerinnen und Schüler gekoppelt werden. Im angloamerikanischen Raum besteht seit den 1970er Jahren eine umfassende Präventionsforschung, die stark auf eine gelingende Klassenführung setzt (Beelmann, 2006). In der Folge wurden zahlreiche Präventionsmaßnahmen ausgearbeitet, in der Praxis umgesetzt und auch evaluiert. In vielen Studien zeigte sich dabei ein gutes Kosten-Nutzen-verhältnis, förderten doch selbst konservative Kostenanalysen erhebliche Spareffekte zu Tage. So eruierten Scott, Knapp, Henderson & Maughan (2001), dass jeder in ein der untersuchten Präventionsprogramme investierte Dollar mindestens acht Dollar an Interventionskosten spart. Gemeinsam ist diesen Programmen ferner, dass sie auf unterschiedlichen Ebenen ansetzen, verschiedene Maßnahmen kombinieren, in ein Schulentwicklungsprogramm eingebettet sind und eine strukturierte und gut geplante Anleitung und Fortbildung der Lehrkräfte und des pädagogischen Fachpersonals beinhalten (Cobb, Sample, Alwell & Johns, 2005). Insgesamt verdeutlichen diese Programme, dass das Classroom Management eines der wesentlichsten Merkmale ist zur Prävention von Schulabsentismus und Drop-out.
- Maßnahmen zur Elternarbeit: In diesem Bereich unterscheidet man Programme, welche auf die Beratung sowie auf das Training von Eltern ausge-

richtet sind. Erstere umfassen alle Interventionen, welche Eltern anleiten, wie sie ihre Kinder besser erziehen, unterstützen und fördern können. Die zugrunde liegende Erwartung ist die, dass diese Interventionen die Kapazitäten und Fähigkeiten von Eltern erhöhen, ihrem Kind eine sensitive und angemessene Erziehung zukommen zu lassen („caring"). Enttäuschend ist dabei, dass solche Interventionsprogramme zwar durchaus einige Aspekte von Erziehung verbessern können, aber weder die kognitive Entwicklung noch das Problemverhalten von Kindern und Jugendlichen aus benachteiligten Unterschichtfamilien entscheidend und in positiver Weise beeinflussen können (Brooks-Gunn, Berlin & Fulingi, 2000). Trainingsprogramme scheinen dann eine effektivere Strategie zu sein, wenn Kinder manifeste Verhaltensprobleme haben. Solche Programme fokussieren darauf, den Eltern aufzuzeigen und mit ihnen zu trainieren, wie sie angemessener auf das Verhalten ihres Kindes reagieren können.
- Maßnahmen zur frühkindlichen Bildungs- und Integrationsförderung sind vor allem durch die volkswirtschaftlichen Modellrechnungen von Heckman und Masterov (2007) bekanntgeworden. Sie zeigen auf, dass weitergehende Maßnahmen für Schulqualität (z.B. Verkleinerung der Klassengrößen, zusätzliche Förderunterstützung etc.) nicht effektiv sind. Die Autoren plädieren für eine solche vor Beginn der Schulpflicht einsetzende Förderung, weil sie gemäß ihren Berechnungen in der Lage ist, das Risiko von Schulversagen benachteiligter Gruppen zu minimieren. Dass gute frühkindliche Bildung dazu in der Lage ist und insbesondere antisozialem Verhalten und Schuldistanz vorzubeugen kann, zeigen die drei amerikanischen Vorzeige-Modellprogramme High/Scope Perry Preschool Project, Syracuse University Family Development Research Program und Yale Child Welfare Research Program. Ihre Wirksamkeit wurde in verschiedenen Studien anhand der Effektgrößen nachgewiesen. Ferner gibt es verschiedene Studien, welche unabhängig vom Fokus auf Frühförderung auf die Bedeutung eines Frühwarnsystems hingewiesen wird (vgl. Consorzio Istituti Professionali Associati Toscani (C.I.P.A.T.), o.J.; Heppen & Bowles Therriault, 2008; Riepl, 2004).

**Interventive Maßnahmen**
Im Vergleich zu präventiven Maßnahmen sind interventive Maßnahmen häufiger. Weil Schulabbruch sowohl von individuellen als auch von institutionellen Faktoren beeinflusst wird, müssen Interventionsstrategien auch auf beide Faktoren fokussieren. Steht die Unterstützung und Optimierung individueller Verhaltensweisen durch Interventionsstrategien im Mittelpunkt, dann werden am ehesten Zusatzprogramme Wirkung entfalten können.

- Zusatzprogramme: Dazu gehören sämtliche Eingliederungsprogramme und Kurse, welche Jugendlichen den Weg zurück in die Schule und das (Berufs-)Bildungssystem ermöglichen. Dazu gehört beispielsweise das ALAS-Programm (Fashola, Slavin, Calderón & Durán, 2001), das auf gefährdete Latinos ausgerichtet ist und versucht, ihnen schulische Förderunterstützung zu geben, sie in spezifische Rituale einzubinden, die Eltern direkt in Bezug auf Verhaltensprobleme zu instruieren und sie darin auch mit positiven Home Calls zu unterstützen. Dazu kommt eine intensive Anwesenheitsunterstützung.
- Alternativprogramme: Besonders bekannt ist das irische Projekt „Youthreach" (Stokes, O'Connell & Griffin, 2000), das in 76 Zentren über das ganze Land verteilt ist und als Teil eines nationalen Bildungsprogramms Jugendlichen über den zweiten Bildungsweg Möglichkeiten der (Aus-)Bildung verschafft. Ähnlich aufgebaut sind das „Project Coffee" in Oxford oder „Rich's Academy" in Atlanta (Dynarski & Gleason, 1999). Das „Compacts Programm" in England ist hingegen anders aufgebaut: Schulen und lokale Arbeitgeber sichern den Jugendlichen eine Arbeitsstelle oder einen Ausbildungsplatz zu, wenn sie ein bestimmtes Qualifikationsniveau erreichen (Hannan, Hövels, van den Berg & White, 1995). Zu erwähnen sind auch die zahlreichen Time-out-Projekte in den deutschsprachigen Ländern, welche von der Schule ausgeschlossene Jugendliche für eine bestimmte Zeit betreuen, fördern und auf die Reintegration vorbereiten sollen (Benedikt, 2007; Timeout e.V., o.J.).

**Die aktuelle Situation im deutschsprachigen Raum**
In allen deutschsprachigen Staaten ist man von fundierten Präventions- und Interventionsansätzen noch weit entfernt. Insbesondere für die Schweiz sind die Ergebnisse einer Recherche und direkten Anfragen bei den kantonalen Ämtern in den elf erhobenen Kantonen ernüchternd. Aus keinem einzigen Kanton gab es Rückmeldungen über spezifisch auf Schulabbrüche oder vorzeitige Schulaustritte ausgerichtete Präventions- und Interventionsprogramme. Vor allem in kleineren und ländlicheren Kantonen wurde argumentiert, dass Schulabbrüche nur sehr selten vorkommen würden und deshalb kein großes Thema seien. Davon ausgenommen sind Time-out-Angebote, die in den letzten Jahren eine starke Zunahme erfahren haben.

In Deutschland ist die Situation insofern anders, als die Kultusministerkonferenz der Länder der Bundesrepublik dieses Thema aufgegriffen hat und Maßnahmen zur Prävention von Schulabbrüchen als bedeutsame Aufgaben des Schulsystems anerkennen. Diese Initiative ist allerdings bis heute kaum in entsprechende Forschungsprojekte transferiert worden. Zwar sind einige Initiativen verfügbar, doch fehlt ihnen meist die wissenschaftliche Fundierung. In Österreich gestaltet sich die Situation gemäß Nairz-Wirth et al. (2010) ähnlich. Es bleibt somit nichts anderes, als auf anglo-amerikanische Erkenntnisse zurückzugreifen und sie auf der Folie der ersten deutschsprachigen Konzeptionen zu reflektieren (vgl. Hillenbrand, 2009; Hillenbrand & Ricking, 2011; Martinez, 2010; Ricking, Schulze & Wittrock, 2009; Spies, 2009).

## 9.2 Fazit

Drop-out ist ein irritierendes Problem mit einschneidenden Konsequenzen für die betroffenen Jugendlichen und eine große Herausforderung für unsere Gesellschaft. Die Bildungs- und Sozialpolitik ist gefordert, sich aus mindestens zwei Gründen mit dieser Problematik zu beschäftigen: erstens, weil die Forschung generell und unsere Studie im Besonderen davon ausgeht, dass die Dunkelziffer relativ groß ist. Erst eine statistische Erfassung von Drop-out und seinen zahlreichen Varianten dürfte uns das tatsächliche Ausmaß der Problemlage vor Augen führen. Zweitens, weil die Drop-out-Problematik nicht nur die Effektivität und damit die Qualität unseres Bildungssystems betrifft, sondern auch unsere Volkswirtschaft. Deshalb müssen zukünftige bildungspolitische Diskurse auch Aspekte berücksichtigen, welche *präventiven* Charakter haben. Um die Gefahren eines späteren Schulabbruchs zu verringern, ist schon vor dem Schuleintritt anzusetzen. Fasst man die Erkenntnisse der (amerikanischen) Präventions- und Interventionsforschung zusammen und legt man die in diesem Buch zusammengestellten Drop-out-Erkenntnisse als Folie darüber, so kristallisieren sich verschiedene Schwerpunkte heraus, die einer Präventions- und Interventionsstrategie zugrunde gelegt werden müssen (vgl. auch Hillenbrand & Ricking, 2011):

- Konzentration auf den individuellen Umgang mit ausstiegsgefährdeten Schülerinnen und Schülern
- Einbindung der Schule in ein größeres Netzwerk
- Professionelles Classroom Management mit Fokus auf Lehr-Lernstrategien
- Frühe Bildungs- und Integrationsförderung

Allerdings wäre der Glaube, man könnte das Problem durch den Ruf nach staatlich geförderten Präventionsmaßnahmen allein lösen, ein trügerischer. Die zukünftige Hauptaufgabe besteht darin, ein Verständnis von Schulabbruch zu entwickeln, das ihn nicht nur in die Verantwortung des Staates oder des Schülers und seiner Familie legt, sondern *auch* in die Verantwortung der Schule. Im nächsten Kapitel werden deshalb die Grundlagen des Präventions- und Interventionskonzepts STOP-DROP vorgestellt.

## 9 Prävention und Intervention

**Die Grundlagen von STOP-DROP**

Das im Anhang präsentierte Präventions- und Interventionsprogramm STOP-DROP basiert auf der Haupterkenntnis unserer Studie, wonach Schulausstieg Ergebnis eines langen Distanzierungs- und Entfremdungsprozesses vom Schulbetrieb darstellt, an dem sowohl der Schüler wie auch die Schule und ihre Lehrkräfte selbst beteiligt sind. Ein Präventionsprogramm muss deshalb sowohl möglichst frühzeitig und nicht erst in der Sekundarstufe I einsetzen als auch flexibel auf unterschiedlich gefährdete Jugendliche angewendet werden können.

Das Ziel von STOP-DROP besteht darin, spezifische und evidenzbasierte Empfehlungen abzugeben, die auf die Reduktion von vorzeitigen Schulabgängen (Abbrüchen, Ausstiegen, Ausschlüssen) auf der Basis von Partizipation und Involvement (Ricking et al., 2009; Spies, 2009) ausgerichtet sind. STOP-DROP basiert auf den derzeit aus wissenschaftlicher Sicht als zuverlässig beurteilten Forschungserkenntnissen. Es baut auf vier Säulen auf (I: Diagnostik von Schuldistanzierung und potenziellem Schulausstieg; II: Auf Schülerinnen und Schüler ausgerichtete Maßnahmen; III: Auf die Schule ausgerichtete Maßnahmen; IV: Vorschulische Förder- und Integrationsarbeit), aus denen insgesamt acht Empfehlungen abgeleitet werden.

# 10 Schulabbrecher in unserem Bildungssystem: Eine Bilanz

Ausstiege, Ausschlüsse, Abbrüche: Das sind vielfältige Formen von Schulabgängen, die als Sinnbilder negativer Partizipation und extremer Formen von Exklusion verstanden werden müssen. Seit der Verabschiedung der Lissabon-Strategie durch die EU, deren strategische Ausrichtung schwerpunktmäßig auf den „frühen Bildungsabbruch" ausgerichtet war, sind die Schulabbrecher zu einem bildungspolitischen Top-Thema geworden. Im Mittelpunkt steht dabei die Überzeugung, dass eine prosperierende Ökonomie in Wissensgesellschaften qualifizierte Schulabgänger benötigt bzw. mangelnde Bildung hohe gesellschaftliche und finanzielle Folgekosten verursacht (vgl. Catterall, 2011). Die Bildungspolitik steht aber nicht nur wegen „Lissabon", sondern auch wegen „PISA" unter Druck. Die seitdem geradezu inflationär veröffentlichten Rankings haben die Gesellschaft aufgeschreckt. So werden die Kompetenzdefizite im Lesen in den Medien mit teilweise alarmierenden Untertönen kommentiert und mit einem Handlungsimperativ verbunden, der immer derselbe ist: kleinere Klassen, besserer Unterricht, Tagesschulen, nationale Bildungsstandards, Verbesserung der Lehrerausbildung. Solche Forderungen berücksichtigen jedoch mit keinem einzigen Satz die Tatsache, dass unser Bildungssystem offensichtliche und unbemerkte, voraussehbare und nicht voraussehbare, unvermeidbare, aber auch vermeidbare Schulausstiege produziert und es ihm nicht gelingt, alle Jugendlichen zu einem Schul- oder Ausbildungsabschluss zu führen.

Diese Tatsache, aber auch die Feststellung, dass das Forschungswissen hierzu sehr bescheiden ist, hat mich im Jahr 2006 dazu bewogen, mich eingehender mit der Thematik zu befassen. Wichtig war dabei meine Erkenntnis, dass in der Schweiz Drop-outs von keinem Kanton – folge dessen auch nicht vom Bundesamt für Statistik – erfasst werden, so dass man bis heute auf Erfahrungen einzelner Ämter und Institutionen angewiesen ist. So ist die Stadt Zürich beispielsweise gemäß mündlicher Mitteilung von 200 Schulabbrechern im Jahr 2007 (ca. 12%) und eine bereits ältere Studie des Schweizerischen Nationalfonds zu Jugendlichen ohne Qualifikation (Eckmann et al., 1994) war von 6% bis 9% ausgegangen. Obwohl Schulabbrecher sowohl in Deutschland als auch Österreich statistisch erfasst werden, fehlen auch in diesen Staaten grundlegende Erkenntnisse zu grundlegenden Fragen nach den Merkmalen, Hintergründen und Entwicklungswegen von Schulabbrechern. Solche Erkenntnisse stehen der Überzeugung diametral gegenüber, dass Bildung in ihrer Bedeutung als Humankapital kaum überschätzt werden kann, ist sie doch eine unabdingbare Ressource für individuelle Wohlfahrt und essentielle Voraussetzung für den Zugang zum Arbeitsmarkt und daran geknüpfte Einkommenschancen. Eines der wichtigsten gesellschaftlichen Ziele der Schule müsste somit sein, junge Menschen darin zu unterstützen, in der Schule zu bleiben und diese regulär abzuschließen.

Glücklicherweise interessierte sich die GEBERT-RÜF Stiftung für die Idee, eine interdisziplinäre Längsschnittstudie in der Schweiz zu lancieren und erklärte sich bereit, sie zwischen 2007 und 2011 finanziell zu fördern. Nachfolgend werden nochmals kurz ihre Ziele rekapituliert und dann die Hauptergebnisse anhand von zehn Thesen diskutiert. Abschließend werden dann einige theoretische und praktische Reflexionen formuliert, welche sowohl in eine Revision unseres theoretischen Arbeitsmodells als auch in die Diskussion einiger erhebungstechnischer und methodologischer Schwierigkeiten unserer Datenerhebung münden. Abschließend werden vor dem Hintergrund der Studienergebnisse einige Ideen präsentiert, wie Bildungspolitik und pädagogische Praxis mit den Ergebnissen und Erkenntnissen umgehen könnten.

Im Mittelpunkt der Studie standen die Deskription und Erklärung der psychischen, sozialen und ausbildungsbezogenen Auswirkungen des vorzeitigen Schulabbruchs Jugendlicher („Drop-out"). Im Mittelpunkt standen drei Fragen: (a) Warum und auf welche Weise werden Schülerinnen und Schüler zu Schulabbrechern? (b)Welche Entwicklungs- und Berufseinmündungswege nehmen sie nach ihrem Schulabbruch? (c) Wer kann für diese Entscheidung verantwortlich gemacht werden und welche Mechanismen wenden Schulen, um einen drohenden Schulabbruch zu vermeiden – oder ihn gar zu provozieren?

Unserer Längsschnittstudie lag ein komplexer Forschungsplan mit unterschiedlichen Erhebungsphasen zugrunde. In einer ersten Phase wurden im August 2007 3708 Schülerinnen und Schüler der 8. und 9. Klassen schriftlich befragt. Aufgrund dieser *baseline* lieferten uns die beteiligten Schulen im Verlaufe des darauf folgenden Schuljahres insgesamt 101 Jugendliche, welche nicht regulär aus der Schule ausgetreten waren (N=101). Aufgrund verschiedener schulinterner Schwierigkeiten konnten wir schließlich N=61 Jugendliche als Drop-outs für die Teilnahme an der qualitativen Langzeitstudie gewinnen, von denen N=51 an allen drei Interviews teilnahmen. Die auf dieser Datenbasis eruierten Befunde lassen sich zu folgenden zehn Hauptergebnissen zusammenfassen:

**1. Drop-outs sind eine soziale Tatsache.**
Drop-outs sind in allen beteiligten Kantonen eine soziale Tatsache. Insgesamt eruierten wir 2,7% Aussteiger (N=101), was gesamtschweizerisch einem Anteil von ca. N=5000 8.- und 9.-Klässlern pro Jahr entsprechen dürfte.

**2. Schulabbruch ist ein multifaktorieller Komplex.**
Wenn wir von „Schulabbrechern" oder „Drop-outs" sprechen, dann meinen wir zwar Jugendliche, welche vor Abschluss der obligatorischen Schulzeit die Schule verlassen haben. Die Motive und Hintergründe variieren im Einzelfall jedoch beträchtlich. Deshalb ist es unmöglich, eine eindeutige Kausalität zwischen einem einzelnen Faktor und der Entscheidung, die Schule abzubrechen, herzustellen. Schulabbruch ist ein multifaktorieller Komplex aus individuellen und institutionellen Merkmalen. Dies kommt auch in den unterschiedlichen Motiven zum Ausdruck: Am meisten genannt werden Probleme mit Lehrkräften und Mitschülern, fehlender Schulerfolg, Negativgefühle der Schule gegenüber. Familiäre Probleme spielen jedoch auch eine Rolle, aber eine eher hintergründige.

**3. Klassenwiederholung, abweichendes Verhalten und Schuleschwänzen sind die stärksten Prädiktoren für Schulabbruch.**
Es gibt spezifische Konstellationen, die einen Schulabbruch eher wahrscheinlich werden lassen. Dazu gehören Diebstahl, Klassenwiederholung und eine Tendenz zu massivem Schuleschwänzen. Darüber hinaus ist für männliche Jugendliche Schulabbruch wahrscheinlicher.

**4. Drop-outs stammen aus allen Milieus.**
In der Forschung gelten Jugendliche aus so genannten bildungsfernen Elternhäusern als besonders Drop-out-gefährdet. Unsere Studie belegt jedoch, dass diese Aussage zu wenig differenziert ist: Die Drop-outs kommen sowohl aus Familien mit gehobenem als auch aus Familien mit einem einfachen sozio-ökonomischen Status. Schulabbruch ist somit kein sozio-strukturell bedingtes Phänomen. Der Schulabbruch betrifft vielmehr auch Jugendliche aus privilegierten Milieus, die eigentlich über alle Voraussetzungen für eine erfolgreiche Schullaufbahn verfügen. Unsere Daten lassen die Annahme zu, dass es sich dabei um intelligente junge Menschen handelt, die sich vor allem gegen eine starke Leistungsorientierung und Leistungserwartung des Elternhauses sowie gegen herrschende Normen und Werte der Schule wehren.

**5. Den Drop-out gibt es nicht.**
Den Schulabbrecher gibt es nicht. Drop-outs stammen nicht nur aus allen Milieus, sondern auch aus allen Anforderungsniveaus, den Kleinklassen bis zu den Progymnasien. Deshalb ist es falsch, sie ausschließlich als dumm und asozial,

als kriminell oder absonderlich zu kennzeichnen und sie generell zu dramatisieren. Dies zeigt auch unsere Typologie. Sie ermöglicht es, das Verständnis individueller Unterschiede zu stärken. Anstelle des Schulabbrechers müssen wir von Schulmüden, Gemobbten, familiär Belasteten, Delinquenten und Hängern sprechen.

- Die *Schulmüden* (30%) haben problematische Lehrerbeziehungen und stehen unter hohem Elterndruck.
- Die *Gemobbten* (16%) sind vorwiegend gekennzeichnet durch soziale Konflikte mit Gleichaltrigen, große Motivationsprobleme und schlechte Schulleistungen.
- Bei den *familiär Belasteten* (18%) verhindern Familienprobleme eine Bewältigung der Schule.
- Die *Delinquenten* (16%) fallen durch teilweise schwerwiegendes delinquentes Verhalten und hohes Aggressionspotential auf.
- Die *Hänger* (20%) haben als selbstbewusste Wortführer einer Clique in der Schule große Disziplinprobleme inkl. Schuleschwänzen und konsumieren in hohem Ausmaß Alkohol und Cannabis.

**6. Familie und Peers spielen eine wichtige Rolle.**

Unsere Typologie macht deutlich, dass Familie und Gleichaltrige (Peers) nicht in allen Fällen, wohl aber in bestimmten Konstellationen eine bedeutsame Rolle spielen. Als negative Ausgangsbedingungen gelten psychische Probleme der Eltern, chronische Krankheiten, finanzielle Probleme oder Alkoholismus. Aber auch das Erziehungsverhalten der Eltern spielt eine Rolle: Ein autoritärer Erziehungsstil (zurückweisend, stark kontrollierend, hart bestrafend) oder ein permissiver Erziehungsstil (wenig aufmerksam, kaum kontrollierend und in schulischen Belangen kaum unterstützend) korreliert besonders deutlich mit Drop-out-Verhalten. Auffällig oft ist das familiale Feld durch einen allein erziehenden Elternteil charakterisiert.

Auch Gleichaltrige (Peers) leisten einen Beitrag zum Schulabbruch. So haben Schulabbrecher signifikant häufiger ähnlich gesinnte Drop-out-Freunde, nicht zuletzt deshalb, weil sie – subjektiv und objektiv – zu den zurückgewiesenen, wenig populären Schülern in der Klasse gehören und deshalb auch wenig in Netzwerke eingebunden sind. Solche sozialen Außenseiter berichten nicht nur von Mobbing, sondern auch von verbalen und körperlichen Attacken, die sie mit teils intensivem Schuleschwänzen zu umgehen suchen.

**7. Schulen machen beim Schulabbruch einen Unterschied.**

Unsere Ergebnisse belegen, dass die Schule einen Unterschied insofern macht, als sie einen Beitrag leisten kann, Schulabbrüche zu verhindern oder zu provozieren. Wir haben in unserer Studie deshalb von Drop-outs als „Pull-outs" (freiwillige Abgänger) und „Push-outs" (unfreiwillige, von der Schule „ausgestoßene" Drop-outs) gesprochen. Schulen mit drop-out-förderlichen Strategien und einer geringen Haltekraft können sich jedoch deutlich voneinander unterscheiden.

- *Passive Schulen* bemühen sich wenig um soziale und lernförderliche Bedingungen. Deshalb unterstützen sie die freiwillige Distanzierung der Schüler. Passivität zeigt sich etwa darin, wenn mangelnde Schulpräsenz nicht sanktioniert und Schulentfremdung auf diese Weise geradezu gefördert wird. Passive Schulen erwecken so den Eindruck, als würden Schüler auf „eigene" Initiative die Schule verlassen.
- *Repressive Schulen* zwingen Schüler zur unfreiwilligen Distanzierung. Dazu gehören Praktiken wie Repression und Sanktion, Bloßstellungen, Blamagen und harsche Kritik. Solche Strategien führen Jugendliche immer stärker in den Teufelskreis der Schuldistanzierung, was ihrem Prestige bei den Lehrkräften weiter schadet und sie zunehmend zum „hoffnungslosen Fall" stempeln lässt.
- *Aktivistische Schulen* vertuschen ihre geringe Haltekraft durch einen besonderen Aktivismus. So registrieren sie zwar mangelnde Schulpräsenz und Engagement von Schülern, bemühen sich jedoch nicht groß um ihre Inklusion und Partizipation, sondern vor allem um Umplatzierungsmaßnahmen bspw. in Timeout-Angebote.

**8. Schulabbruch ist kein plötzliches Ereignis.**

Dass Schulabbruch kein abruptes Ereignis darstellt, ist das zentrale Ergebnis unserer Studie. Der schulische Entfremdungs- und soziale Ablehnungsprozess hat in der Hälfte bis drei Viertel der Fälle früh, schon im Kindergarten und den ersten Primarschuljahren, eingesetzt. Schulabbruch ist deshalb als letzter Schritt einer Entwicklungsgeschichte mit vielen problematischen Abkoppelungsfaktoren zu verstehen. Idealtypisch lässt sich die Entwicklungsgeschichte hin zum Schulabbrecher so skizzieren: Kinder mit wenig unterstützendem familiärem Hintergrund haben früh schon schulische Misserfolge und Konflikte mit Mitschülern und Lehrkräften. Dies führt zu schulaversiven Haltungen, zu Klassenwiederholungen und zum Schuleschwänzen. Verstärkt durch eine außerschulisch kontrollfreie Situation und eingebunden in eine drop-outfreundliche Peergroup kommt es dann nach längerem Leistungsversagen zum freiwilligen Ausscheiden oder zum Schulausschluss.

Kinder mit unterstützendem, aber forderndem familiären Hintergrund sind in den ersten Jahren schulerfolgreich und fallen höchstens durch stark elternzentriertes Verhalten auf. Das leistungsbetonte Erziehungsverhalten führt dann zu Beginn der Sekundarstufe I zu vermehrten psychischen und physischen Problemen, auf die die Eltern mit verstärktem Druck und Erhöhung der Anforderungen reagieren, häufig unter Zuhilfenahme externer Unterstützung (Nachhilfe etc.). Dies wiederum führt zu verstärktem Rückzugsverhalten, zu vermehrtem Schuleschwänzen, zum Leistungsabfall, zu Normverweigerungen und schließlich zum Schulabbruch.

Wie erleben die Drop-outs selbst dieses Ereignis? Erstaunlicherweise zunächst als Befreiung von Druck, Angst und Kontrolle durch die Erwachsenen und nur selten als persönliches Versagen. Die Hier-und-Jetzt-Perspektive und der positive Freizeiteffekt sind zentral. Erst mit zunehmender Drop-out-Auszeit stellen sich bei der Mehrheit Reue oder tiefes Bedauern über diesen Schritt ein, und der Ausstieg wird auch für sie langsam zu dem, was er auch für die Gesellschaft bedeutet: zu einem Lebensproblem, das die Daseinsqualität massiv einschränkt.

## 9. Etwa zwei Drittel der Drop-outs werden zu Wiedereinsteigern.

Mindestens so bedeutsam wie die Frage, wie viele Schulabbrecher es denn gibt, ist die Frage, was denn aus ihnen wird. Empirische Tatsache unserer Studie ist: Drop-out ist in vielen Fällen kein permanenter Zustand. Insgesamt steigen zwei Drittel bis drei Viertel der Drop-outs nach einer kürzeren oder längeren Auszeit wieder ein, entweder in die Schule oder dann direkt in eine Ausbildung. Allerdings geschieht dies in der Mehrheit der Fälle mit Umwegen und erneuten Schwierigkeiten. Drop-outs, welche zu den Gemobbten und Hängern gehören, verzeichnen am häufigsten einen Wiedereinstieg, während dies den Delinquenten und den familiär Belasteten großteils nicht, den Schulmüden etwa zur Hälfte, gelingt.

Demnach erfordern diese Erkenntnisse einen Perspektivenwechsel. Denn Schulabbrecher, welche wieder in die Schule zurückkehren, den Abschluss nachholen oder direkt in eine (berufliche) Ausbildung einsteigen, können als bildungsresiliente Jugendliche in dem Sinne bezeichnet werden, dass sie trotz beeinträchtigender Bedingungen einen Schulabschluss erwerben.

Gerade diese Erkenntnis kann natürlich im Hinblick auf die gesamte, in dieser Publikation thematisierte Frage der Exklusion und Inklusion auch anders gelesen werden: Um nicht zu einem Drop-out zu werden, braucht es ein hohes Maß an Bildungsresilienz, die sich insgesamt weit stärker aus personalen denn aus institutionellen Variablen zusammensetzen dürfte. An Präventions- und Interventionsmaßnahmen sind deshalb besondere Anforderungen gestellt.

## 10. Präventions- und Interventionsmaßnahmen müssen adressatenspezifisch sein.

Wenn unsere Ergebnisse belegen, dass (a) es den Schulabbrecher nicht gibt, sondern viele und unterschiedlich gefährdete Abbrecher, Aussteiger und Ausgeschlossene, (b) Schulabbruch keinesfalls ausschließlich als individuell verantwortetes Problem eines Abweichlers oder einer erziehungsinkompetenten Familie verstanden werden kann, sondern auch die Schule eine Verantwortung wahrnimmt, die sich in ihrer Haltekraft äußert, und (c) Schulabbruch kein plötzlich auftretendes Ereignis darstellt, dann ist damit auch eine Konsequenz für die Prävention von Schulausstiegen, Schulausschlüssen und Schulabbrüchen formuliert. Sie muss auf der Erkenntnis aufbauen, dass in einer Lebenslaufperspektive verschiedene Entwicklungsaufgaben des Menschen immer im Kontext von Erfolgen und Misserfolgen in Bildungsinstitutionen zu sehen sind: Bereits im Vorschulalter, im Kindergarten, in der Primarschule und in der Familie werden die entscheidenden Konstellationen gelegt. Als günstig erweisen sie sich dann, wenn es gelingt, eine intrinsische Motivierung des Lernens, verbunden mit dem Aufbau von Interessenorientierungen, zu erzeugen, die in eine förderliche Schulanbindung mündet. Auf dieser Basis können dann im frühen Jugendalter in der Schule basale Kompetenzen, unterstützt durch informelles Lernen außerhalb der Schule und durch familiäre Förderung, aufgebaut werden, die wiederum für den beruflichen Übergang von zentraler Bedeutung sind. Demzufolge kann es nicht *die* allgemeine Präventions- oder Interventionsstrategie geben, sondern es sind unterschiedliche Strategien zu verfolgen und unterschiedliche Zugänge zu schaffen. Das bedeutet:

- Es braucht einen genaueren Blick auf die bisher unhinterfragt angenommene Homogenität der Schulabbrecher, um ein größeres Verständnis für ihre Heterogenität zu entwickeln. Schulmüde, Gemobbte, familiär Belastete, Delinquente oder Hänger haben sehr unterschiedliche Bedürfnisse und Defizite.
- Weil das Ausscheiden aus der Schule weder an ein bestimmtes familiäres Milieu noch an einen bestimmten Schultyp gebunden ist, heißt dies auch, dass Schulabbruch für jeden Jugendlichen etwas anderes bedeutet. Während die einen tatsächlich „die Zukunft zu verlieren" drohen, lässt sich bei anderen der Ausstieg eher als identitätsfördernder Entwicklungsschub verstehen. Innerhalb der einzelnen Abbrechertypen gibt es sehr unterschiedliche Abbruchs- und Ausstiegsmuster.

**Fazit**
Schulabbruch darf per se nicht dramatisiert werden. Zumindest in zwei Dritteln der Fälle unserer Studie ist er Ausdruck eines Teils des menschlichen Lebenslaufes, der veränderten Ausbildungsbiographien heutiger Jugendlicher. Solche Jugendliche könnten eine frühe Förderung, eine fürsorgliche Schule und eine Familie, die sich um eine angemessene Erziehung bemüht, relativ erfolgreich unterstützen. In Bezug auf das dritte Drittel ist Drop-out tatsächlich zu drama-

tisieren. Es handelt sich bei ihnen um eine Risikogruppe mit massiven, früh einsetzenden Problemen.

## 10.1 Theoretische und methodologische Reflexionen

**Das Arbeitsmodell – revisited**

Unsere Untersuchung basierte auf einem Arbeitsmodell, das aus den Forschungserkenntnissen zum Schulabbruch zusammengestellt worden war (vgl. Abbildung 4). Dieses Arbeitsmodell gilt es nun nochmals zu reflektieren.

Zunächst einmal bestätigen die Befunde unsere Annahme des Schulabbruchs als Teil eines komplexen Abkoppelungsprozesses, an dessen Zustandekommen unterschiedliche Gruppen beteiligt sind und der sich nach dem eigentlichen Schulausstieg in unterschiedliche Richtungen weiter entwickelt. Auch die vier am Ausstiegsprozess beteiligten Bedingungsvariablen (Individuum, Familie, Peers und Schule) werden durch unsere Ergebnisse bestätigt. Nicht bestätigt werden kann jedoch unsere Annahme, wonach Delinquenz eine zentrale Rolle spielt. Zwar kann sie ein wichtiges Element im Drop-out-Prozess sein, doch verweist gerade unsere Typologie, dass eine Generalisierung dieser Annahme empirisch nicht statthaft ist. Es sind vor allem die Hänger und die Delinquenten, auf die das Merkmal Delinquenz zutrifft, kaum jedoch die Gemobbten, die familiär Belasteten und die Schulmüden. Schließlich gilt es auch, auf der Basis unserer Befunde die Entwicklungsfaktoren zu differenzieren. Demnach gibt es fünf Perspektiven, welche Schulabbrecher nach ihrem Ausstieg verfolgen: eine berufliche Ausbildung, eine Reintegration in die Schule, eine Maßnahme (Heimplatzierung etc.), Arbeitslosigkeit oder die Übernahme einer unqualifizierten Arbeit. Das revidierte Arbeitsmodell in Abbildung 10 bildet alle diese Erkenntnisse ab. Es eignet sich somit für zukünftige Forschungsarbeiten oder Theoriebildungen als Ausgangsbasis.

# 10 Schulabbrecher in unserem Bildungssystem: Eine Bilanz

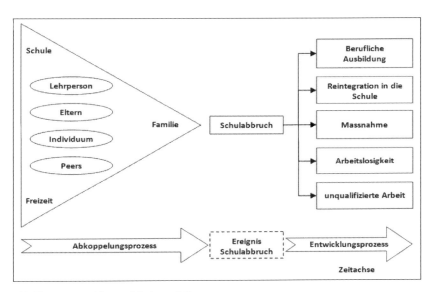

**Abbildung 10: Revidiertes Arbeitsmodell**

## Erhebungstechnische und methodologische Herausforderungen

Die große Stärke unserer Untersuchung ist das längsschnittige Design. Ähnliche Untersuchungen liegen im deutschsprachigen Raum kaum und im angloamerikanischen Raum nur spärlich vor. Dieses Design hat uns erlaubt, die Entwicklungswege der Drop-outs zu verfolgen und diese mit ihren bisherigen Biographien zu kombinieren. Allein aufgrund dieser Längsschnittperspektive sind wir überhaupt in der Lage, empirisch fundierte Aussagen zu Drop-outs als Wiedereinsteiger zu machen und damit die aktuelle Diskussion auch zu bereichern – aber auch zu entschärfen und zu entdramatisieren. Eine zweite Stärke ist unsere *baseline*-Erhebung. Dadurch, dass wir alle 8. und 9. Klässler vor einem eventuellen Schulausstieg befragt hatten, verfügten wir anschließend über das gesamte Datenmaterial, das wir in unsere qualitative Typologie einarbeiten konnten. Angesichts der bescheidenen Stichprobe von N=101 Drop-outs erscheint diese *baseline* jedoch zwar als eher unbefriedigend, doch gleicht dies unsere Untersuchungsanlage und die Tatsache, dass wir über 163 qualitative Interviews von Schulabbrechern verfügen, aus.

Die größte Herausforderung – und aus unserer Forscherperspektive auch größte Enttäuschung – war, dass wir lediglich N=101 Schulaussteiger eruieren konnten, aufgrund unserer Pilotstudien und Recherchen jedoch von mindestens N=280 Drop-outs ausgegangen waren. Aufgrund zahlreicher Zwischenfälle bei den Datenerhebungen sind wir heute allerdings überzeugt, dass uns jeweils lange nicht alle jugendlichen Abbrecher von den Schulen gemeldet worden sind und die Dunkelziffer somit erheblich ist. Wie man Schulen dazu bringen könnte, alle ihre Ausstiege und Abgänge zu melden, erscheint eine sehr schwierig zu lösende Aufgabe, auch dann, wenn ein umfassendes Monitoring zur Verfügung stehen würde. Schulen können sich immer auf den Datenschutz beziehen, vielleicht zu Recht. Für uns Forschende ergeben sich daraus jedoch enorme Hürden.

Als ausgesprochen schwierig erwies sich auch unser Ziel, alle Drop-outs „bei der Stange zu halten". Dies gelang uns nicht, so dass wir von einer Panelmortalität von N=10 sprechen müssen. Zwar könnte man argumentieren, dass umfassendere finanzielle Mittel die Erreichbarkeit erleichtert hätten, doch hätte auch das beste Anreizsystem die grundlegende Herausforderung nicht entschärfen können, dass Drop-outs nur schwer längerfristig an ein Projekt gebunden werden können.

Andererseits bildet diese Tatsache auch eine ausgesprochen wichtige empirische, wissenschaftliche und untersuchungstechnische Erfahrung, welche für zukünftige Untersuchungen und Theoriebildungen maßgebend sein dürfte: Dass Drop-outs eine schwer zu erreichende Population darstellen und sich deshalb grundsätzlich die Frage stellt, wie sie erreicht, als Drop-outs identifiziert werden können und wie man Schulen dazu bringt, objektive und verlässliche Angaben zu generieren und weiterzuleiten. Hierzu bedarf es eines aufwendigen Monitorings, auf welches Forscherinnen und Forscher zugreifen müssten. Allerdings können Datenschutzbestimmungen solche Strategien massiv erschweren

## 10.2 Der Wissenstransfer in Bildungspolitik und Praxis: Das Programm STOP-DROP

Unsere Studie belegt die empirische Tatsache vorzeitiger Schulausstiege und die damit verbundenen Probleme. Sie zeigt auf, dass es äußerst unterschiedliche Abgänge, Verläufe und Wiedereinstiege gibt, aber auch Wiedereinstiegsversuche, die scheitern. Obwohl Schulabbruch keineswegs so dramatisiert werden sollte, wie dies die Medien gerne tun, ist anzunehmen, dass die Problematik zu einer der großen zukünftigen Herausforderungen unseres Bildungssystems werden dürfte. Die Bildungspolitik ist somit aufgerufen, sich mit dieser Thematik zu beschäftigen. Dafür sprechen zwei Gründe:
- weil davon auszugehen ist, dass sich Bund, Länder und auch Schulen bislang nicht mit der Thematik beschäftigt haben. Unsere Studie dürfte somit

überhaupt erst zum Auslöser werden, sich der Problematik angesichts der hohen Dunkelziffer bewusst zu werden;
- weil – damit aufs Engste verknüpft – unsere Studie klar belegt, dass diejenigen Jugendlichen, welche den Wiedereinstieg auch drei Jahre nach dem Schulabbruch nicht geschafft haben, eine Risikogruppe mit massivsten, früh einsetzenden Problemen bilden. Ihnen gehört gesonderte Beachtung geschenkt, die über die Verantwortlichkeiten der einzelnen Schule hinausgeht. Anzunehmen ist, dass sie in Gefahr sind, arbeitslose, von der Sozialhilfe abhängige und mit Devianzproblemen kämpfende workingpoors zu werden. Damit wird die Drop-out-Problematik nicht nur eine bildungspolitische, sondern auch eine ökonomische und gesellschaftspolitische Frage.

Das von uns entwickelte und im Anhang publizierte Präventionskonzept STOP-DROP hat das Ziel, zum Wissenstransfer unserer Grundlagenstudie in die Praxis beizutragen. STOP-DROP liefert den bildungs- und sozialpolitischen Behörden und der Lehrerschaft Handlungsanleitungen, wie sie die in unserer Studie bearbeitete Problematik thematisieren will. STOP-DROP ist als Handreichung für Lehrkräfte und Bildungsverantwortliche konzipiert, die ohne externe Beratung angewendet werden kann.

Diesen Wissenstransfer können wir allein jedoch weder sicherstellen noch initiieren. Grundlegend ist die Motivation der Schulen und der politischen Behörden selbst, nämlich: zur Kenntnis zu nehmen, dass unser Bildungssystem Schulabbrecher produziert. Leider werden sie zu oft verheimlicht, nicht als solche etikettiert oder auch verschwiegen. Damit Jugendliche die Zukunft nicht verlieren, braucht es einen genaueren und ehrlicheren Blick auf sie.

# Literaturverzeichnis

Alexander, K. L., Entwisle, D. R. & Horsey, C. S. (1997). From First Grade Forward: Early Foundations of High School Dropout. Sociology of Education, 70 (2), 87-107.
Alexander, K. L., Entwisle, D. R. & Kabbani, N. (2001). The Dropout Process in Life Course Perspective: Early Risk Factors at Home and School. Teachers College Record, 103 (5), 760-822.
Anaga, E. D. (2011). Typology of School Dropout: The Dimensions and Dynamics of Dropout in Ghana. International Journal of Educational Development, 31 (4), 374-381.
Anderson, D. K. (1993). Adolescent Mothers Drop Out. American Sociological Review, 58 (5), 735-738.
Annen, L. & Wolter, S. C. (2010). Bildungsbericht Schweiz 2010. Aarau: SKBF.
Ashenfelter, O. & Card, D. (Hrsg.). (1999). Handbook of Labor Economics (3. Auflage). New York: Elsevier.
Astone, N. M. & McLanahan Sara S. (1991). Family Structure, Parental Practices and High School Completion. American Sociological Review, 56 (3), 309-320.
Autorengruppe Bildungsberichterstattung. (2008). Bildung in Deutschland: Ein indikatorengestützter Bericht mit einer Analyse zu Übergängen im Anschluss an den Sekundarbereich I. Bielefeld: Bertelsmann.
Autorengruppe Bildungsberichterstattung. (2010). Bildung in Deutschland 2010: Ein indikatorengestützter Bericht mit einer Analyse zu Perspektiven des Bildungswesens im demografischen Wandel (1. Aufl.). Bielefeld: Bertelsmann.
Azzam, A. M. (2007). Why Students Drop Out. Educational Leadership, 64 (7), 91-93.
Bächinger, F. (2011). Peers und Dropout. Unveröffentlichte Masterarbeit, Universität Fribourg. Schweiz
Baker, M. L., Sigmon, J. N. & Nugent, M. E. (Office of Juvenile Justice and Delinquency Prevention, Hrsg.). (2001). Truancy Reduction: Keeping Students in School, Departement of Justice. Juvenile Justice Bulletin. Verfügbar unter: http://www.ncjrs.org/pdffiles1/ojjdp/188947.pdf [24.3.2011].
Balfanz, R. & Legters, N. (Center for Research on the Education of Students Placed At Risk, Hrsg.). (2004). Locating the Dropout Crisis: Which High Schools Produce the Nation's Dropouts? Where Are They Located? Who Attends Them?, Johns Hopkins University. Verfügbar unter: http://www.csos.jhu.edu/crespar/techReports/Report70.pdf [24.3.2010].
Barnett, W. S. (2006). What is the Value of Early Childhood Education for our Society: Maximising Returns from Prekindergarten Education? In J. J. van Kuyk (Hrsg.), The Quality of Early Childhood Education. Report of a Scientific Conference 2006 (S. 57–72). Arnhem: Cito.
Barrington, B. L. & Hendricks, B. (1989). Differentiating Characteristics of High School Graduates, Dropouts, and Nongraduates. Journal of Educational Research, 82 (6), 309-319.
Barro, S. M. & Kolstad, A. (National Center for Education Statistics, Hrsg.). (1987). Who Drops Out of High School?: Findings from High School and Beyond. Verfügbar unter: http://nces.ed.gov/pubs87/87397.pdf [5.5.2010].
Barth, G. & Henseler, J. (Hrsg.). (2005). Jugendliche in Krisen: Über den pädagogischen Umgang mit Schulverweigerern. Sozialpädagogik und Schulreform: Bd. 2. Baltmannsweiler: Schneider-Verlag Hohengehren.

## Literaturverzeichnis

Battin-Pearson, S., Newcomb, M. D., Abbott, R. D., Hill, K. G., Catalano, R. F. & Hawkins, J. D. (2000). Predictors of Early High School Dropout: A Test of Five Theories. Journal of Educational Psychology, 92 (3), 568-582.

Baumrind, D. (1991). The Influence of Parenting Style on Adolescent Competence and Substance Use. Journal of Early Adolescence, 11 (1), 56-95.

Bazzell, D. (2010). Dropoutprävention im Kanton Graubünden (Telefonat).

Becker, H. S. (1973). Aussenseiter: Zur Soziologie abweichenden Verhaltens. Frankfurt am Main: Suhrkamp.

Beekhoven, S. & Dekkers, H. (2005). The Influence of Participation, Identification, and Parental Resources on the Early School Leaving of Boys in the Lower Educational Track. European Educational Research Journal, 4 (3), 195-207.

Beelmann, A. (2006). Wirksamkeit von Präventionsmassnahmen bei Kindern und Jugendlichen: Ergebnisse und Implikationen der integrativen Erfolgsforschung. Zeitschrift für Klinische Psychologie und Psychotherapie, 35 (2), 151-162.

Belfield, C. (2008). The Cost of Early School-leaving and School Failure. Verfügbar unter: http://siteresources.worldbank.org/INTLACREGTOPPOVANA/Resources/BELFIELDCostofSchoolFailure.pdf [14.12.2010].

Belfield, C. & Levin, H. M. (2007). The Education Attainment Gap: Who's Affected, How Much, and Why It Matters. In C. R. Belfield & H. M. Levin (Hrsg.), The Price We Pay. Economic and Social Consequences of Inadequate Education (S. 1–17). Washington, DC: Brookings Institution Press.

Belfield, C. R. & Levin, H. M. (Hrsg.). (2007). The Price We Pay: Economic and Social Consequences of Inadequate Education. Washington, DC: Brookings Institution Press.

Bellenberg, G. (2005). Wege durch die Schule: Zum Zusammenhang zwischen institutionalisierten Bildungswegen und individuellen Bildungsverläufen im deutschen Schulsystem. Bildungsforschung: Nr. 2. Verfügbar unter: http://www.bildungsforschung.org/index.php/bildungsforschung/article/view/15/13 [10.5.2010].

Bellenberg, G. (2011). Einstiege - Aufstiege - Abstiege: Übergänge in deutschen Bundesländern im Vergleich. Friedrich Jahresheft, XXIX, 33-37.

Benedikt, R. (2007, 27. November). Kärnten: Hilfe für Schüler, die in der Klasse (negativ) auffallen. Die Presse. Verfügbar unter: http://diepresse.com/home/panorama/oesterreich/346061/Kaernten_Hilfe-fuer-Schueler-die-in-der-Klasse-negativ-auffallen [11.1.2011].

Bergmüller, S. (2003). Der Stress-Fragebogen für Schüler/innen (SFS): Entwicklung eines Instruments zur Erhebung von Schulstress im Rahmen der PISA-Studie. Unveröffentlichte Diplomarbeit, Universität Salzburg, Deutschland

Berktold, J., Geis, S. & Kaufman, P. (National Center for Education Statistics, Hrsg.). (1998). Subsequent Educational Attainment of High School Dropouts: Postsecondary Education Descriptive Analysis Reports. Statistical Analysis Report. Verfügbar unter: http://www.eric.ed.gov/ERICWebPortal/contentdelivery/servlet/ERICServlet?accno=ED419900 [10.5.2011].

Berliner, B., Barrat, V. X., Fong, A. B. &Shirk, P. B. (2008). Reenrollment of High School Dropouts in a Large, Urban School District: (Issues & Answers Report, REL 2008-No. 056). Verfügbar unter: http://ies.ed.gov/ncee/edlabs/regions/west/pdf/REL_2008056_sum.pdf [20.9.2011].

Bertrand, M., Duflo, E. & Mullainathan, S. (2004). How Much Should We Trust Differences-in-Differences Estimates? The Quarterly Journal of Economics, 119 (1), 249-275.

Bildungsstatistik Kanton Zürich. (2003/2004). Volksschulen: Kennzahlen Schule. Verfügbar unter: http://www.bista.zh.ch/vs/SHaus.aspx [17.5.2010].

Blaug, M. (2001). Was tun mit Schülern, die die Schule vorzeitig abbrechen?: Eine Stellungnahme. Europäische Zeitschrift für Berufsbildung (22), 44-52.

## Literaturverzeichnis

Bock, K., Miethe, I. & Ritter, B. (Hrsg.). (2010). Handbuch qualitative Methoden in der Sozialen Arbeit. Opladen: Barbara Budrich. Verfügbar unter: http://deposit.d-nb.de/cgi-bin/dokserv?id=3304563&prov=M&dok_var=1&dok_ext=htm.

Bohnsack, R. (2007). Typenbildung, Generalisierung und komparative Analyse: Grundprinzipien der dokumentarischen Methode. In R. Bohnsack, I. Nentwig-Gesemann & A.-M. Nohl (Hrsg.), Die dokumentarische Methode und ihre Forschungspraxis. Grundlagen qualitativer Sozialforschung. 2., erweiterte und aktualisierte Auflage (S. 225–253). Wiesbaden: VS Verlag für Sozialwissenschaften.

Bohnsack, R., Nentwig-Gesemann, I. & Nohl, A.-M. (Hrsg.). (2007). Die dokumentarische Methode und ihre Forschungspraxis: Grundlagen qualitativer Sozialforschung (2., erweiterte und aktualisierte Auflage). Wiesbaden: VS Verlag für Sozialwissenschaften.

Borus, M. E. & Carpenter, S. A. (1983). A Note on the Return of Dropouts to High School. Youth & Society, 14 (4), 501-507.

Bost, L. W. & Riccomini, P. J. (2006). Effective Instruction: An Inconspicuous Strategy for Dropout Prevention. Remedial and Special Education, 27 (5), 301-311.

Bowditch, C. (1993). Getting Rid of Troublemakers: High School Disciplinary Procedures and the Production of Dropouts. Social Problems, 40 (4), 493-509.

Brandstätter Matuschkowitz Marketing. (2008). Drop-Out in der Steiermark. Verfügbar unter: http://www.arbeiterkammer.at/bilder/d68/Dropoutstudie_Steiermark.pdf [21.10.2010].

Brooks-Gunn, J., Berlin, L. & Fulingi, A. (2000). Early Childhood Intervention Programs: What About the Family? In J. P. Shonkoff & S. J. Meisels (Hrsg.), Handbook of Early Childhood Intervention. 2. Auflage (S. 549–588). Cambridge: Cambridge University Press.

Bundesamt für Statistik. (o.J.). Vereinbarkeit von Erwerbsarbeit und Familie. Verfügbar unter: http://www.bfs.admin.ch/bfs/portal/de/index/regionen/thematische_karten/gleichstellungsatlas/vereinbarkeit_von_familie_und_erwerbsarbeit/familienmodelle.html [7.7.2010].

Bundesamt für Statistik. (2005). Bilanz der ständigen Wohnbevölkerung nach Kanton. Verfügbar unter: http://www.bfs.admin.ch/bfs/portal/de/index/themen/01/02/blank/key/raeumliche_verteilung/kantone__gemeinden.Document.67125.xls [30.3.2010].

Bundesamt für Statistik. (2008). Klassifikation der schweizerischen Bildungsstatistik. Verfügbar unter: http://www.portal-stat.admin.ch/isced97/files/do-d-15.02-isced-02.pdf [13.4.2010].

Bundesamt für Statistik. (2008). Sozialhilfestatistik. Statistik der Sozialhilfempfänger. Neuchâtel

Bundesamt für Statistik. (2009). Kosten und Finanzierung des Gesundheitswesens 2007. Neuchâtel

Bundesamt für Statistik. (2010). Repetitionsquote in der obligatorischen Schule nach Bildungsstufe und Art der Repetition: 1990/91-2008/09. Verfügbar unter: http://www.bfs.admin.ch/bfs/portal/de/index/themen/15/02/key/ind5.Document.130604.xls [7.6.2011].

Bundesamt für Statistik. (2010). Schülerinnen und Schüler auf der Sekundarstufe I (8. Klasse) nach Schultyp: 2008/2009. Verfügbar unter: http://www.bfs.admin.ch/bfs/portal/de/index/themen/15/02/key/ind5.Document.130496.xls [10.1.2011].

Cairns, R. B., Cairns, B. D. & Neckermann, H. J. (1989). Early School Dropout: Configurations and Determinants. Child Development, 60 (6), 1437-1452.

Caplan, G. (1964). Principles of Preventive Psychiatry. New York: Basic Books.

Carigiet, E., Mäder, U. & Bonvin, J.-M. (Hrsg.). (2003). Wörterbuch der Sozialpolitik. Zürich: Rotpunktverlag.

Carneiro, P., Løken Katrine V. & Salvanes, K. G. (2010). A Flying Start?: Long Term Consequences of Maternal Time Investments in Children During Their First Year of Life, Forschungsinstitut zur Zukunft der Arbeit. Verfügbar unter: http://ftp.iza.org/dp5362.pdf [29.9.2011].

Catterall, J. S. (1998). Risk and Resilience in Student Transitions to High School. American Journal of Education, 106 (2), 302-333.

## Literaturverzeichnis

Catterall, J. S. (2011). The Societal Benefits and Costs of School Dropout Recovery, Hindawi Publishing Corporation Education Research International. Verfügbar unter: http://downloads.hindawi.com/journals/edu/2011/957303.pdf [29.9.2011].

Chib, S. & Jacobi, L. (2011). Returns to Compulsory Schooling in Britain: Evidence from a Bayesian Fuzzy Regression Discontinuity Analysis, Forschungsinstitut zur Zukunft der Arbeit. Verfügbar unter: http://ftp.iza.org/dp5564.pdf [29.9.2011].

Chuang, H.-L. (1997). High School Youths' Dropout and Re-Enrollment Behavior. Economics of Education Review, 16 (2), 171-186.

Civil Rights Project. (2006). School Dropouts. Verfügbar unter: http://www.civilrightsproject.ucla.edu/research/dropouts/dropouts_gen.php [10.5.2010].

Cobb, B., Sample, P., Alwell, M. & Johns, N. (National Dropout Prevention Center for Students with Disabilities, Hrsg.). (2005). Effective Interventions in Dropout Prevention: A Research Synthesis. Verfügbar unter: http://www2.edc.org/ndpc-sd/cognitive/report.pdf [9.11.2010].

Cohen, A. K. (1961). Kriminelle Jugend: Zur Soziologie jugendlichen Bandenwesens. Reinbek bei Hamburg: Rowohlt.

Coleman, J. S. (1987). Families and Schools. Educational Researcher, 16 (6), 32-38.

Coleman, J. S. (1988). Social Capital in the Creation of Human Capital. The American Journal of Sociology, 94, 95-120.

Coleman, J. S. (1990). Foundations of Social Theory. Cambridge, MA: Belknap Press of Harvard University Press.

Compas, B. E., Connor-Smith, J. K., Saltzman, H., Harding Thomsen, A. & Wadsworth, M. E. (2001). Coping With Stress During Childhood and Adolescence: Problems, Progress, and Potential in Theory and Research. Psychological Bulletin, 127 (1), 87-127.

Consorzio Istituti Professionali Associati Toscani (C.I.P.A.T.). (o.J.). Prävention von vorzeitigem Schulabbruch: Transnationaler Bericht. Verfügbar unter: http://schoolinclusion.pixel-online.org/files/transnational_report/Transnational_Report_DE.pdf [16.6.2010].

Coradi Vellacott, M. & Wolter, S. C. (2006). Bildungsbericht Schweiz 2006. Aarau: SKBF.

Costenbader, V. & Markson, S. (1998). School Suspension: A Study with Secondary School Students. Journal of School Psychology, 36 (1), 59-82.

Croninger, R. C. & Lee, V. E. (2001). Social Capital and Dropping Out of High School: Benefits to At-Risk Students of Teachers' Support and Guidance. Teachers College Record, 103 (4), 548-581.

Cullingford, C. & Morrison, J. (1997). Peer Group Pressure Within and Outside School. British Educational Research Journal, 23 (1), 61-80.

Deutsches PISA-Konsortium (Hrsg.). (2001). PISA 2000: Basiskompetenzen von Schülerinnen und Schülern im internationalen Vergleich. Opladen: Leske + Budrich.

Deutsches PISA-Konsortium (Hrsg.). (2003). PISA 2000: Ein differenzierter Blick auf die Länder der Bundesrepublik Deutschland. Opladen: Leske + Budrich.

Ditton, H. & Merz, D. (1999). DFG-Projekt Unterrichts- und Schulqualität: Fragebogen für Schülerinnen und Schüler, Universität Osnabrück. Verfügbar unter: http://www.quassu.net/Sch_fgb1.pdf [15.7.2010].

Dlugosch, G. E. (Zentrum für empirische pädagogische Forschung, Hrsg.). (o.J.). Schulabbruch: Aktuelle Situation und nationale Präventionsstrategien. Verfügbar unter: http://schoolinclusion.pixel-online.org/files/national_report/National_Report_DE_DE.pdf [16.6.2010].

Drinck, B. (1994). Schulabbrecher: Ursachen, Folgen, Hilfen; Studie zur Effizienz von Kursen zum Nachholen von Hauptschulabschlüssen an Einrichtungen der Erwachsenenbildung (Bundesministerium für Bildung und Wisschaft, Hrsg.). Schriftenreihe Studien zu Bildung und Wissenschaft: Bd. 123. Bad Honnef: Bock.

Dynarski, M. & Gleason, P. (1999). How Can We Help?: Lessons from Federal Dropout Prevention Programs, Mathematica Policy Research. Verfügbar unter: http://www.mathematica-mpr.com/publications/pdfs/Howhelp.pdf [9.11.2010].

Ecarius, J. & Schäffer, B. (Hrsg.). (2010). Typenbildung und Theoriegenerierung: Methoden und Methodologien qualitativer Bildungs- und Biographieforschung. Opladen: Barbara Budrich.

Eckmann-Saillant, M., Bolzman, C. & Rham, G. de. (1994). Jeunes sans qualification: Trajectoires, situations et stratégies. Genf: Les éditions IES.

Edelmann, D. (2008). Pädagogische Professionalität im transnationalen sozialen Raum: Eine qualitative Untersuchung über den Umgang von Lehrpersonen mit der migrationsbedingten Heterogenität ihrer Klassen (2. Auflage). Münchner Studien zur Erwachsenenbildung: Bd. 4. München: LIT-Verlag (Dissertation).

Eder, F. (Hrsg.). (1995). Das Befinden von Kindern und Jugendlichen in der Schule: Forschungsbericht im Auftrag des BMUK. Innsbruck: StudienVerlag.

Eder, F. (1998). LFSK 8-13: Linzer Fragebogen zum Schul- und Klassenklima für die 8. bis 13. Klasse. Göttingen: Hogrefe (Handanweisung).

Eder, F. (2005). Instrumentarium B1, B2, B3 der Studie: Das Befinden von Kindern und Jugendlichen in der Schule- Replikation der Befindensuntersuchung 1993/94 (Unveröffentlichte Erhebungsinstrumente).

Egeland, B., Carlson, E. & Sroufe, L. A. (1993). Resilience as Process. Development and Psychopathology, 5, 517-528.

Ehmann, C. & Rademacker, H. (2003). Schulversäumnisse und sozialer Ausschluss: Vom leichtfertigen Umgang mit der Schulpflicht in Deutschland. Bielefeld: Bertelsmann.

Ehmke, T. & Siegle, T. (2005). ISEI, ISCED, HOMEPOS, ESCS: Indikatoren der sozialen Herkunft bei der Quantifizierung von soziale Disparitäten. Zeitschrift für Erziehungswissenschaft, 8 (4), 521-540.

Eisner, M., Manzoni, P. & Ribeaud, D. (2000). Gewalterfahrungen von Jugendlichen: Opfererfahrungen und selbstberichtete Gewalt bei Schülerinnen und Schülern im Kanton Zürich. Pädagogik bei Sauerländer;Schwerpunkt: Schule und Gewalt: Bd. 31. Aarau: Sauerländer.

Ekstrom, R. B., Goertz, M. E., Pollack, J. M. & Rock, D. A. (1986). Who Drops Out of High School and Why? Findings from a National Study. Teachers College Record, 87 (3), 356-373.

Ellenbogen, S. & Chamberland, C. (1997). The Peer Relations of Dropouts: A Comparative Study of At-Risk and Not At-Risk Youths. Journal of Adolescence, 20 (4), 355-367.

Ensminger, M. E. & Slusarcick, A. L. (1992). Paths to High School Graduation or Dropout: A Longitudinal Study of a First-Grade Cohort. Sociology of Education, 65 (2), 95-113.

European Commission DG EAC. (2005). Early School Leavers: Final Report. Verfügbar unter: http://ec.europa.eu/education/pdf/doc284_en.pdf [22.3.2010].

EUROSTAT. (2008). Frühe Schulabgänger nach Geschlecht. Verfügbar unter: http://epp.eurostat.ec.europa.eu/portal/page/portal/employment_unemployment_lfs/data/main_tables# [21.4.2010].

EUROSTAT. (2009). Frühzeitige Schul- und Ausbildungsabgänger. Verfügbar unter: http://epp.eurostat.ec.europa.eu/tgm/mapToolClosed.do?tab=map&init=1&plugin=1&language=de&pcode=tsisc060&toolbox=classes [16.11.2010].

Fashola, O. S., Slavin, R. E., Calderón, M. & Durán, R. (2001). Effective Programs for Latino Students in Elementary and Middle Schools. In R. E. Salvin & M. Calderón (Hrsg.), Effective Programs for Latino Students (S. 1–54). Mahwah, NJ: Lawrence Erlbaum Associates.

Fend, H. (2001). Qualität im Bildungswesen: Schulforschung zu Systembedingungen, Schulprofilen und Lehrerleistung (2. Auflage). Weinheim: Juventa.

Fine, M. (1986). Why Urban Adolescents Drop into and out of Public High School. Teachers College Record, 87 (3), 393-409.

## Literaturverzeichnis

Fine, M. (1991). Framing Dropouts: Notes on the Politics of an Urban Public High School. S U N Y Series, Teacher Empowerment and School Reform. Albany: State University of New York Press.

Finn, J. D. (1989). Withdrawing From School. Review of Educational Research, 59 (2), 117-142.

Finn, J. D. & Rock, D. A. (1997). Academic Success Among Students at Risk for School Failure. Journal of Applied Psychology, 82 (2), 221-234.

Flick, U., Kardorff, E. von, Keupp, H., Rosenstiel, L. von & Wolff, S. (Hrsg.). (1991). Handbuch qualitative Sozialforschung: Grundlagen, Konzepte, Methoden und Anwendungen. München: Beltz.

Floyd, C. (1996). Achieving Despite the Odds: A Study of Resilience among a Group of African American High School Seniors. Journal of Negro Education, 65 (2), 181-189.

Forschungsgemeinschaft PISA Deutschschweiz/FL. (2005). PISA 2003: Analysen für Deutschschweizer Kantone und das Fürstentum Liechtenstein: Detaillierte Ergebnisse und methodisches Vorgehen. Zürich: Kantonale Drucksachen- und Materialzentrale.

French, D. C. & Conrad, J. (2001). School Dropout as Predicted by Peer Rejection and Antisocial Behavior. Journal of Research on Adolescence, 11 (3), 225-244.

Fritschi, T., Oesch, T. & Jann, B. (2009). Gesellschaftliche Kosten der Ausbildungslosigkeit in der Schweiz, Büro für arbeits- und sozialpolitische Studien (BASS). Verfügbar unter: http://www.buerobass.ch/pdf/2009/ausbildungslosigkeit_schlussbericht_def.pdf [14.12.2010].

Ganzeboom, H. B. G., Graaf, P. M. de & Treiman, D. J. (1992). A Standard International Socio-Economic Index of Occupational Status. Social Science Research, 21, 1-56.

Garnier, H. E., Stein, J. A. & Jacobs, J. K. (1997). The Process of Dropping Out of High School: A 19-Year Perspective. American Educational Research Journal, 34 (2), 395-419.

Gasper, J., DeLuca, S. & Estacion, A. (2009). Coming and Going: Explaining the Effects of Residential and School Mobility on Adolescent Delinquency. Social Sciense Research, 39 (3), 459-476.

Gaupp, N., Geier, B., Lex, T. & Reissig, B. (2011). Wege in Ausbildungslosigkeit: Determinanten misslingender Übergänge in Ausbildung von Jugendlichen. Zeitschrift für Pädagogik, 57 (2), 173-186.

Gerhardt, U. (1991). Typenbildung. In U. Flick, E. von Kardorff, H. Keupp, L. von Rosenstiel & S. Wolff (Hrsg.), Handbuch qualitative Sozialforschung. Grundlagen, Konzepte, Methoden und Anwendungen (S. 435–439). München: Beltz.

Gitschthaler, M. & Nairz-Wirth, E. (2010). Drop-out und Gesellschaftsentwicklung. wissenplus, 4-09/10, 1-4. Verfügbar unter: http://www.wissenistmanz.at/wissenplus/zeitschrift/archiv/heft-4-2009-10/wp04-0910_wiss_dropout.pdf [14.12.2011].

Glasgow, K. L., Dornbusch, S. M., Troyer, L., Steinberg, L. & Ritter, P. L. (2006). Parenting Styles, Adolescents' Attributions, and Educational Outcomes in Nine Heterogeneous High Schools. Child Development, 68 (3), 507-529.

Gloor, D., Meier, H., Nef, R. & Lehrstellenprojekt 16+. (2001). Junge Frauen ohne postobligatorische Ausbildung: Empirische Untersuchung bei 21- bis 25-jährigen Frauen und Männern ohne und mit Ausbildung (2. Auflage). Bern: Edition Soziothek.

Grissom, J. B. & Shepard, L. A. (1989). Repeating and Dropping Out of School. In L. A. Shepard & M. L. Smith (Hrsg.), Flunking Grades. Research and Policies on Retention (S. 34–63). London: Falmer Press.

Haeberlin, F. (1986). Dropout. In W. Sarges & R. Fricke (Hrsg.), Psychologie für die Erwachsenenbildung/Weiterbildung. Ein Handbuch in Grundbegriffen (S. 175–182). Göttingen: Hogrefe.

Häfeli, K. & Schellenberg, C. (Schweizerische Konferenz der kantonalen Erziehungsdirektoren, Hrsg.). (2009). Erfolgsfaktoren in der Berufsbildung bei gefährdeten Jugendlichen. Verfügbar unter: http://www.hfh.ch/webautor-data/70/Erfolgsfaktoren_d.pdf [9.6.2011].

Hallam, S., Rhamie, J. & Shaw, J. (2006). Evaluation of the Primary Behaviour and Attendance Pilot, Institute of Education University of London. Verfügbar unter: http://www.dcsf.gov.uk/research/data/uploadfiles/RR717.pdf [17.5.2010].

Hammack, F. M. (1986). Large School Systems' Dropout Reports: An Analysis of Definitions, Procedures, and Findings. Teachers College Record, 87 (3), 324-341.

Hannan, D., Hövels, B., van den Berg, S. & White Michael. (1995). "Early Leavers" from Education and Training in Ireland, the Netherlands and the United Kingdom. European Journal of Education, 30 (3), 325-346.

Hascher, T., Knauss, C. & Hersberger, K. (2004). Retrospektive Evaluation der Massnahme "Unterrichtsausschluss gemäss Artikel 28 VSG", Universität Bern. Verfügbar unter: http://www.avenirsocial.ch/cm_data/EvaluationsberichtSchulausschlussUniBern05.pdf [17.5.2010].

Hässler, M. (2010). Abweichendes Verhalten/Delinquenz. Verfügbar unter: http://www.krimlex.de/artikel.php?BUCHSTABE=&KL_ID=2 [2.11.2010].

Hecht, K. A. (1975). Teacher Ratings of Potential Dropouts and Academically Gifted Children: Are They Related? Journal of Teacher Education, 26 (2), 172-175.

Heckhausen, H. (1989). Motivation und Handeln (2., völlig überarbeitete und ergänzte Auflage). Berlin: Springer.

Heckmann, J. J. & Masterov, D. V. (2007). The Productivity Argument for Investing in Young Children. Verfügbar unter: http://jenni.uchicago.edu/human-inequality/papers/Heckman_final_all_wp_2007-03-22c_jsb.pdf [9.11.2010].

Heinlein, L. M. & Shinn, M. (2000). School Mobility and Student Achievement in an Urban Setting. Psychology in the Schools, 37 (4), 349-357.

Hennemann, T. & Hillenbrand, C. (2007). Präventionsprogramme gegen Dropout: Classroom-Management und Check & Connect. Lernchancen, 10 (60), 28-31.

Hennemann, T., Hagen, T. & Hillenbrand, C. (2010). Dropout aus der Schule: Empirisch abgesicherte Risikofaktoren und wirksame pädagogische Massnahmen. Empirische Sonderpädagogik, 3, 26-47.

Henschel, A., Krüger, R. & Schmitt, C. (2009). Jugendhilfe und Schule: Handbuch für eine gelingende Kooperation (2. Auflage). Wiesbaden: VS Verlag für Sozialwissenschaften. Verfügbar unter: http://sfx.metabib.ch:9003/sfx_locater?sid=ALEPH:EBI01&genre=book&isbn=978-3-531-91396-4 / http://www.socialnet.de/rezensionen/5480.php.

Heppen, J. B. & Bowles Therriault, S. (2008). Developing Early Warning Systems to Identify Potential High School Dropouts, National High School Center. Verfügbar unter: http://www.betterhighschools.org/docs/IssueBrief_EarlyWarningSystemsGuide_081408.pdf [28.6.2010].

Herriger, N. (1986). Präventives Handeln und soziale Praxis: Konzepte zur Verhütung abweichenden Verhaltens von Kindern und Jugendlichen. Edition soziale Arbeit. Weinheim: Juventa.

Hersov, L. & Berg, I. (Hrsg.). (1980). Out of School: Modern Perspectives in Truancy and School Refusal. Wiley series on studies in child psychiatry. Chichester: John Wiley & Sons.

Hessen, G. (2010). Time-out ist „in". Unveröffentlichte Lizenziatsarbeit, Universität Fribourg. Schweiz

Hickman, G. P., Bartholomew, M., Mathwig, J. & Heinrich, R. S. (2008). Differential Developmental Pathways of High School Dropouts and Graduates. The Journal of Educational Research, 102 (1), 3-14.

Hillenbrand, C. (2009). Schulbasierte Prävention von Schulabsentismus und Dropout. In H. Ricking, G. C. Schulze & M. Wittrock (Hrsg.), Schulabsentismus und Dropout. Erscheinungsformen - Erklärungsansätze - Intervention (UTB Pädagogik, S. 169-188). Paderborn: Schöningh.

Hillenbrand, C. & Ricking, H. (2011). Schulabbruch: Ursachen – Entwicklung – Prävention: Ergebnisse US-amerikanischer und deutscher Forschungen. Zeitschrift für Pädagogik, 57 (2), 153-171.

## Literaturverzeichnis

Hirschi, T. (1969). Causes of Delinquency. Berkeley, CA: University of California Press.

Hoffmann, S. Schulabbrecher in Deutschland: Eine bildungsstatistische Analyse mit aggregierten und Individualdaten, Friedrich-Alexander Universität. Verfügbar unter: http://www.econstor.eu/bitstream/10419/43127/1/640322255.pdf [29.9.2011].

Holmes, C. T. (1989). Grade Level Retention Effects: A Meta-Analysis of Research Studies. In L. A. Shepard & M. L. Smith (Hrsg.), Flunking Grades. Research and Policies on Retention (S. 16–33). London: Falmer Press.

Holtappels, H. G. & Appel, S. (1995). Ganztagserziehung in der Schule: Modelle, Forschungsbefunde und Perspektiven. Schule und Gesellschaft: Bd. 10. Opladen: Leske + Budrich.

Hulliger, B., Schaeren, R. & Schoch, T. (2009). Schulabbrecher und kritische Ausbildungsverläufe in der Schweiz: Eine Explorationsstudie anhand der Eigenössischen Volkszählung 2000: Working Paper. Institute for Competitiveness and Communication. Olten: FHNW.

Hupka, S., Sacchi, S. & Stalder, B. E. (2006). Herkunft oder Leistung? Analyse des Eintritts in eine zertifizierende nachobligatorische Ausbildung anhand der Daten des Jugendlängsschnitts TREE. Verfügbar unter: http://tree.unibas.ch/index.php?eID=tx_nawsecuredl&u=0&file=fileadmin/tree/redaktion/docs/HupkaSacchiStalder2006.pdf&t=1292427269&hash=7743a0f8e0a4c8c8828e2673c5bfe513 [14.12.2010].

Hurrelmann, K., Klotz, T. & Haisch, J. (Hrsg.). (2004). Lehrbuch Prävention und Gesundheitsförderung (1. Auflage). Lehrbuch Gesundheitswissenschaften. Bern: Hans Huber.

Hurschler, C. (2007). Minderleister in der Berufsbildung (Unveröffentlichte Lizenziatsarbeit an der Universität Fribourg).

Hurst, D., Kelly, D. & Princiotta, D. (National Center for Education Statistics (NCES), Hrsg.). (2004). Educational Attainment of High School Dropouts 8 Years Later, Education Statistics Services Institute (ESSI). Verfügbar unter: http://nces.ed.gov/pubs2005/2005026.pdf [20.9.2011].

Jacobs, B. & Strittmatter, P. (1979). Der schulängstliche Schüler: Eine empirische Untersuchung über mögliche Ursachen und Konsequenzen der Schulangst. U und S Pädagogik. München: Urban & Schwarzenberg.

Jacobsen, T. & Hofmann, V. (1997). Children's Attachment Representations: Longitudinal Relations to School Behavior and Academic Competence in Middle Childhood and Adolescence. Developmental Psychology, 33 (4), 703-710.

Janosz, M., Le Blanc, M., Boulerice, B. & Tremblay, R. E. (2000). Predicting Different Types of School Dropouts: A Typological Approach with Two Longitudinal Samples. Journal of Educational Psychology, 92 (1), 171-190.

Jimerson, S. R. (1999). On the Failure of Failure: Examining the Association Between Early Grade Retention and Education and Employment Outcomes During Late Adolescence. Journal of School Psychology, 37 (3), 243-272.

Jimerson, S. R., Carlson, E., Rotert, M., Egeland, B. & Sroufe, L. A. (1997). A Prospective, Longitudinal Study of the Correlates and Consequences of Early Grade Retention. Journal of School Psychology, 35 (1), 3-25.

Jordan, W. J., Lara, J. & McPartland, J. M. (1996). Exploring the Causes of Early Dropout among Race-Ethnic and Gender Groups. Youth & Society, 28 (1), 62-94.

Joubish, M. F. & Khurram, M. A. (2011). Determining the Factors Influencing the Drop out in Government Primary Schools of Karachi. Middle-East Journal of Scientific Research, 7 (3), 417-420.

Kaufman, P., Alt, M. N. & Chapman, C. D. (National Center for Education Statistics, Hrsg.). (2004). Dropout Rates in the United States: 2001. Verfügbar unter: http://nces.ed.gov/pubs2005/2005046.pdf [27.5.2010].

Kaufman, P., Kwon, J. Y., Klein, S. & Chapman, C. D. (National Center for Education Statistics, Hrsg.). (2000). Dropout Rates in the United States: 1999. Verfügbar unter: http://nces.ed.gov/pubs2001/2001022.pdf.

Kelle, U. & Kluge, S. (1999). Vom Einzelfall zum Typus: Fallvergleich und Fallkontrastierung in der qualitativen Sozialforschung. Qualitative Sozialforschung: Bd. 4. Opladen: Leske + Budrich.

Kittl-Satran, H., Mayr, A. & Schiffer, B. (2006). Early School Leaving und Dropout: Eine empirische Studie über das Ausmaß von Schulabsentismus, die Ursachen und die Bedingungen von Jugendlichen, die das Schulsystem ohne oder höchstens mit Pflichtschulabschluss verlassen bzw. einen begonnenen Ausbildungsweg abbrechen. Graz: Universität, Institut für Erziehungswissenschaft.

Klein, H. E. (2005). Direkte Kosten mangelnder Ausbildungsreife in Deutschland. IW-Trends, 32 (4), 1-17.

Klieme, E. & Rakoczy Katrin. (2003). Unterrichtsqualität aus Schülerperspektive: Kulturspezifische Profile, regionale Unterschiede und Zusammenhänge mit Effekten von Unterricht. In Deutsches PISA-Konsortium (Hrsg.), PISA 2000. Ein differenzierter Blick auf die Länder der Bundesrepublik Deutschland (S. 331–358). Opladen: Leske + Budrich.

Kluge, S. (1999). Empirisch begründete Typenbildung: Zur Konstruktion von Typen und Typologien in der qualitativen Sozialforschung. Opladen: Leske + Budrich.

Knapp, I., Hofstätter, M. & Palank, F. (1989). Drop-outs: Jugendliche nach dem Schulabbruch. Wien: ORAC.

Kolstad, A. & Kaufman, P. (1989, März). Dropouts Who Complete High School with a Diploma or GED. Annual Meeting of the American Educational Research Association, San Francisco. Verfügbar unter: http://www.eric.ed.gov/PDFS/ED312783.pdf [28.6.2010].

Kolstad, A. J. & Owings, J. A. (1986). High School Dropouts Who Change Their Minds about School, Office of Educational Research and Improvement. Verfügbar unter: http://www.eric.ed.gov/PDFS/ED275800.pdf [29.9.2011].

Kronig, W. (2007). Die systematische Zufälligkeit des Bildungserfolgs: Theoretische Erklärungen und empirische Untersuchungen zur Lernentwicklung und zur Leistungsbewertung in unterschiedlichen Schulklassen (1. Auflage). Beiträge zur Heil- und Sonderpädagogik: Bd. 32. Bern: Haupt.

Kuckartz, U. (1988). Computer und verbale Daten: Chancen zur Innovation sozialwissenschaftlicher Forschungstechniken. Europäische Hochschulschriften. Reihe 22, Soziologie: Bd. 173. Frankfurt am Main: Peter Lang.

Lajoie, S. P. & Shore, B. M. (1981). Three Myths?: The Over-Representation of the Gifted among Dropouts, Delinquents, and Suicides. Gifted Child Quarterly, 25 (3), 138-143.

Lanfranchi, A. (2002). Schulerfolg von Migrationskindern: Die Bedeutung familienergänzender Betreuung im Vorschulalter. Reihe Schule und Gesellschaft: Bd. 28. Opladen: Leske + Budrich. Verfügbar unter: http://www.gbv.de/dms/bsz/toc/bsz098528653inh.pdf.

Laub, J. H. & Sampson, R. J. (2003). Shared Beginnings: Divergent Lives: Delinquent Boys to Age 70. Cambridge, MA: Harvard University Press.

Lazarsfeld, P. F. & Barton, A. H. (1951). Qualitative Measurement in Social Sciences: Classification, Typologies, and Indices. In D. Lerner, H. D. Lasswell, Harold Henry Fisher & Ernest R. Hilgard (Hrsg.), The Policy Sciences (S. 155–192). Stanford University Press.

Lechner, F., Reiter, H., Reiter, W. & Weber, F. (1997). Unqualifizierte Jugendliche und junge Erwachsene auf dem österreichischen Arbeitsmarkt. In F. Lechner, W. Reiter & W. Schlegel (Hrsg.), Die Nachqualifizierung von Jugendlichen und jungen Erwachsenen. Ausländische Erfahrungen und Perspektiven in Österreich (Forschungsberichte aus Sozial- und Arbeitsmarktpolitik, S. 185–258). Wien: Bundesministerium für Arbeit, Gesundheit und Soziales.

Lechner, F., Reiter, W. & Schlegel, W. (Hrsg.). (1997). Die Nachqualifizierung von Jugendlichen und jungen Erwachsenen: Ausländische Erfahrungen und Perspektiven in Österreich. Forschungsberichte aus Sozial- und Arbeitsmarktpolitik: Bd. 61. Wien: Bundesministerium für Arbeit, Gesundheit und Soziales.

Lee, V. E. & Burkam, D. T. (1992). Transferring High Schools: An Alternative to Dropping out? American Journal of Education, 100 (4), 420-453.

Lee, V. E. & Burkam, D. T. (2003). Dropping Out of High School: The Role of School Organization and Structure. American Educational Research Journal, 42 (2), 353-393.

Lee, V. E. & Loeb, S. (2000). School Size in Chicago Elementary Schools: Effects on Teachers "Attitudes and Students" Achievement. American Educational Research Journal, 37 (1), 3-31.

Lee, V. E. & Smith, J. B. (1997). High School Size: Which Works Best, and for Whom? Educational Evaluation and Policy Analysis, 19 (3), 205-227.

Lehmann, R. H., Peek, R., Gänsfuss, R. & Husfeldt, V. (2002). LAU 9: Aspekte der Lernausgangslage und der Lernentwicklung. Klassenstufe 9, Behörde für Bildung und Sport. Verfügbar unter: http://www.hamburger-bildungsserver.de/schulentwicklung/lau/lau9.pdf [11.5.2010].

Lehr, C. A., Johnson, D. R., Bremer, C. D., Cosio, A. & Thompson, M. (2004). School Completion: Moving From Policy and Research to Practice. Essential Tools. Verfügbar unter: http://www.ncset.org/publications/essentialtools/dropout/dropout.pdf [15.9.2010].

Leppin, A. (2004). Konzepte und Strategien der Krankheitsprävention. In K. Hurrelmann, T. Klotz & J. Haisch (Hrsg.), Lehrbuch Prävention und Gesundheitsförderung. 1. Auflage (Lehrbuch Gesundheitswissenschaften, S. 31–40). Bern: Hans Huber.

Lerner, D., Lasswell, H. D., Harold Henry Fisher & Ernest R. Hilgard (Hrsg.). (1951). The Policy Sciences: Stanford University Press.

Levin, H. M., Belfield, C., Muennig, P. & Rouse, C. (2007). The Costs and Benefits of an Excellent Education for All of America's Children. Verfügbar unter: http://www.cbcse.org/media/download_gallery/Leeds_Report_Final_Jan2007.pdf [14.12.2010].

Lohmann, H., Spiess, K. C. & Feldhaus, C. (2009). Der Trend zur Privatschule geht an bildungsfernen Eltern vorbei. Wochenbericht des DIW, 38, 640-646.

Lösel, F. & Bender, D. (1999). Von generellen Schutzfaktoren zu differenziellen protektiven Prozessen. Ergebnisse und Probleme der Resilienzforschung. In G. Opp, M. Fingerle & A. Freytag (Hrsg.), Was Kinder stärkt. Erziehung zwischen Risiko und Resilienz (S. 37–58). München: Reinhardt.

MacMillan, D. L., Balow, I. H., Widaman, K. F., Borthwick-Duffy, S. & Hendrick, I. G. (1990). Methodological Problems in Estimating Dropout Rates and the Implications for Studying Dropouts from Special Education. Exceptionality: A Research Journal, 1 (1), 29-39.

Majzub, R. & Rais, M. M. (2010). Teachers' and Parents' Perception on Effective Strategies for Dropout Prevention. Procedia - Social and Behavioral Sciences, 9, 1036-1041.

Martinez, R. (2010). A Youth Curriculum for Latinos in Middle School and Their Families: An Empowerment Program for Youth At-Risk of Dropping out of School, California State University. Verfügbar unter: http://gradworks.umi.com/1486343.pdf [29.09.011].

Masten, A. S. (2001). Resilienz in der Entwicklung: Wunder des Alltags. In G. Röper, C. von Hagen & G. G. Noam (Hrsg.), Entwicklung und Risiko. Perspektiven einer klinischen Entwicklungspsychologie . Stuttgart: Kohlhammer.

Mayring, P. (2007). Qualitative Inhaltsanalyse: Grundlagen und Techniken (9. Auflage). UTB;Pädagogik: Bd. 8229. Weinheim: Beltz.

McNeal, R. B. J. (1997). Are Students Being Pulled Out of High School?: The Effect of Adolescent Employment on Dropping Out. Sociology of Education, 70 (3), 206-220.

Merton, R. K. (1968). Social Theory and Social Structure. New York: Free Press.

Mettauer, B. & Szaday, C. (2005). Befragung der Zürcher Oberstufengemeinden zum Thema Schulausschluss: Bericht über die Ergebnisse, Interkantonale Hochschule für Heilpädagogik Zürich. Verfügbar unter: http://www.nfp51.ch/files/bericht_schulausschluss.pdf [17.5.2011].

Meyer, T. (2004). Wie weiter nach der Schule?: Zwischenergebnisse des Jugendlängsschnitts TREE, NFP 43. Verfügbar unter: http://edudoc.ch/record/3672/files/Meyer.pdf [21.12.2010].

Michel, A. (2005). Den Schulausstieg verhindern: Gute Beispiele einer frühen Prävention, Deutsches Jugendinstitut e.V. Verfügbar unter: http://www.dji.de/bibs/229_4452_Doku_3_2005_michel.pdf.

Minelli, M. (2003). Endstation Schulausschluss?: Über den Umgang mit schwierigen Schulkindern. Bern: Haupt.

Moeri, M. (2011). Der Prozess des Schulabbruchs in der Familie. Unveröffentlichte Masterarbeit, Universität Fribourg. Schweiz

Montes, G. & Lehmann, C. (2004). Who Will Drop Out from School?: Key Predictors from the Literature. Verfügbar unter: http://www.childrensinstitute.net/sites/default/files/documents/T04-001.pdf [24.3.2011].

Montmarquette, C., Viennot-Briot, N. & Dagenais, M. (2007). Dropout, School Performance, and Working While in School. The Review of Economics and Statistics, 89 (4), 752-760.

Moroni, S. (2008). Hoch begabte Dropouts aus der Sicht der Dropouts. Unveröffentlichte Masterarbeit, Universität Fribourg. Schweiz

Moroni, S. & Stahl, I. (2008). Status quo der dropout-Forschung. In M. Stamm & M. Niederhauser (Hrsg.), Begabung, Erfolg und Scheitern . Dresden: SDV.

Moser, U., Keller, F. & Tresch, S. (2003). Schullaufbahn und Leistung: Bildungsverlauf und Lernerfolg von Zürcher Schülerinnen und Schülern am Ende der 3. Volksschulklasse (1. Auflage). Bern: h.e.p-Verlag.

Nairz-Wirth, E., Meschnig, A. & Gitschthaler, M. (2010). Quo Vadis Bildung?: Eine qualitative Studie zum Habitus von Early School Leavers, Abteilung für Bildungswissenschaft an der Wirtschaftsuniversität Wien. Verfügbar unter: http://www.wu.ac.at/bildungswissenschaft/aktuelles/quovadis.pdf [6.5.2011].

National Economic and Social Forum. (2001). Early School Leavers: Forum Report No. 24. Verfügbar unter: http://www.nesf.ie/dynamic/pdfs/No-24-Early-School-Leavers.pdf [14.12.2010].

Nentwig-Gesemann, I. (2007). Die Typenbildung der dokumentarischen Methode. In R. Bohnsack, I. Nentwig-Gesemann & A.-M. Nohl (Hrsg.), Die dokumentarische Methode und ihre Forschungspraxis. Grundlagen qualitativer Sozialforschung. 2., erweiterte und aktualisierte Auflage (S. 277-302). Wiesbaden: VS Verlag für Sozialwissenschaften.

Nohl, A.-M. (2009). Interview und dokumentarische Methode: Anleitungen für die Forschungspraxis (3. Auflage). Qualitative Sozialforschung: Bd. 16. Wiesbaden: VS Verlag für Sozialwissenschaften.

Oberwittler, D. (2003). Stadtstruktur, Freundeskreise und Delinquenz: Eine Mehrebenenanalyse zu sozialökologischen Kontexteffekten auf schwere Jugenddelinquenz. In D. Oberwittler & S. Karstedt (Hrsg.), Soziologie der Kriminalität (Sonderheft der Kölner Zeitschrift für Soziologie und Sozialpsychologie, S. 135-170). Wiesbaden: VS Verlag für Sozialwissenschaften.

Oberwittler, D. & Blank, T. (2003). Methodenbericht MPI-Schulbefragung: (Technische Berichte des Projekts "Soziale Probleme und Jugenddelinquenz im sozialökologischen Kontext" Nr. 1). Freiburg i. Br.: Max-Planck-Institut für ausländisches und internationales Strafrecht.

OECD. (2009). Education at a Glance: OECD Indicators 2009. Paris: OECD.

Olweus, D. (1993). Victimization by Peers: Antecedents and Long-Term Consequences. In K. H. Rubin & J. B. Asendorpf (Hrsg.), Social Withdrawal, Inhibition, and Shyness in Childhood (S. 315–341). Hillsdale: Lawrence Erlbaum Associates.

Opp, G., Fingerle, M. & Freytag, A. (Hrsg.). (1999). Was Kinder stärkt: Erziehung zwischen Risiko und Resilienz. München: Reinhardt.

Oreopoulos, P. (2007). Do Dropouts Drop Out Too Soon?: Wealth, Health and Happiness From Compulsory Schooling. Journal of Public Economics, 91 (11-12), 2213-2229.

Orfield, G. (Hrsg.). (2004). Dropouts In America: Confronting The Graduation Rate Crisis. Cambridge, MA: Harvard Education Press.

Osler, A., Watling, R., Busher, H., Cole, T. & White, A. (2001). Reasons for Exclusion from School: Research Brief No. 244, Department for Education and Employment. Verfügbar unter: http://leeds.academia.edu/documents/0038/1624/DFEE_Reasons_for_Exclusion_2001.pdf [17.5.2010].

Pallas, A. M. (Hrsg.). (1999). Research in the Sociology of Education and Socialization. New York: JAI Press Inc.

Perrez, M. & Baumann, U. (Hrsg.). (2005). Lehrbuch klinische Psychologie - Psychotherapie (3., vollständig überarbeitete Auflage). Psychologie-Lehrbuch. Bern: Huber. Verfügbar unter: http://www.gbv.de/dms/hebis-mainz/toc/134026349.pdf.

Perrez, M. & Hilti, N. (2005). Prävention. In M. Perrez & U. Baumann (Hrsg.), Lehrbuch klinische Psychologie - Psychotherapie. 3., vollständig überarbeitete Auflage (Psychologie-Lehrbuch, S. 398–428). Bern: Huber.

PISA-Konsortium Schweiz (BFS & EDK. Hrsg.). (2003). Fragebogen für die Schülerinnen und Schüler: Test PISA 2003. Verfügbar unter: http://www.pisa.admin.ch/bfs/pisa/de/index/05/02/02.Document.90706.pdf [22.6.2010].

Pittman, R. B. & Haughwout, P. (1987). Influence of High School Size on Dropout Rate. Educational Evaluation and Policy Analysis, 9 (4), 337-343.

Prause, G. (2007). Genies in der Schule: Legende und Wahrheit ; Einstein, Freud, Marx, Nietzsche, Leibnitz, Luther, Kafka, Darwin, Schiller und 100 andere. Berlin: LIT-Verlag.

QEC-ERAN. (2007). Restart. Innovative Approaches to Tackle Early School Leaving: Final report. Verfügbar unter: http://www.qec-eran.org/documents/restart/Restat_final_report.doc [14.12.2010].

Rat der Europäischen Union. (2009). Schlussfolgerungen des Rates vom 12. Mai 2009 zu einem strategischen Rahmen für die europäische Zusammenarbeit auf dem Gebiet der allgemeinen und beruflichen Bildung („ET 2020"). Amtsblatt der Europäischen Union, C 119, 2-10. Verfügbar unter: http://eur-lex.europa.eu/LexUriServ/LexUriServ.do?uri=OJ:C:2009:119:0002:0010:DE:PDF [29.3.2010].

Reckinger, G. (2010). Perspektive Prekarität: Wege benachteiligter Jugendlicher in den transformierten Arbeitsmarkt. Konstanz: UVK Verlag.

Reid, K. (2005). The Causes, Views and Traits of School Absenteeism and Truancy: An Analytical Review. Research in Education, 74, 59-82.

Reitzle, M., Winkler Metzke, C. & Steinhausen, H.-C. (2001). Eltern und Kinder: Der Zürcher Kurzfragebogen zum Erziehungsverhalten (ZKE). Diagnostica, 47 (4), 196-207.

Renzulli, J. S. & Park, S. (National Research Center on the Gifted and Talented, Hrsg.). (2002). Giftedness and High School Dropouts: Personal, Family, and School-Related Factors. Verfügbar unter: http://www.gifted.uconn.edu/NRCGT/reports/rm02168/rm02168.pdf [24.3.2011].

Ricking, H., Schulze, G. C. & Wittrock, M. (Hrsg.). (2009). Schulabsentismus und Dropout: Erscheinungsformen - Erklärungsansätze - Intervention. UTB Pädagogik: Bd. 3213. Paderborn: Schöningh. Verfügbar unter: http://www.socialnet.de/rezensionen/isbn.php?isbn=978-3-8252-3213-9.

Ricking, H., Schulze, G. C. & Wittrock, M. (2009). Schulabsentismus und Dropout: Strukturen eines Forschungsfeldes. In H. Ricking, G. C. Schulze & M. Wittrock (Hrsg.), Schulabsentismus und Dropout. Erscheinungsformen - Erklärungsansätze - Intervention (UTB Pädagogik, S. 13–48). Paderborn: Schöningh.

## Literaturverzeichnis

Riehl, C. (1999). Labeling and Letting Go: An Organizational Analysis of How High School Students Are Discharged as Dropouts. In A. M. Pallas (Hrsg.), Research in the Sociology of Education and Socialization (S. 231–268). New York: JAI Press Inc.

Riepl, B. (2004). Jugendliche Schulabbrecher in Österreich: Ergebnisse einer Literaturstudie, Europäisches Zentrum für Wohlfahrtspolitik und Sozialforschung. Verfügbar unter: http://www.euro.centre.org/data/1129556932_99426.pdf [22.3.2010].

Rivera, R. & Nieto, S. (Hrsg.). (1993). The Education of Latino Students in Massachusetts: Issues, Research, and Policy Implications. Boston: University of Massachusetts Press.

Roderick, M. (1994). Grade Retention and School Dropout: Investigating the Association. American Educational Research Journal, 31 (4), 729-759.

Rubin, K. H. & Asendorpf, J. B. (Hrsg.). (1993). Social Withdrawal, Inhibition, and Shyness in Childhood. Hillsdale: Lawrence Erlbaum Associates.

Rumberger, R. W. (1987). High School Dropouts: A Review of Issues and Evidence. Review of Educational Research, 57 (2), 101-121.

Rumberger, R. W. (1995). Dropping Out of Middle School. A Multilevel Analysis of Students and Schools. American Educational Research Journal, 32 (3), 583-625.

Rumberger, R. W. (2001). Why Students Drop Out of School and What Can be Done. Verfügbar unter: http://www.civilrightsproject.ucla.edu/research/dropouts/rumberger.pdf [24.3.2011].

Rumberger, R. W. (2004). What Can be Done to Reduce School Dropouts. In G. Orfield (Hrsg.), Dropouts In America. Confronting The Graduation Rate Crisis (S. 131–155). Cambridge, MA: Harvard Education Press.

Rumberger, R. W., Ghatak, R., Poulos, G., Ritter, P. L. & Dornbu. (1990). Family Influences on Dropout Behavior in One California High School. Sociology of Education, 63 (4), 283-299.

Rumberger, R. W. & Lamb, S. P. (2003). The Early Employment and Further Education Experiences of High School Dropouts: A Comparative Study of the United States and Australia. Economics of Education Review, 22 (4), 353-366.

Rumberger, R. W. & Larson, K. A. (1998). Student Mobility and the Increased Risk of High School Dropout. American Journal of Education, 107 (1), 1-35.

Rumberger, R. W. & Palardy, G. J. (2005). Test Scores, Dropout Rates, and Transfer Rates as Alternative Indicators of High School Performance. American Educational Research Journal, 42 (1), 3-42.

Rutter, M. (1999). Resilience Concepts and Findings: Implications for Family Therapy. Journal of Family Therapy, 21 (2), 119-144. Verfügbar unter: http://www3.interscience.wiley.com/cgi-bin/fulltext/119071547/PDFSTART [28.6.2010].

Sabates, R., Hossain, A. & Lewin, K. M. (2010). School Drop Out in Bangladesh: New Insights from Longitudinal Evidence, Consortium for Research on Educational Access, Transistions and Equity. Verfügbar unter: http://www.create-rpc.org/pdf_documents/PTA49.pdf [29.9.2011].

Salvin, R. E. & Calderón, M. (Hrsg.). (2001). Effective Programs for Latino Students. Mahwah, NJ: Lawrence Erlbaum Associates.

Sälzer, C. (2010). Schule und Absentismus: Individuelle und schulische Faktoren für jugendliches Schwänzverhalten. Wiesbaden: VS Verlag für Sozialwissenschaften.

Sarges, W. & Fricke, R. (Hrsg.). (1986). Psychologie für die Erwachsenenbildung/Weiterbildung: Ein Handbuch in Grundbegriffen. Göttingen: Hogrefe.

Schmid, E. (2009). Wiedereinstieg nach einer Lehrvertragsauflösung. Unveröffentlichte Dissertation, Universität Fribourg. Schweiz

Schmid, K. U. (2008). Schulabsentismus von Jugendlichen: Was kann eine Schule dagegen tun? Unveröffentlichte Lizentiatsarbeit, Universität Fribourg. Schweiz

Schoon, I. (2006). Risk and Resilience: Adaptations in Changing Times. Cambridge, UK: CambridgeUniversity Press. Verfügbar unter: http://www.worldcat.org/oclc/60705562.

Schreiber-Kittl, M. & Schröpfer, H. (2002). Abgeschrieben?: Ergebnisse einer empirischen Untersuchung über Schulverweigerer. Übergänge in Arbeit: Bd. Bd.2. München: Deutsches Jugendinstitut.

Schumann, K. F. (2003). Berufsbildung, Arbeit und Delinquenz: Bremer Längsschnittstudie zum Übergang von der Schule in den Beruf bei ehemaligen Hauptschülern. Weinheim: Juventa (Band 1). Verfügbar unter: http://www.worldcat.org/oclc/66734315.

Schweizerischer Nationalfonds (SNF). (o.J.). Integration und Ausschluss: Nationales Forschungsprogramm NFP 51. Verfügbar unter: http://www.nfp51.ch/d.cfm?Slanguage=d [21.12.2010].

Schwendter, R. (1993). Theorie der Subkultur (4. Aufl.). Hamburg: Europäische Verlagsanstalt.

Scott, S., Knapp, M., Henderson, J. & Maughan, B. (2001). Financial Cost of Social Exclusion: Follow up Study of Antisocial Children into Adulthood. British Medical Journal, 323 (7306), 191-194.

Seely, K. (1993). Gifted Students at Risk. In L. K. Silverman & L. Baska (Hrsg.), Counseling the Tifted and Talented (S. 263–275). Denver: Love Publisching Company.

Shepard, L. A. & Smith, M. L. (Hrsg.). (1989). Flunking Grades: Research and Policies on Retention. London: Falmer Press.

Shonkoff, J. P. & Meisels, S. J. (Hrsg.). (2000). Handbook of Early Childhood Intervention (2. Auflage). Cambridge: Cambridge University Press.

Silverman, L. K. & Baska, L. (Hrsg.). (1993). Counseling the Tifted and Talented. Denver: Love Publisching Company.

Solga, H. (2002). Ohne Schulabschluss – und was dann?: Bildungs- und Berufseinstiegsbiografien westdeutscher Jugendlicher ohne Schulabschluss, geboren zwischen 1930 und 1971, Max-Planck-Institut für Bildungsforschung. Working Paper: 2. Verfügbar unter: http://www.mpib-berlin.mpg.de/de/forschung/nwg/NWG_solga_WP2_2002.pdf [14.12.2010].

Spies, A. (2009). „Drpo-in"-Optionen für Schüler und Schülerinnen mit Dropout-Riskio. In H. Ricking, G. C. Schulze & M. Wittrock (Hrsg.), Schulabsentismus und Dropout. Erscheinungsformen - Erklärungsansätze - Intervention (UTB Pädagogik, S. 259–276). Paderborn: Schöningh.

Stahl, I. (2008). Hoch begabte Dropouts aus der Sicht der Familie. Unveröffentlichte Masterarbeit, Universität Fribourg. Schweiz

Stamm, M. (2005). Zwischen Exzellenz und Versagen: Frühleser und Frührechnerinnen werden erwachsen. Zürich: Rüegger.

Stamm, M. (2006a). "Schulabbrecher" oder: Wer bricht denn hier was ab? Verfügbar unter: http://perso.unifr.ch/margrit.stamm/forschung/fo_downloads/fo_dl_publ/wer_bricht_denn_hier_was_ab.pdf [8.11.2010].

Stamm, M. (2006b). Schulabsentismus: Anmerkungen zu Theorie und Empirie einer vermeintlichen Randerscheinung schulischer Bildung. Zeitschrift für Pädagogik (2), 285-303.

Stamm, M. (2007a). Die Zukunft verlieren?: Schulabbrecher in unserem Bildungssystem. Zeitschrift für Sozialpädagogik (1), 15-36.

Stamm, M. (2007b). Abgang, Ausschluss, Abbruch: Ein neuer Blick auf die Schuleffektivität. Zeitschrift für Sozialpädagogik (4), 338-357.

Stamm, M. (2007c). Die Zukunft verlieren?: Schulabbrecher in der Schweiz. Verfügbar unter: http://perso.unifr.ch/margrit.stamm/forschung/fo_downloads/fo_dl_proj/DA_Projekt.pdf [15.9.2010].

Stamm, M. (2008a). Hoch begabt, aber Schulabbrecher?: Eine empirische Studie zum Phänomen des Dropouts bei überdurchschnittlich begabten Jugendlichen in der Schweiz. Zeitschrift für Sozialpädagogik (3), 301-319.

Stamm, M. (2008b). Bildungsstandardreform und Schulversagen. Zeitschrift für Pädagogik, 4, 481-497.

Stamm, M. (2009). Typen von Schulabbrechern. Die Deutsche Schule (2), 168-180.

# Literaturverzeichnis

Stamm, M. (in Druck). Frühkindliche Bildungsförderung als Prävention von abweichendem Verhalten. Schweizerische Zeitschrift für Kriminologie.

Stamm, M., Holzinger, M., Suter, P. & Stroezel, H. (2011). Die Zukunft verlieren?: Schulabbrecher in der Schweiz. Schlussbericht zu Handen der Gebert Rüf Stiftung, Universität Fribourg.

Stamm, M., Kost, J., Suter, P., Holzinger, M., Netkey, S. & Stroezel, H. (2011). Dropout CH: Schulabbruch und Absentismus in der Schweiz. Zeitschrift für Pädagogik, 57 (2), 187-202.

Stamm, M., Müller, R. & Niederhauser, M. (2006). Hochbegabt und "nur" Lehrling?: Eine empirische Studie zu den Ausbildungsverläufen besonders befähigter Jugendlicher im Schweizer Berufsbildungssystem (Unveröffentlichter Schlussbericht zuhanden der KTI-Berufsbildungsforschung). Verfügbar unter: http://perso.unifr.ch/margrit.stamm/forschung/fo_downloads/fo_dl_proj/HBL_Schlussber.pdf [15.11.2010].

Stamm, M. & Niederhauser, M. (Hrsg.). (2008). Begabung, Erfolg und Scheitern. Dresden: SDV.

Stamm, M., Niederhauser, M. & Müller, R. (2009). Begabung und Leistungsexzellenz in der Berufsbildung: Eine empirische Studie zu den Ausbildungsverläufen besonders befähigter Jugendlicher im Schweizer Berufsbildungssystem (Unveröffentlichter Schlussbericht zuhanden der Berufsbildungsforschung des BBT). Verfügbar unter: http://perso.unifr.ch/margrit.stamm/forschung/fo_downloads/fo_dl_proj/BLB_Schlussbericht_2009.pdf [15.11.2010].

Stamm, M., Niederhauser, M., Ruckdäschel, C. & Templer, F. (Hrsg.). (2009). Schulabsentismus: Ein Phänomen, seine Bedingungen und Folgen (1. Auflage). Wiesbaden: VS Verlag für Sozialwissenschaften.

Stamm, M., Ruckdäschel, C. & Templer, F. (2009b). Facetten des Schulschwänzens: Empirische Befunde zu schulabsenten Verhaltensformen Jugendlicher. Diskurs Kindheits- und Jugendforschung, 1, 107-122.

Stamm, M. & Stutz, M. (2009). Die Wirkung von vorschulischen Kompetenzen auf die Berufsausbildung: Eine empirische Studie zu den Ausbildungsverläufen von Frühlesern und -rechnerinnen (Unveröffentlichter Schlussbericht zuhanden der Berufsbildungsforschung des BBT). Verfügbar unter: http://perso.unifr.ch/margrit.stamm/forschung/fo_downloads/fo_dl_proj/FLR_08_Schlussbericht.pdf [15.11.2010].

Stearns, E. & Glennie, E. J. (2006). When and Why Dropouts Leave High School. Youth & Society, 38 (1), 29-57.

Steiner, M., Steiner, P. M. & Erkinger, M. (2005). Dropout und Übergangsprobleme: Ausmass und soziale Merkmale von BildungsabbrecherInnen und Jugendlichen mit Einstiegsproblemen in die Berufstätigkeit, Institut für Höhere Studien (IHS). Verfügbar unter: http://www.equi.at/dateien/abschlussbericht_dropoutstud.pdf [14.12.2010].

Steiner, P. M. & Steiner, M. (2006). Bildungsabbruch und Beschäftigungseintritt: Ausmass und soziale Merkmale jugendlicher Problemgruppen. Verfügbar unter: http://www.equi.at/dateien/bildungsabbruch_2006.pdf [23.3.2010].

Stokes, D., O'Connell, G. & Griffin, G. (2000). YOUTHREACH 2000: A Consultative Process. A Report on the Outcomes. Verfügbar unter: http://www.youthreach.ie/aatopmenu/Library/YR2K/Full%20YR2K.doc [9.11.2010].

Swanson, C. B. & Schneider, B. (1999). Students on the Move: Residential and Educational Mobility in America's Schools. Sociology of Education, 72 (1), 54-67.

Sweeten, G. (2006). Who Will Graduate? Disruption of High School Education by Arrestand Court Involvement. Justice Quaterly, 23 (4), 462-480

Tansel, A. (1998). Determinants of School Attainment of Boys and Girls in Turkey: Working Paper, Economic Research Forum. Verfügbar unter: http://citeseerx.ist.psu.edu/viewdoc/download?doi=10.1.1.79.7109&rep=rep1&type=pdf [20.9.2010].

Timeout e.V. (o.J.). Leitbild, Timeout Hofgut Rössle. Verfügbar unter: http://www.timeout.eu/cms/timeout/leitbild.html [11.1.2011].

## Literaturverzeichnis

Tinto, V. (1975). Dropout from Higher Education: A Theoretical Synthesis of Recent Research. Review of Educational Research, 45 (4), 16-21.

Tinto, V. (1993). Leaving College: Rethinking the Causes and Cures of Student Attrition (2. Auflage). Chicago: University of Chicago Press.

Tippelt, R. (2009). Bildung Älterer: Chancen im demografischen Wandel. DIE spezial. Bielefeld: Bertelsmann.

Tippelt, R. (2010). Idealtypen konstruieren und Realtypen verstehen: Merkmale der Typenbildung. In J. Ecarius & B. Schäffer (Hrsg.), Typenbildung und Theoriegenerierung. Methoden und Methodologien qualitativer Bildungs- und Biographieforschung (S. 115–126). Opladen: Barbara Budrich.

Tippelt, R. (2011). Drop out im Bildungssystem: Situation und Prävention. Einleitung zum Thementeil. Zeitschrift für Pädagogik, 57 (2), 145-152.

Traag, T., Marie, O. & van der Velden, R. K. W. (2010). Social Bonding, Early School Leaving, and Delinquency, Universität Maastricht. Verfügbar unter: http://edocs.ub.unimaas.nl/loader/file.asp?id=1570 [29.9.2011].

Traag, T. & van der Velden, R. K. W. (2006). Early School-leaving in Lower Secondary Education: The Role of Student-, Family- and School Factors, Centre d'études et de recherches sur les qualifications (Céreq). Verfügbar unter: http://www.cereq.fr/tiy2006/papers/Traag_VanDerVelden_TIY06.pdf [14.12.2010].

TREE. (2008). Projekt-Dokumentation 2000-2008. Verfügbar unter: http://tree.unibas.ch/index.php?eID=tx_nawsecuredl&u=0&file=fileadmin/tree/redaktion/docs/TREE_2008_Project_documentation_2001-2008_german.pdf&t=1292433017&hash=0c1fdbecc819918e6b1112512014062d [14.12.2010].

Tresch, S. & Zubler, C. (2009). Schullaufbahnen quer durch die Volksschule: Auf den Spuren von individuellen Bildungswegen; von der Einschulung bis zum Abschluss. Aarau: Lehrmittelverlag des Kantons Aargau.

Troltsch, K. (2001). Bildungschancen Jugendlicher ohne abgeschlossene Berufsausbildung, Bundesinstitut für Berufsbildung (BIBB). Verfügbar unter: http://www.bibb.de/dokumente/pdf/pr_pr-material_2002_benachteiligte_troltsch.pdf [14.12.2010].

Tyler, J. H. & Lofstrom, M. (2009). Finishing High School: Alternative Pathways and Dropout Recovery. The Future of Children, 19 (1), 77-103.

Uhlendorf, U. (2010). Typenbildende Verfahren. In K. Bock, I. Miethe & B. Ritter (Hrsg.), Handbuch qualitative Methoden in der Sozialen Arbeit (S. 314–324). Opladen: Barbara Budrich.

UNICEF Romania. (o.J.). Quality Education for Vulnerable Groups. Verfügbar unter: http://www.unicef.org/romania/education_1617.html [20.9.2010].

Valenzuela, A. (1999). Subtractive Schooling: U.S.-Mexican Youth and the Politics of Caring. SUNY Series, The Social Context of Education. SUNY series, the social context of education. Albany: State University of New York Press. Verfügbar unter: http://www.gbv.de/dms/bowker/toc/9780791443217.pdf.

van Kuyk, J. J. (Hrsg.) (2006). The Quality of Early Childhood Education: Report of a Scientific Conference 2006. Arnhem: Cito.

Varesano, O., Friscik, J. & Trochu-Grasso, C. (2008). The Former Yugoslav Republic of Macedonia, UN Committee Against Torture. Verfügbar unter: http://www.omct.org/pdf/UNTB/2008/shadow_report_omct_macedonia_women_children.pdf [20.9.2010].

Volante, L. (2004). Teaching to the Test: What Every Educator and Policy-Maker Should Know. Canadian Journal of Educational Administration and Policy, 35. Verfügbar unter: http://eric.ed.gov/ERICWebPortal/contentdelivery/servlet/ERICServlet?accno=EJ848235 [10.5.2011].

Wagner, M. (Hrsg.). (2007). Schulabsentismus: Soziologische Analysen zum Einfluss von Familie, Schule und Freundeskreis. Weinheim: Juventa. Verfügbar unter: http://www.worldcat.org/oclc/220308133.

Wagner, M., Dunkake, I. & Weiss, B. (2004). Schulverweigerung: Empirische Analysen zum abweichenden Verhalten von Schülern. Kölner Zeitschrift für Soziologie und Sozialpsychologie, 56 (3), 457-489.

Waldfogel, J., Garfinkel, I. & Kelly, B. (2007). Welfare and the Costs of Public Assistance. In C. R. Belfield & H. M. Levin (Hrsg.), The Price We Pay. Economic and Social Consequences of Inadequate Education (S. 160–174). Washington, DC: Brookings Institution Press.

Waxman, H. C., Padraon, Y. N. & Gray, J. (2004). Educational Resiliency: Student, Teacher, and School Perspectives. Greenwich: Information Age Publishing.

Wayman, J. C. (2001). Factors Influencing Dropouts' GED and Diploma Attainment. Education Policy Analysis Archives, 9 (4). Verfügbar unter: http://epaa.asu.edu/epaa/v9n4/ [6.5.2011].

Waymann, J. C. (2002). The Utility of Educational Resilience for Studying Degree Attainment in School Dropouts. Journal of Educational Research, 95 (3), 167-178.

Wehlage, G. G. & Rutter, R. A. (1986). Dropping Out: How Much Do Schools Contribute to the Problem? Teachers College Record, 87 (3), 374-392.

Weinert, F. E. & Helmke, A. (Hrsg.). (1997). Entwicklung im Grundschulalter. Weinheim: Beltz.

Weiss, B. (2007). Wer schwänzt wie häufig die Schule? In M. Wagner (Hrsg.), Schulabsentismus. Soziologische Analysen zum Einfluss von Familie, Schule und Freundeskreis (S. 37–55). Weinheim: Juventa.

Werner, E. E. (2000). Protective Factors and Individual Resilience. In J. P. Shonkoff & S. J. Meisels (Hrsg.), Handbook of Early Childhood Intervention. 2. Auflage (S. 115–132). Cambridge: Cambridge University Press.

Werner, E. E. & Smith, R. S. (1982). Vulnerable, but Invincible: A Longitudinal Study of Resilient Children and Youth. New York: McGraw-Hill. Verfügbar unter: http://www.worldcat.org/oclc/7551134.

Willett, J. B. & Singer, J. D. (1991). From Whether to When: New Methods for Studying Student Dropout and Teacher Attrition. Review of Educational Research, 61 (4), 407-450.

Witzel, A. (1982). Verfahren der qualitativen Sozialforschung: Überblick und Alternativen. Campus Forschung: Bd. 322. Frankfurt am Main: Campus-Verlag.

Wössmann, L. & Piopiunik, M. (2009). Was unzureichende Bildung kostet: Eine Berechnung der Folgekosten durch entgangenes Wirtschaftswachstum, Institut für Wirtschaftsforschung an der Universität München. Verfügbar unter: http://www.bertelsmann-stiftung.de/bst/de/media/xcms_bst_dms_30242_30243_2.pdf [14.12.2010].

Young, B. A. (2003). Public High School Dropouts and Completers From the Common Core of Data: School Year 2000–01: Statistical Analysis Report, National Center for Education Statistics (NCES). Verfügbar unter: http://nces.ed.gov/pubs2004/2004310.pdf [15.9.2010].

Zander, M. (2009). Armes Kind - starkes Kind?: Die Chance der Resilienz (2. Aufl.). Wiesbaden: VS Verlag für Sozialwissenschaften. Verfügbar unter: http://www.worldcat.org/oclc/502144151.

# Abbildungsverzeichnis

| Abbildung 1: | Geographische Übersicht der EU Benchmark 2010 (EUROSTAT, 2009) | 24 |
| Abbildung 2: | Ausmaß der Early school leaver in Europa nach Geschlecht (EUROSTAT, 2008) | 32 |
| Abbildung 3: | Gründe für den Schulabbruch (Berktold et al. 1998; Mehrfachantworten) | 37 |
| Abbildung 4: | Theoriebasiertes Arbeitsmodell | 53 |
| Abbildung 5: | Darstellung und Struktur des Forschungsdesigns | 59 |
| Abbildung 6: | Die Auswertungsstufen der empirischen Typologie nach Kluge, (1999, S. 261) | 69 |
| Abbildung 7: | Zeitpunkt des ersten Schulschwänzens von Drop-outs (N=52) und Stabile (N=3704) | 80 |
| Abbildung 8: | Drop-out-Typen und Arten des Schulabbruchs | 94 |
| Abbildung 9: | Ausbildungsstand zum im Herbst 2011, drei Jahre nach Schulabbruch | 99 |
| Abbildung 10: | Revidiertes Arbeitsmodell | 137 |

# Tabellenverzeichnis

| | | |
|---|---|---|
| Tabelle 1: | Erhobene Konstrukte des Einflussfaktors Schule | 62 |
| Tabelle 2: | Erhobene Konstrukte des Einflussfaktors Familie | 65 |
| Tabelle 3: | Erhobene Konstrukte des Einflussfaktors Peers | 66 |
| Tabelle 4: | Erhobene Konstrukte des Einflussfaktors Individuum | 67 |
| Tabelle 5: | Erhobene Konstrukte des Einflussfaktors Devianz | 68 |
| Tabelle 6: | Merkmale der ersten Vergleichsdimension „Akteure" | 71 |
| Tabelle 7: | Merkmale der Vergleichsdimension „Kontexte" | 72 |
| Tabelle 8: | Drop-out-Typologie | 73 |
| Tabelle 9: | Merkmale der Drop-outs (N=52) und der Stabilen (N=370) | 78 |
| Tabelle 10: | Cluster mit je spezifischem Risikopotential zum Schulabbruch | 81 |
| Tabelle 11: | Vorhersagemodell für Schulabbruch (logistische Regression | 84 |
| Tabelle 12: | Entwicklungsstatus der Drop-outs drei Jahre nach ihrem Schulabbruch | 98 |

# Anhang

# Anhang A: Glossar

**Attribution**
Der Begriff umschreibt die subjektiven Deutungen von Ursache-Wirkungszusammenhängen sowie die aus dieser Deutung resultierenden Konsequenzen. Im Zentrum steht die Beantwortung der Warum-Frage hinsichtlich eines Ergebnisses, z.B. einer schlechten schulischen Leistung. Diese Ursachenzuschreibung dient der subjektiven Erklärung von Fremd- und Eigenverhalten. Zentral bei der Attribution ist die Lokalisierung der Ursache, diese kann internal (in der Person selbst) oder external (in äußeren Umständen und anderen Personen) sein.

**Benchmark**
Der Begriff Benchmark meint ein Maßstab oder Referenzwert. Ein Benchmark dient der Evaluierung einer Entwicklung und lässt vergleichende Analysen zu. Der EU-Benchmark für die Drop-out-Rate von 10% ist gleichzeitig Referenz- als auch Zielwert, anhand dessen der Erfolg von drop-out-reduzierenden Maßnahmen in unterschiedlichen europäischen Ländern bemessen werden kann.

**Bildungsnähe**
Der Begriff der Bildungsnähe umfasst drei Definitionsdimensionen: erstens der Bildungsabschluss, zweitens die Zugehörigkeit zu gewissen sozio-demografischen Personengruppen und drittens das Vorhandensein bestimmter (intellektueller) Fertigkeiten und Kenntnisse. Bildungsnähe wird oftmals im Kontext Eltern und dem Bildungserfolg ihrer Kinder verwendet. In diesem Sinne ist Bildungsnähe zu verstehen als Ressourcen die den Zugang zu Bildung erleichtern.

**Bildungsresilienz**
In der Bildungsforschung werden Kinder und Jugendliche als resilient bezeichnet, die trotz ungünstigen Bildungsvoraussetzungen schulerfolgreich sind. Jugendliche, welche den Wiedereinstieg in die Schule oder in ein schulisches oder berufliches Ausbildungsangebot schaffen, können als bildungsresilient bezeichnet werden
→ *Resilienz*

Anhang A: Glossar

**Clusteranalyse**
Bei der Clusteranalyse werden einzelne Individuen, hier die Drop-outs, einer Stichprobe zu Gruppen, so genannten Clustern, zusammengefasst. Zur Einteilung der Cluster können verschiedenste Merkmale verwendet werden (demographische Daten, Einstellungen usw.). Ziel ist es, dass die Individuen jedes Clusters möglichst ähnliche Eigenschaften bei den ausgewählten Merkmalen haben. Gleichzeitig sollen sich die Individuen in den verschiedenen Clustern möglichst stark voneinander unterscheiden. Mittels der Clusteranalyse können dadurch Individuen nach bestimmten Merkmalen gruppiert und typologisiert werden. Diese Cluster können anschließend bei weiteren Merkmalen miteinander verglichen werden.
→ *Partitionierende Clusteranalyse, interne Homogenität, externe Heterogenität*

**Delinquenz**
Delinquenz beschreibt eine Normabweichung, die im Gegensatz zu Devianz und anderen verwandten Begriffen – auch gegen gesetzliche Normen verstößt und somit eine Straftat meint.

**Devianz**
Devianz ist ein Verhalten, das die Verletzung sozialer Normen beinhaltet. Das Verhalten selbst lässt sich nicht durch bestimmte Merkmale definieren, sondern nur im Hinblick auf den jeweiligen sozialen Kontext.

**Empirische Typologie**
Eine empirische Typologie ist das Ergebnis einer Auswertungsmethode auf Basis von erhobenen Daten aus dem Feld. Typologien werden gebildet anhand der zwei Dimensionen interne Homogenität und externe Heterogenität. Dabei geht es darum Individuen aufgrund ihrer Ausprägungen in einer Vergleichsdimension, resp. einer Kombination zweier oder mehrerer Vergleichsdimensionen im Merkmalsraum, in Gruppen – Typen – zusammenzufassen. Die Individuen innerhalb eines Typus sollen möglichst ähnlich sein, während sich die Typen untereinander möglichst fremd sind.
→ *Konzept des Merkmalsraums, interne Homogenität, externe Heterogenität*

**Externe Heterogenität**
Externe Heterogenität umschreibt das Konzept eines möglichst großen Unterschiedes zwischen Gruppen in Bezug auf ein oder mehrere Merkmale (demographische Daten, Einstellungen usw.). Damit beschreibt die externe Heterogenität die Trennschärfe zwischen zwei oder mehreren Gruppen. Das Pendant

zur externen Heterogenität ist die interne Homogenität, die eine größtmögliche Ähnlichkeit zwischen den Fällen innerhalb einer Gruppe beschreibt.
→ *Clusteranalyse, Interne Homogenität, Partitionierende Clusteranalyse*

**Fade-out**
Fade-out meint das allmähliche Ausklinken aus dem Schulbetrieb. Jugendliche distanzieren sich kontinuierlich von der Schule und werden zunehmend schulaversiv und schulmüde. Die Jugendlichen gehen zwar noch zur Schule, schalten aber im Unterricht ab, stören ihn, reagieren gereizt auf die Lehrpersonen und zeigen eine „Null-Bock-Stimmung". Der Schulabbruch erscheint dann in diesem Verständnis lediglich als logische Folge eines längeren Abkoppelungsprozesses.
→ *Push-out, Pull-out*

**Frühzeitige Einschulung**
Aufgrund der Bildungshoheit der Kantone gibt es innerhalb der Schweiz keine einheitliche Regelung der Einschulung. Während in manchen Kantonen der Kindergarten bereits zur Schulpflicht gehört und entsprechend früher von Einschulung gesprochen werden kann, ist in anderen Kantonen der Besuch des Kindergarte noch immer fakultativ. Darüber hinaus gibt es in vielen Kantonen Abweichungsmöglichkeiten bezüglich des regulären Einschulungsalters, z.B. die Möglichkeit Kinder die vor einem bestimmten Richtzeitpunkt geboren werden ein Jahr früher einzuschulen. Diesbezüglich soll die „Interkantonale Vereinbarung über die Harmonisierung der obligatorischen Schule" (HarmoS) zu einer Vereinheitlichung führen, wodurch auch die Terminologie „frühzeitige Einschulung" genauer fassbar wird.

**Humankapital**
Humankapital bezeichnet das, was ein Mensch kann, weiß und wie er damit umgeht. Diese Merkmale bilden die Grundlage, damit ein Individuum in der Gesellschaft und im Arbeitsmarkt partizipieren kann.
→ *Kapital (ökonomisch, kulturell und sozial)*

**Interne Homogenität**
Interne Homogenität umschreibt die Forderung nach einer möglichst großen Ähnlichkeit innerhalb einer Gruppe, eines Clusters oder eines Typus anhand ihrer Vergleichsdimension(en). Die interne Homogenität ist damit das Pendant zur externen Heterogenität, die das Konzept umschreibt eines möglichst großen Unterschiedes zwischen Gruppen in Bezug auf ein oder mehrere Merkmale (demographische Daten, Einstellungen usw.). Im statistischen Jargon

wird die interne Homogenität synonym verwendet zur internen Konsistenz einer Skala mit mehreren Items. Als Maß für die Güte wird für gewöhnlich Cronbach's Alpha verwendet.
→ *Externe Heterogenität, Clusteranalyse, Partitionierende Clusteranalyse*

**Intervention**
Im Gegensatz zur Prävention und Beratung wird Intervention als direkten Eingriff in ein Geschehen verstanden, um ein ungewünschtes Phänomen zu beseitigen.
→ *Prävention*

**Kapital (ökonomisch, kulturell und sozial)**
In den Sozialwissenschaften wird ein Kapitalbegriff verwendet, der auf Pierre Bourdieu und James Coleman zurückgeht. Kapital lässt sich in ökonomisches, soziales und kulturelles Kapital unterteilen. Das ökonomische Kapital meint finanzielle Ressourcen, das soziale Kapital persönliche Netzwerke und Beziehungen und das kulturelle Kapital das Wissen sowie der Besitz an Bildungstiteln und Kulturgütern.
→ *Humankapital*

**Kontingenzverträge**
Kontingenzverträge sind Vereinbarungen zwischen zwei Parteien, die Angaben enthalten über konkrete zukünftige Verhaltensweisen und damit verknüpfte positive Konsequenzen („Belohnungen"), als auch über negative Konsequenzen für das Nichterreichen bestimmter Verhaltensziele. Durch die Vereinbarung werden beide Seiten, z.B. Lehrperson und Schülerin oder Heilpädagogin und Schulabbrecher, aktiv in die geplante Verhaltensänderung mit einbezogen, wodurch ein Fokus auf den Aufbau von Eigenverantwortung und Selbstverstärkung gelegt wird
→ *Tokensysteme*

**Konzept des Merkmalsraums**
Der Begriff gehört zum Bereich der empirischen Typologiebildung. In einer Typologie werden Typen als Merkmalskombinationen definiert, welche einen Merkmalsraum innerhalb des Untersuchungsgegenstandes geschaffen haben. Mit Hilfe der Darstellung in einer Mehrfeldertafel mit zwei Vergleichsdimensionen kann der Merkmalsraum dargestellt und potenziale Merkmalskombinationen ersichtlich werden.
→ *Empirische Typologie*

## Logistische Regression
Die logistische Regressionsgleichung bestimmt die relative Wahrscheinlichkeit, mit der ein bestimmtes Ereignis in Abhängigkeit von einer oder mehr unabhängigen Variablen eintritt. Im Unterschied zur linearen Regression wird bei einer logistischen Regression nicht von einem linearen Zusammenhang zwischen den unabhängigen Variablen und der abhängigen Variablen ausgegangen.

## Monitoring
Monitoring ist ein Sammelbegriff für unterschiedliche Arten der systematischen Erfassung, Beobachtung und Überprüfung eines Prozesses und mögliche nachfolgende Wiederholungen. Ziel des Monitoring ist die Prozesssteuerung. Wichtig sind hierzu Kennzahlen und die Festlegung von Schwellenwerten, bei deren Unter- resp. Überschreitung eingegriffen werden soll.

## Partitionierende Clusteranalyse
Die Besonderheit einer partitionierenden Clusteranalyse ist, dass bereits im Voraus, z.B. aufgrund der Theorie und dem Forschungsstand, die Anzahl Cluster bekannt ist. Entsprechend werden mittels statistischer Verfahren die einzelnen Fälle jeweils einem bestimmten Cluster zugeordnet.
→ *Externe Heterogenität, Interne Homogenität*

## Partizipation
Der Begriff Partizipation bezeichnet Teilnahme und Einbezug einer Person oder Gruppe an Entscheidungsprozessen oder an Handlungsabläufen. Im pädagogischen Bereich geht es primär um die Beteiligung und Mitbestimmung von Kindern und Jugendlichen an Willensbildungsprozessen, deren Auswirkungen sie persönlich betreffen, z.B. Festlegung von Verhaltensregeln oder Ausgestaltung eines Schulausflugs.

## Prädiktoren
Prädiktoren sind Variablen, welche Aussagen über Ereignisse, Zustände oder Entwicklung in der Zukunft erlauben. In statistischen Analysen sind Prädiktoren oftmals das Ergebnis von Regressionsanalysen. Dabei wird anhand einer Vielzahl verschiedener Faktoren bestimmt, welche Einflussgrößen den größten prognostischen Wert aufweisen.
→ *Logistische Regression*

### Prävention
Als Prävention wird jede Handlung bezeichnet, welche vorausschauend einen eine drohende Gefährdung oder Schädigung verhindern soll. Grundsätzlich werden drei Arten von Prävention unterschieden: die primäre Prävention zielt darauf ab, jede Störung und Gefährdung im Voraus zu vermeiden. Die sekundäre Prävention hat zum Ziel, mögliche Konsequenzen zu verhindern(Intervention). Die tertiäre Prävention soll bereits eingetretenen Schädigungen entgegenwirken.
→ *Intervention*

### Pull-out
Unter Pull-out ist ein freiwilliger Schulabbruch Jugendlicher aufgrund einer rationalen Kosten-Nutzenanalyse zu verstehen, d.h. sie wägen mehr oder weniger bewusst ab, was ihnen wichtiger ist die Schule oder das Leben außerhalb der Schule. Dabei messen sie den außerschulische Aktivitäten ein höheres Gewicht bei als dem Unterricht, woraufhin sich die Distanz zwischen der Schule und den Jugendlichen immer mehr vergrößert.
→ *Push-out, Fade-out*

### Push-out
Anders als der Begriff Pull-out sucht der Begriff Push-out die Gründe für einen Abbruch in der institutionellen Struktur der Schule. Dieses Verständnis impliziert somit, dass Jugendliche die Schule nicht in erster Linie aufgrund ihrer Lebenssituation abbrechen, sondern, weil sie aus der Schule gedrängt werden.
→ *Pull-out, Fade-out*

### Resilienz
Mit Resilienz ist die psychische Widerstandsfähigkeit eines Kindes oder Jugendlichen gemeint, sich trotz biologischen, psychologischen und psychosozialen Risiken gut zu entwickeln.

### Schulabsentismus
Schulabsentismus meint das unerlaubte Fernbleiben von der Schule. Der Begriff subsummiert sowohl das Schuleschwänzen als auch Schulverweigerung.

### Time-out
Das Time-out-Konzeptsieht vor, Kinder und Jugendliche, die wiederholt in schwerwiegender Form den Unterricht stören oder ein aggressives Verhalten an den Tag legen, temporär von der Schule auszuschließen. Dabei besteht das Ziel darin, diese Kinder und Jugendliche zu einem späteren Zeitpunkt wieder

in der regulären Schule zu reintegrieren. Es existieren unterschiedliche Formen von Time-out, Time-out-Schulen, Time-out-Klassen oder Auslandsaufenthalte resp. spezifische Time-out-Angebote.

**Tokensysteme**
Der Begriff stammt aus der Verhaltenstherapie und heißt aus dem Englischen übersetzt Münz-Eintausch/Verstärkungssystem. Für ein entsprechendes Verhalten erhält der Betroffene einen Token (sekundärer Verstärker) – z.B. in Form eines Poker-Jetons – den er später wiederum eintauschen kann gegen etwas, das er sich wünscht aber anders nicht erhalten würde (primärer Verstärker), sei das materiell z.B. eine DVD oder in Form einer Aktivität z.B. bis um zehn Uhr am Abend draußen bleiben zu dürfen. Tokens dienen in der Praxis auf in der Ermangelung an geeigneten primären Verstärkern
→ *Kontigenzverträge*

# Anhang B: Das Präventions- und Interventionsprogramm STOP-DROP

## Eine Handreichung zur Prävention von Schulabbrüchen

## 1 Einführung

Das Ziel dieser Handreichung besteht darin, spezifische und evidenzbasierte Empfehlungen abzugeben, die auf die Reduktion von vorzeitigen Schulabbrüchen (Abbrüche, Ausstiege, Ausschlüsse) ausgerichtet sind. Im Mittelpunkt stehen praktische Informationen zu den Hauptproblemen von Schulabbrüchen, welche präventiv angegangen werden können. Die Handreichung basiert auf den derzeit aus wissenschaftlicher Sicht als zuverlässig beurteilten Forschungserkenntnissen. Sie wurde im Rahmen der von der GEBERT-RÜF STIFTUNG geförderten Längsschnittstudie „Die Zukunft verlieren? Schulabbrecher in der Schweiz" erarbeitet.

Diese Handreichung richtet sich an alle, die im Bildungs- und Sozialwesen tätig sind oder sich für diesen Bereich interessieren. Angesprochen sind Lehrkräfte aller Stufen und Schultypen, Fachleute aus den Bereichen der Sozial- und Jugendarbeit, der Sozialpädagogik, der juristisch-strafrechtlichen inkl. Bildungs- und Sozial-Behörden, der Verwaltung und Jugendpolitik, der Berufsbildung, Berufsberatung sowie interessierte Eltern.

Für die Gesellschaft ist es ein wichtiges Ziel, junge Menschen darin zu unterstützen, in der Schule zu bleiben und sie regulär abzuschließen. Unsere Wissensgesellschaft ist eine Zertifizierungsgesellschaft geworden. Ohne Zeugnis läuft fast nichts mehr. Deshalb verbergen sich hinter fast allen Schulabbrechern unseres Projekts persönliche Dramen und soziale Probleme gewaltigen Ausmaßes. Vier Aspekte sind dabei besonders herauszustreichen:
- Schulabbruch kann keinesfalls ausschließlich als individuell verantwortetes Problem eines Abweichlers oder einer erziehungsinkompetenten Familie verstanden werden. Vielmehr trägt auch die Schule ihre Verantwortung. Inwiefern sie diese wahrnimmt, zeigt sich daran, wie viel *Haltekraft* sie ihren Schülern anzubieten in der Lage ist.

- *Den* Drop-out gibt es nicht, sondern viele und unterschiedlich gefährdete Abbrecher, Aussteiger und Ausgeschlossene. Wir müssen somit einen genaueren Blick auf die bisher unhinterfragt angenommene Homogenität der Schulabbrecher werfen, um ein größeres Verständnis für ihre Heterogenität zu entwickeln. Es gilt zu unterscheiden zwischen Schulmüden, Gemobbten, familiär Belasteten, Delinquenten und Hängern. Innerhalb der einzelnen Abbrechertypen gibt es sehr unterschiedliche Abbruchs- und Ausstiegsmuster.
- Weil das Ausscheiden aus der Schule weder an ein bestimmtes familiäres Milieu noch an einen bestimmten Schultyp gebunden ist, heißt dies auch, dass Schulabbruch für jeden Jugendlichen etwas anderes bedeutet. Während die einen tatsächlich „die Zukunft zu verlieren" drohen, lässt sich bei anderen der Ausstieg eher als identitätsfördernder Entwicklungsschub verstehen. Deshalb sind im Hinblick auf Präventions- und Interventionsmaßnahmen auch unterschiedliche Strategien gefragt.
- Schulabbruch darf per se nicht dramatisiert werden. In zumindest zwei Dritteln der Fälle unserer Studie ist er Ausdruck eines Teils des menschlichen Lebenslaufes, Ausdruck der veränderten Ausbildungsbiographien heutiger Jugendlicher. Solche Jugendliche könnte eine frühe Förderung, eine fürsorgliche Schule und eine Familie, die sich um eine angemessene Erziehung bemüht, relativ erfolgreich unterstützen. In Bezug auf das dritte Drittel jedoch sollten wir den Schulabbruch tatsächlich dramatisieren. Es handelt sich bei ihnen um eine Risikogruppe mit massiven, früh einsetzenden Problemen.

Wenn es *den* Schulabbrecher nicht gibt, dann ist auch eine Konsequenz für das Präventionskonzept STOP-DROP formuliert: Sie besagt, dass es auch nicht *die* allgemeine Präventionsstrategie geben kann, sondern unterschiedliche Zugänge geschaffen werden müssen. STOP-DROP sieht deshalb vier unterschiedliche Zugänge vor.

Allerdings wird ausschließlich der schulische und der vorschulische Wirkraum in den Blick genommen, dies aufgrund der Tatsache, dass die Schule bei Ausstiegen, Abbrüchen und Ausschlüssen eine bedeutende Rolle spielt und weil das familiäre Bedingungsgefüge zur Entwicklung von Schuldistanz und Schulausstieg häufig nur begrenzt geändert werden kann.

Nachfolgend werden zunächst die Inhalte und Ziele von STOP-DROP dargelegt. Daran schließt eine Checkliste an, welche die Inhalte der Handreichung wieder gibt. Das nächste Kapitel enthält die acht Empfehlungen. Zu jeder Empfehlung werden darüber hinaus Schwerpunkte für ihre Umsetzung formuliert. Sie stellen einen soliden Ausgangspunkt dar, um Pädagogen in ihrem Beitrag zur Reduktion von Schulabbrüchen Jugendlicher zu unterstützen.

## 2 Das Präventionskonzept

STOP-DROP basiert auf der Haupterkenntnis unserer Studie, wonach Schulabbruch das Ergebnis eines langen Distanzierungs- und Entfremdungsprozesses vom Schulbetrieb darstellt, an dem sowohl der betreffende Schüler resp. die Schülerin wie auch die Schule und ihre Lehrkräfte selbst beteiligt sind. Ein Präventionsprogramm muss deshalb möglichst frühzeitig und nicht erst in der Sekundarstufe I einsetzen.

Die Leitidee von STOP-DROP ist die Reduktion von Schulabbrüchen und Schulausstiegen auf der Basis von Partizipation und Inklusion. Darauf basierend liefert STOP-DROP Empfehlungen zur Reduktion potenziellen Ausstiegsverhaltens. Das Ziel von STOP-DROP liegt somit nicht darin, Anleitungen für Interventionen zu formulieren, wie man beispielsweise Schulabbrecher in die Schule zurückholt.

Das nachfolgend dargestellte Präventionskonzept baut auf vier Säulen und acht Empfehlungen auf. Während Säule I auf die statistischen Grundlagen ausgerichtet ist, fokussieren die Säulen II und III auf die gefährdeten Jugendlichen selbst und die Schule. Weil Prävention im Vorschulbereich eine besonders zentrale Bedeutung für das spätere Schulengagement hat, ist eine vierte Säule auf die vorschulische Förder- und Integrationsarbeit ausgerichtet. Diese vier Säulen sind einerseits Konsequenzen aus unserem Projekt, andererseits aus der internationalen Drop-out-Forschung.

- Säule I: Diagnostik von Schuldistanzierung und potenziellem Schulausstieg – Empfehlung 1
- Säule II: Auf Schülerinnen und Schüler ausgerichtete Maßnahmen – Empfehlungen 2, 3 und 4
- Säule III: Auf die Schule ausgerichtete Maßnahmen – Empfehlungen 5, 6 und 7
- Säule IV: Vorschulische Förder- und Integrationsarbeit – Empfehlung 8

Der Evidenzgrad für jede Empfehlung wurde wie folgt definiert: (a) die Effekte der tatsächlichen Intervention (wobei ein Effekt grösser als 0.25 als Indikator für positive Effekte gilt) sowie (b) die Anzahl der Evaluationen, die zur fokussierten Intervention durchgeführt worden waren, welche die Komponente mit einschloss.

## Anhang B: Das Präventions- und Interventionsprogramm STOP-DROP

*** bedeutet starke und generalisierbare Hinweise, dass ein Drop-out-Präventionsprogramm zu besseren Ergebnissen führt.
** bedeutet, dass entweder Hinweise von Studien vorliegen, welche eindeutige ursächliche Folgerungen zulassen, aber nicht mit Sicherheit für die Zielgruppe generalisiert werden können, auf welche die Empfehlung fokussiert ist oder dass die vorliegenden Hinweise aus generalisierbaren Studien stammen, jedoch kausale Vieldeutigkeiten vorliegen, die unterschiedlich interpretiert werden können.
* bedeutet, dass die Einschätzung auf angemessenen Ableitungen aus Forschung, Theorie und anderen Themen beruhen, die jedoch den Standards, welche eine Ableitung rechtfertigen, nicht ganz genügen.

Es ist zu beachten, dass die Evidenzniveaus keine Beurteilung darstellen, wie effektiv diese Empfehlungen sind, wenn sie angewendet werden. Sie bilden lediglich unsere Einschätzung des in Forschungsstudien berichteten Erfolgs ab, wenn solche Strategien in die Praxis umgesetzt wurden.

| | |
|---|---|
| **Säule I**<br>**Diagnostik von Ausstiegsgefährdung** | |
| Langfristig aufgebaute schulinterne Datenerfassungssysteme erlauben eine realistische Diagnose zur Anzahl der Schülerinnen und Schüler, welche ein hohes Ausstiegsrisiko haben. Als Kernelemente gelten die Erfassung des Schuleschwänzens, der Klassenwiederholungen, der mangelnden Schulleistungen sowie problematischer Peer-Group-Kontakte. Regelmäßig erhoben, analysiert und in entsprechende Förder- und Unterstützungsarbeit überführt, sind solche Datenerfassungssysteme das Kernelement jeder Präventionsarbeit.<br>→ **Empfehlung 1: Aufbau von Datenerfassungssystemen für Jugendliche mit Ausstiegsrisiko** | *** |
| **Säule II**<br>**Auf Schülerinnen und Schüler ausgerichtete Maßnahmen** | |
| Risiko-Jugendliche haben oft persönliche, familiäre und soziale Schwierigkeiten, welche sie daran hindern, regelmäßig zur Schule zu gehen und gute Leistungen zu erbringen. Mentoren können solchen Jugendlichen nicht nur helfen, derartige Hindernisse zu überwinden, sondern ihnen auch als Vorbild für positives und respektvolles Verhalten dienen. Mentoren sind erfolgreich, wenn sie eine angemessene Ausbildung haben und fachlich unterstützt werden, aus einem ähnlichen sozialen Herkunftsmilieu kommen wie die Jugendlichen, wenige Fälle betreuen und generell einen guten Draht zu Jugendlichen haben.<br>→ **Empfehlung 2: Zuweisung von Mentoren** | ** |

| | |
|---|---|
| Schulische Unterstützungsangebote zur Individualförderung und Angebote zur inhaltlichen Anreicherung (Enrichment) leisten einen Beitrag, damit ausstiegsgefährdete Jugendliche ihre Schulleistungen verbessern, unterforderte Schüler stärker herausgefordert werden und sie auf diese Weise ihre Schulanbindung erhöhen können. Haben solche Programme zusätzlich eine integrative Perspektive, sind sie in der Lage, einen Beitrag zur Ausschaltung aversiver Reize zu leisten.<br>→ **Empfehlung 3: Angebote zur integrativen Individualförderung** | * |
| Die Forschung zu Schulabbrechern, die den Weg ins Bildungssystem zurückfinden, verweist auf die große Bedeutung von Faktoren, welche als „Bildungsresilienz" bezeichnet werden können. Resilienz meint die psychische Widerstandsfähigkeit, trotz beeinträchtigender Faktoren das Leben erfolgreich zu meistern. Drop-outs, die zu Wiedereinsteigern werden, sind somit als „bildungsresilient" zu bezeichnen, weil sie trotz familiärer, schulischer und/oder persönlicher Negativerfahrungen in die Schule zurückkehren oder eine Ausbildung beginnen. Als protektive Faktoren erweisen sich ein gutes Leistungsselbstkonzept, die Überzeugung, den Schulabschluss schaffen zu können, Eltern, die sich um die schulischen Belange kümmern (Monitoring) sowie Vereinsaktivitäten. Schulen, welche Bildungsresilienz förderliche Verhaltens- und Trainingsprogramme in ihre Alltagsarbeit integrieren, wirken Schulausstiegen präventiv entgegen.<br>→ **Empfehlung 4: Einsatz von Verhaltens- und Trainingsprogrammen zum Aufbau von Bildungsresilienz** | ** |
| **Säule III**<br>**Auf die Schule ausgerichtete Maßnahmen** | |
| Personalisierte Schulumgebungen und individualisierte Unterrichtsprozesse sind das Fundament, damit Kinder und Jugendliche überhaupt erfahren können, dass ihre Präsenz und Partizipation den Lehrkräften wichtig ist. Solche Erfahrungen erzeugen nicht nur das Gefühl des Dazugehörens, sondern leisten auch einen Beitrag zum Aufbau eines Gemeinschaftssinns. Schulen, welche sich durch eine Haltekraft für alle Kinder und Jugendlichen auszeichnen, verfügen über ein sozial-integratives Klima, das getragen wird von verlässlich eingehaltenen Regeln, durch gemeinsam geteilte Verantwortung, durch gerechtes und fürsorgliches Verhalten der Schulleitung gegenüber der Lehrerschaft, der Lehrkräfte gegenüber der Schülerschaft sowie dieser untereinander und gegenüber den Lehrkräften und dem Schulpersonal.<br>→ **Empfehlung 5: Förderung der Haltekraft der Schule** | * |

| | |
|---|---|
| Keine Schule kann im Alleingang gute Präventionsarbeit leisten. Es zeigt sich, dass solche Schulen am erfolgreichsten sind, welche Kooperationen mit außerschulischen Partnern aufbauen (Jugendämter und Jugendarbeit, Erziehungsberatung, schulpädagogische Sozialarbeit, therapeutische Einrichtungen, Case Management des BBT). Schulen, welche zudem früh, d.h. bereits im Kindergarten, Elternarbeit systematisch in ihre Alltagsarbeit einbauen und ein gutes Eltern-Mentoring verlangen, haben weniger ausstiegsgefährdete Schüler. Zudem leistet eine Zusammenarbeit mit Vereinen einen Beitrag zum Aufbau von Bildungsresilienz.<br>→ **Empfehlung 6: Aufbau eines Netzwerkes mit Eltern, Verantwortungsträgern und Anbietern** | * |
| Lehrkräfte, die sich um effektive und relevante Lernförderung bemühen, integrieren auch die Berufswelt stärker in ihren Schulalltag und beziehen vermehrt Beispiele aus der Berufs- und Arbeitswelt in ihren Unterricht ein. Auf diese Weise können sie ausstiegsgefährdete Jugendliche stärker an die Schule binden. Fachspezifisches Coaching liefert hierzu gute Grundlagen.<br>→ **Empfehlung 7: Effektive Lernförderung und stärkere Integration der Berufswelt in die Schule** | ** |
| **Säule IV**<br>**Vorschulische Bildungsförderung als frühe Interventionen** | |
| Gute vorschulische Programme sind in der Lage, Schuldistanzierung zu minimieren und Schulabbrüche zu vermeiden. Sie müssen jedoch sowohl von hoher Qualität sein als auch in eine konsequente und kontinuierliche Lern- und Entwicklungsbegleitung in der Schule einmünden. Dabei sind solche Vorschulprogramme am erfolgreichsten, die nicht ausschließlich auf den Erwerb schulvorbereitender Kompetenzen setzen, sondern auch auf soziale und integrative Kompetenzen ausgerichtet werden.<br>→ **Empfehlung 8: Aufbau von frühpädagogischen Förder- und Integrationsprogrammen zur Prävention von sozialen Anpassungs- und Rückzugsproblemen** | *** |

## 3 Checkliste zur Umsetzung der Empfehlungen

| Säule I |
|---|
| **Diagnostik und Aufbau von unterstützenden Netzwerken** |
| **Empfehlung 1** |
| **Aufbau von Datenerfassungssystemen für Jugendliche mit Ausstiegsrisiko** |
| ☐ Entwicklung eines Verständnisses von Schulausstieg und -abbruch als negativster Partizipationsform und somit als pädagogische Herausforderung zur Erhöhung der Schulanbindung |
| ☐ Feststellung des Ausmaßes an Schulausstiegs- und Schulrückzugsproblemen |
| ☐ Identifikation der „risikogefährdeten" Schülerinnen und Schüler |
| ☐ Eruierung der Gründe für den Ausstieg/die Abkoppelung |
| ☐ Definition der Faktoren, welche eine Risikogefährdung ausmachen |
| ☐ Regelmäßige Erhebung, Analyse und Evaluation der Daten zwecks der Überführung in geeignete Handlungskonzepte |
| **Säule II** |
| **Auf Schülerinnen und Schüler ausgerichtete Maßnahmen** |
| **Empfehlung 2** |
| **Zuweisung von Mentoren** |
| ☐ Einsatz von erwachsenen Mentoratspersonen, die individuell mit einigen wenigen potenziell gefährdeten Jugendlichen zu einer fixen Zeit im Schulalltag arbeiten |
| ☐ Vorgängige Klärung und Definition der Rolle der Mentoratsperson |
| ☐ Kombination der Aufgabe des Mentorats mit der Funktion des Case Managements |
| ☐ Weiterbildung der Mentoren |
| **Empfehlung 3** |
| **Angebote zur integrativen Individualförderung** |
| ☐ Individuelle Förderunterstützung oder Kleingruppenangebote im oder außerhalb des Unterrichts inklusive der Einrichtung eines Tutorensystems |
| ☐ Zusatz- und Intensivangebote in Sommerprogrammen, Samstagskursen und in an die Schule anschließenden Nachmittagskursen |
| ☐ Fokus auf Deutsch, Mathematik, Lern- und Arbeitsstrategien sowie Zeitmanagement |
| ☐ Gezielter Einbau partizipativer Elemente im Schulalltag mit dem Ziel einer stärkeren Einbindung der Schülerschaft |

## Empfehlung 4
### Einsatz von Verhaltens- und Trainingsprogrammen zum Aufbau von Bildungsresilienz

- ☐ Förderung der Selbstregulation: Lehrkräfte, Mentoren oder andere engagierte Erwachsene helfen den betroffenen Schülerinnen und Schülern, verhaltensbezogene Ziele mit zu erreichenden Benchmarks zu setzen
- ☐ Lernerfolge schaffen: Lehrkräfte, Mentoren oder andere engagierte Erwachsene setzen Trainingsprogramme und Verhaltensmodifikationstechniken ein, damit individuelle Leistungssteigerungen und das damit verbundene Verhalten systematisch verstärkt werden (inkl. Einsatz von Verstärkern sowie Verhaltens- und Kontingenzverträgen)
- ☐ Selbstwirksamkeit stärken: Lehrkräfte, Mentoren oder andere engagierte Erwachsene setzen Trainingsprogramme und Verhaltensmodifikationstechniken zur Stärkung von Fähigkeiten zur Problemlösung und Entscheidungsfindung ein
- ☐ Sicherheit in Klasse und Schule garantieren: Ausschaltung aversiver Reize in Klasse und Schule sowie Erkennung von Mobbing etc.
- ☐ Förderung des sozialen Lernens: Gestaltung eines sozial-integrativen Klassen-/Schulklimas („Caring"); Ausarbeitung von Konzepten zur Konfliktregelung

## Säule III
### Auf die Schule ausgerichtete Maßnahmen

## Empfehlung 5
### Förderung der Haltekraft der Schule

- ☐ Einrichtung von kleinen, klasseninternen und/oder -übergreifenden Lerngruppen
- ☐ Etablierung von Formen des Team Teachings
- ☐ Einführung einer flexiblen Stundengestaltung (Doppelstunden oder Halbtagsblöcke anstelle von Lektionen) und Organisationsstrukturen (Zeit für Selbststudium, für Beratung oder Anleitung)
- ☐ Motivierung der Schülerinnen und Schüler, sich an außerschulischen Angeboten (inklusive in Vereinen) zu beteiligen
- ☐ Förderung des Engagements von Risiko-Schülerinnen und Schülern in (attraktiven) außerschulischen Angeboten

## Empfehlung 6
### Aufbau eines Netzwerkes mit Eltern, Verantwortungsträgern und Anbietern

- ☐ Aktiver Einbezug der Eltern in die Schule und aktive Bemühungen zur Schaffung eines Vertrauensverhältnisses
- ☐ Fokussierung der Elternarbeit auf die Bedeutung des Eltern-Monitorings (Verpflichtendes Interesse an der Schule, verbindliche Festlegung bestimmter Verantwortlichkeiten)
- ☐ Aufbau von Kooperationen mit (lokalen) Organisationen und Institutionen zur Ausarbeitung eines sozialpädagogisch und juristisch ausgerichteten Präventionsansatzes
- ☐ Intensive Zusammenarbeit mit lokalen/kantonalen Verantwortungsträgern des Case Management BBT zwecks Koordination des unterstützenden Netzwerks und der individualisierten Unterstützung im Übergang Schule-Beruf

| | |
|---|---|
| **Empfehlung 7** <br> **Effektive Lernförderung und stärkere Integration der Berufswelt in die Schule** | |
| ☐ | Verstärkte Integration von berufsspezifischen und fähigkeitsbasierten Themen in schulische Inhalte durch die Berufsberatung und Laufbahnmodelle |
| ☐ | Bereitstellung effektiver Lehrerfortbildungen in Unterrichtsmanagement mit Fokus auf das fachspezifisch-pädagogische Coaching. |
| ☐ | Individualisierte Unterstützung im Übergang Schule-Beruf durch die Einrichtung von Schnuppertagen, Betriebspraktika, durch die Durchführung von simulierten (oder realen) Job-Interviews, durch Besuche von Personen der Arbeitswelt, die über ihre Erfahrungen berichten etc. |
| **Säule IV** <br> **Vorschulische Förder- und Integrationsarbeit** | |
| **Empfehlung 8** <br> **Aufbau von frühpädagogischen Förder- und Integrationsprogrammen zur Prävention von sozialen Anpassungs- und Rückzugsproblemen** | |
| ☐ | Verstärkte Konzentration auf die Förderung des kindlichen Potenzials in allen vorschulischen Entwicklungsbereichen (motorische, musische, künstlerische, soziale und kognitive) sowie in der Förderung des emotionalen Wohlbefindens, der Entwicklung von Werten und Normen sowie im Umgang mit Veränderungen und Belastungen (Widerstandsfähigkeit resp. Resilienz) |
| ☐ | Koordination und Bündelung der bestehenden Angebote zu einem Gesamtsystem |
| ☐ | Besondere Aufmerksamkeit gegenüber einer angemessenen Förderung benachteiligter Kinder und ihren Familien sowie solcher mit besonderen Bedürfnissen |

## 4 Empfehlungen

Nachfolgend werden insgesamt acht Empfehlungen vorgestellt. Es wird nicht empfohlen, sie alle zusammen in einer Gesamtstrategie umzusetzen, sondern, entsprechend den jeweiligen Bedürfnissen. Konkret:

- Stellen Sie fest, dass Sie in Ihrer Schule vorwiegend ausstiegsgefährdete Schülerinnen und Schüler haben, welche dem Typus der Schulmüden entsprechen, dann sollte (neben Empfehlung 1) mit Empfehlung 3 gestartet werden.
- Haben Sie hingegen eher viele Schüler, welche dem Typus der familiär Belasteten zuzuordnen sind, so drängt sich (neben Empfehlung 1) Empfehlung 6 als Einstieg in das STOP-DROP-Programm auf.
- Kommen Sie zum Schluss, dass Ihre Schule eine bestimmte Anzahl Gemobbter hat, dann erweist sich Empfehlung 5 als geeigneter Einstieg (neben Empfehlung 1).
- Ist in Ihrer Schule ein bestimmter Anteil Delinquenter vorhanden, empfiehlt sich, mit den Empfehlungen 2 und 6 (neben Empfehlung 1) gleichzeitig zu starten.
- Sind Sie schließlich der Ansicht, in Ihrer Schule sei der Typus der Hänger verbreitet, so erweist sich Empfehlung 4 als geeigneter Einstieg (neben Empfehlung 1).

**Empfehlung 1**
**Aufbau von Datenerfassungssystemen für Jugendliche mit Ausstiegsrisiko**

> Es sind langfristige, schulinterne Datenerfassungssysteme aufzubauen, welche eine realistische Diagnose zur Anzahl der Schülerinnen und Schüler erlauben, welche ein hohes Ausstiegsrisiko haben. Dazu gehört die Erfassung des Schuleschwänzens (und damit eine Senkung der Dunkelziffer), der Klassenrepetitionen, der mangelnden Schulleistungen sowie der Einbettung in eine problematische Peergroup. Die Daten sollten regelmäßig erhoben, analysiert und in entsprechende Förder- und Unterstützungsarbeit überführt werden.

Die kontinuierliche Analyse von Schülerdaten ist der kritische erste Schritt für die Bestimmung des lokalen, regionalen und kantonalen Ausmaßes der Schulausstiege, für die Identifikation der spezifischen Schülerinnen und Schüler, welche risikobelastet sind und für die extra-Angebote bereitgestellt werden sollten. Dabei hängt ihre Wirksamkeit davon ab, inwiefern sie diesen Jugendlichen, welche sie am nötigsten haben, auch tatsächlich angeboten werden. Demzufolge müssen die auf diese Gruppe zugeschnittenen Programme angemessene Identifikationsweisen beinhalten, damit die „richtigen" Jugendlichen identifiziert werden, d.h. die Population, die eigentlich bedient werden soll.

Die erste Empfehlung bildet das Fundament und die Grundbedingung, um anschließend geeignete Präventions- und Interventionsstrategien in die Wege leiten zu können. Eine Implementierung von Maßnahmen zur Reduktion von Schulausstiegen in Erwägung zu ziehen, ohne das Ausmaß der Problematik zu kennen, wäre ein ungünstiges Vorgehen. Wichtig sind zwei Aspekte:

- dass die Schule ein Verständnis entwickelt, wonach Schulausstieg und Schulabkoppelung als negative Partizipationsform und damit als pädagogische Herausforderung zur Erhöhung der Schulanbindung verstanden wird;
- dass differenziert erfasst wird, welche Jugendlichen tatsächlich Risikoverhalten zeigen. Wird nämlich die Art der Problematik nicht genau erkannt, dann ist die Antwort auf Symptome wahrscheinlich ineffektiv. So tun beispielsweise Schulen mit schlechter Präsenz, d.h. vielen Schulschwänzern, gut daran, zunächst einmal das Absenzenwesen stärker zu überwachen und gleichzeitig Informationen darüber zu sammeln, weshalb Schülerinnen und Schüler die Schuleschwänzen und sich von ihr zurückziehen.

Empfehlung 1 sollte auf der Basis folgender Schritte umgesetzt werden:
- Feststellung des Ausmaßes an Schulausstiegs- und Schulrückzugsproblemen.
- Identifikation der „risikogefährdeten" Schülerinnen und Schüler.
- Eruierung der Gründe für den Ausstieg/die Abkoppelung.
- Definition der Faktoren, welche eine Risikogefährdung ausmachen.

**Empfehlung 2
Zuweisung von Mentoren**

> Schülerinnen und Schüler, welche ein hohes Ausstiegsrisiko haben, sollten eine erwachsene Mentorenperson zugewiesen erhalten. Um mit den betroffenen Jugendlichen kooperieren zu können, ist es notwendig, dass sie einen ihnen adäquaten sozialen Hintergrund haben, wenige solche Fälle betreuen und einen guten Draht zu Jugendlichen haben. Mentoren sollten für ihre Arbeit angemessen ausgebildet und sein und entsprechende fachliche Unterstützung erhalten.

Risiko-Jugendliche haben oft bedeutsame persönliche, familiäre und soziale Schwierigkeiten, welche sie daran hindern, regelmäßig zur Schule zu gehen und gute Leistungen zu erbringen. Jugendliche hingegen, welche kontinuierliche Beziehungen zu Erwachsenen haben, entwickeln ein besseres Zugehörigkeitsgefühl, eine bessere Schulbindung und besseres Engagement. Solche Beziehungen wiederum reduzieren Risikoverhalten, Schwänzerraten und verbessern die Interaktion, aber auch die Sozialkompetenzen insgesamt. Mentorinnen und Mentoren können den Jugendlichen helfen, solche Hindernisse zu überwinden, indem sie diese in ihren schulischen, persönlichen, emotionalen und sozialen Bedürfnissen unterstützen. Mentoren können somit positives und respektvolles Verhalten modellieren.

Die Umsetzung dieser Empfehlung sollte anhand folgender Schritte erfolgen:
- Beauftragung einer erwachsenen Mentoratsperson, um individuell mit potenziell gefährdeten Jugendlichen zu arbeiten.
- Die Rolle der Mentoratsperson ist vorgängig genau zu definieren.
- Diese Mentoratsperson amtet als Case Managerin, welche auch den Lehrpersonen und den Sozialarbeitenden zur Verfügung steht.
- Eine Mentoratsperson hat nur wenige Fälle zu betreuen, da die Entwicklung von Vertrauen ein zentrales Gelingenskriterium darstellt.
- Ein Mentorat beansprucht ein flexibles Zeitbudget.
- Das Mentorat wird in die schulischen Strukturen integriert.

**Empfehlung 3**
**Angebote zur schulischen Individualförderung**

> Es sind schulische Unterstützungsangebote zur Individualförderung und Angebote zur inhaltlichen Anreicherung (Enrichment) zu etablieren, damit Risiko-Jugendliche ihre Schulleistungen verbessern, unterforderte Schüler stärker herausgefordert werden und sie auf diese Weise ihre Schulanbindung erhöhen können.

Präsenz und Engagement der Schülerinnen und Schüler für die Schule sind das Herzstück bei der Prävention von Schulausstiegen. Dabei geht es nicht in erster Linie um körperliche Präsenz im Unterricht, sondern darum, durch aktive Partizipation möglichst alle Schülerinnen und Schüler durch Beziehungs-, Schul- und Lernangebote einzubinden und ihnen die Schule positiv und inklusiv erlebbar zu machen.

Dies ist besonders bedeutsam, gehen doch gerade schlechte Schulleistungen und Klassenwiederholung – auf allen Stufen – mit Schulausstiegsprozessen einher. Gleiches gilt für schulisch unterforderte Schüler. Deshalb ist schulische Unterstützung besonders wichtig. Sie hilft, Kompetenzlücken zu reduzieren, Kompetenzvorsprünge zu erkennen und angemessen zu fördern und den Frustrationszyklus auf diese Weise zu durchbrechen. Weil schulische Misserfolge auch eine Rolle in Abkoppelungstendenzen der Jugendlichen spielen können, sind Anreize wie etwa die Belohnung für verbesserte Leistungen oder Möglichkeiten, in bestimmten Schulbereichen Verantwortung zu übernehmen, erfolgversprechend.

Die Umsetzung dieser Empfehlung bedarf folgender Schritte:
- Schulische Unterstützung zur Reduktion der Ausstiegsgefährdung soll entweder über eine Intensivierung der schulischen Arbeit im oder außerhalb des Unterrichts erfolgen, durch Unterstützung bei den Hausaufgaben oder durch die Einrichtung eines Tutorensystems.
- Es sollen auch Intensivangebote eingesetzt werden. Diese umfassen eine Zeitdauer von einigen Wochen und richten sich nur auf einen bestimmten Bereich des Curriculums aus (Deutsch mündlich; Deutsch schriftlich; Mathematik; Lern- und Arbeitsstrategien).

## Empfehlung 4
### Einsatz von Verhaltens- und Trainingsprogrammen zum Aufbau von Bildungsresilienz

> Damit Schülerinnen und Schüler mit einem hohen Ausstiegsrisiko ihr Verhalten generell und ihre Sozialkompetenz, Selbstregulations- und Selbstwirksamkeitsfähigkeiten im Spezifischen verbessern können, sind Trainingsprogramme und Verhaltensmodifikationstechniken zu etablieren. Dazu gehören Maßnahmen zur systematischen Verstärkung angemessenen und zielerreichenden Verhaltens, adäquate Lehrerrückmeldung mit Einsatz von Verstärkern sowie Verhaltens- und Kontingenzverträge.

Die Schule kann Jugendlichen helfen, ihre Emotionen zu verstehen und ihr Verhalten sowie ihre Interaktionen mit Peers und Erwachsenen zu regulieren. Dabei kann problematisches und störendes Verhalten innerhalb und außerhalb des Unterrichts korrigiert werden, indem Jugendlichen gezeigt wird, wie sie in positiver Weise interagieren und kommunizieren können. Eine weitere Möglichkeit dieser Art von Kompetenzentwicklung besteht darin, ihnen die langfristigen Konsequenzen aufzuzeigen. Geschieht dies zusammen mit dem Ziel, ihnen individuelle Lernerfolge bei gleichzeitiger Ausschaltung aversiver Reize zu ermöglichen, kann die Anbindung an die Schule erhöht und die Selbstwirksamkeit gestärkt werden.

Grundlegend dabei ist die Erkenntnis, dass schulisches Engagement zwei Komponenten einschließt: eine Verhaltenskomponente und eine Identifikationskomponente. Störendes Verhalten korreliert mit Schulabbruch. Drop-out-Prävention und -Intervention muss deshalb versuchen, sozial- und leistungsbezogene Verhaltenskompetenzen zu verbessern. Dafür sprechen ganz besonders auch die Erkenntnisse der Erforschung von bildungsresilienten Drop-outs, die zu Wiedereinsteigern werden. Die Entwicklung solcher Fähigkeiten geht somit weiter als lediglich das Ziel zu erreichen, dass die betreffenden Jugendlichen den Unterricht nicht mehr stören. Sie leiten Jugendliche an, wie sie positive Beziehungen zu Mitschülern und Lehrkräften aufbauen, wie sie ihr Leistungsselbstkonzept verbessern, eine Erwartungshaltung in Bezug auf den eigenen Schulabschluss entwickeln und ihre schulischen Leistungen verbessern können. Dies erlaubt ihnen, sich in der Schule zu engagieren, beispielsweise an sozialen oder außerschulischen Anlässen.

Die Umsetzung dieser Empfehlung bedarf folgender Schritte:
- Mentoren oder andere engagierte Erwachsene (Empfehlung 2) helfen den betroffenen Schülerinnen und Schülern, schulische und verhaltensbezoge-

ne Ziele mit zu erreichenden Benchmarks zu setzen. Diese Ziele betreffen die soziale Interaktion und den schulischen Fortschritt (Stichwort Bildungsresilienz).
- Ein besonderer Fokus wird auf den individuellen Leistungsfortschritt durch Unterstützungsmaßnahmen gelegt. Von Desintegration betroffene Jugendliche brauchen regelmäßige und positive Verstärkung. Ein möglicher Weg ist die systematische Verstärkung angemessenen Verhaltens („Token-Systeme" oder Belohnungspläne); gleiches gilt für Kontingenzverträge.
- Es werden Problemlöse- und Entscheidungsfindungsfähigkeiten trainiert. Solche Trainings können gut in das Curriculum eingebaut und mit der Vermittlung von Lern- und Arbeitstechniken gekoppelt werden.
- Das Gefühl von Sicherheit und Angenommen sein gilt als besonders wichtiges Prinzip der Schule, weil es eine der wichtigsten Voraussetzungen für gelingendes Lernen ist. Die Lehrkräfte kennen deshalb Hintergründe von Mobbing und Ausgrenzung und achten auf Signale. So definierte Sicherheit ist ein Thema im Kollegium und in der Klasse.
- Die Schule achtet auf ein sozial-integratives Klima. Dazu gehören verlässlich eingehaltene Regeln, gemeinsam geteilte Verantwortung, Gerechtigkeit und Fürsorge („Caring") der Lehrkraft gegenüber jedem einzelnen Schüler und der gegenseitige Respekt. Entscheidendes Kriterium ist deshalb die Qualität des Umgangs miteinander und in Konflikten. Deshalb werden möglichst alle Schüler in mediative Konfliktlösestrategien eingeführt.

## Empfehlung 5
## Förderung der Haltekraft der Schule

> Schulumgebung und Unterrichtsprozesse sollen so personalisiert werden, dass jeder Schüler und jede Schülerin erfährt, dass ihre Präsenz, ihre Integration und Partizipation den Lehrkräften und der Schule als Ganzes wichtig ist. Schulen sollen auf diese Weise eine Haltekraft entwickeln, die sich durch Fürsorglichkeit („Caring"), Verlässlichkeit, gemeinsam geteilte Verantwortung, Gerechtigkeit und Normakzeptanz auszeichnet.

Die Personalisierung der Lernumgebungen ist gerade an größeren Schulen besonders wichtig. Haben Schülerinnen und Schüler viele unterschiedliche Lehrkräfte mit kleinen Teilpensen, können sie sich von der Schule entfremden und ihre Interessen abwenden und sich immer weniger an sie gebunden fühlen. Aus der Forschung ist hinlänglich bekannt, dass kleinere schulische Umgebungen mit positiveren Schülerleistungen, einem besseren Schulklima und einer besseren Schulpräsenz einhergehen. Große Schulen müssten gerade aus solchen Gründen der Personalisierungsfrage besonderes Gewicht beimessen. Dies geschieht am besten über die Konzentration auf ein sozial-integratives Schulklima, das durch unterstützende Beziehungen, durch Respekt, Fairness und Vertrauen gekennzeichnet ist. Die Schülerleistungen verbessern sich dann am ehesten, wenn eine solche Lernumgebung mit einem gewissen schulischen Druck oder einem Fokus auf hohe Leistungserwartungen kombiniert wird.

Die Umsetzung dieser Empfehlung bedarf folgender Schritte:
- Es werden kleine Lerngemeinschaften geschaffen. Dies kann innerhalb einer Klasse oder klassenübergreifend geschehen.
- Es wird versucht, Team-Teaching-Strategien umzusetzen. Sie ermöglichen den Schülern Zugang zu mehr als einer Lehrkraft, welche ihrerseits individualisierte Aufmerksamkeit garantieren und Abläufe besser kontrollierbar machen oder dem Schüler resp. der Schülerin neue Perspektiven eröffnen kann.
- Durch die Einführung einer flexiblen Stundengestaltung (Doppelstunden oder Halbtagsblöcke anstelle von Lektionen) und Organisationsstrukturen (Zeit für Selbststudium, für Beratung oder für Anleitung) steht mehr Unterrichtszeit für Interaktionen zwischen Schülern und Lehrkraft zur Verfügung.
- Risiko-Schülerinnen und Schüler werden aktiv eingeladen, sich in außerschulischen Angeboten zu engagieren, z.B. Sportangebote, Clubs, Ausflüge etc.

**Empfehlung 6**
**Aufbau eines Netzwerkes mit Eltern, Verantwortungsträgern und Anbietern**

> Schulen können die erforderliche Präventionsarbeit nicht alleine leisten. Deshalb sind strukturelle und personale Kooperationen als Netzwerke zu schaffen, welche den Schulen außerschulische Kompetenzen zur Verfügung stellen. Dazu gehören Jugendämter und Jugendarbeit, Erziehungsberatung, schulpädagogische Sozialarbeit, therapeutische Einrichtungen etc. Besondere Bedeutung ist dabei dem Case Management des Bundesamtes für Berufsbildung und Technologie (BBT) beizumessen.

Schulabbrüche sind jeweils sehr individuelle Prozesse, mit denen in Zusammenarbeit zwischen den Jugendlichen, deren Eltern, den Schulen und externen Institutionen sensibel umgegangen werden muss. Sehr wichtig für eine erfolgreiche Prävention sind die Wertschätzung des Jugendlichen, die Förderung seiner Stärken, gute Freundes-, Familien- und Lehrerbeziehungen, praktische Erfahrungen sowie persönliche und berufliche Perspektiven. Eine Kooperation zwischen allen beteiligten Institutionen ist die effektivste Strategie zur Senkung der Schulausstiege.

Beim Aufbau von unterstützenden Netzwerken ist darauf zu achten, Hilfestellungen nicht nur spezifisch auf die Jugendlichen auszurichten. Im Rahmen der direkt involvierten Akteure ist die Zusammenarbeit zwischen Schule, Lehrpersonen und Eltern von großer Bedeutung. Das Funktionieren einer gewinnbringenden Zusammenarbeit liegt einerseits in der Kommunikation zwischen den Akteuren und andererseits in der Niederschwelligkeit der Angebote. Von Elternabenden bis hin zu Beratungsangeboten gibt es viele Möglichkeiten für den Aufbau und die Aufrechterhaltung sinnvoller und erfolgreicher Elternarbeit. Innerhalb der Schulen sind eine systematische Überprüfung resp. Erneuerung von Zielen, Weiterbildungsmöglichkeiten für Lehrpersonen, Präventionsstrategien gegen Gewalt und eine Stärkung der Berufsberatung erfolgsversprechend.

Eine wichtige Bedeutung hat das Case Management BBT, dessen Funktion es ist, alle beteiligten Akteure sowohl über institutionelle und professionelle Grenzen als auch über die Dauer der Berufswahl und der Grundbildung hinweg zu koordinieren.

Die Umsetzung dieser Empfehlung bedarf folgender Schritte:
- Eltern werden aktiv in die Schule mit einbezogen. Das kann zu einer Verbesserung der schulischen Leistungen führen, darüber hinaus werden

Kontakte geknüpft und ein Vertrauensverhältnis geschaffen. Eine etablierte Elternarbeit dient sowohl der Identifizierung von schwierigen Familienverhältnissen als auch der kooperativen Zusammenarbeit bei drop-out-gefährdeten Jugendlichen.
- Partnerschaften mit (lokalen) Organisationen und Institutionen werden aufgebaut und dadurch ein multiprofessioneller Präventionsansatz garantiert.
- Durch eine intensive Zusammenarbeit mit dem BBT wird das unterstützende Netzwerk koordiniert und individuelle Präventionsmaßnahmen ergriffen.

## Empfehlung 7
### Effektive Lernförderung und stärkere Integration der Berufswelt in die Schule

> Schulen sollten alles daran setzen, die Berufswelt stärker in ihren Schulalltag zu integrieren. Dies sollte sowohl im unterrichtlichen Rahmen durch einen stärkeren Bezug zu Beispielen aus der Arbeitswelt als auch durch eine individualisierte Unterstützung für den Übergang in den Beruf geschehen.

Seitdem an vielen Schulen Abschlussexamen, Basischecks, Multichecks, Stellwerk-Tests oder andere Prüfungen eingeführt worden sind, müssen Schülerinnen und Schüler ihre Leistungsreserven zunehmend und unter Zeitdruck unter Beweis stellen. Denn: Nur auf diese Weise sind sie für eine Ausbildung auf der Sekundarstufe II gerüstet. Die Schule hat somit die Aufgabe, die Jugendlichen mit den notwendigen Kompetenzen auszurüsten. Dass ihr dies offenbar immer weniger gelingt, ist ein Ergebnis zahlreicher Untersuchungen. Kompetenzmängel liegen aus der Sicht von Arbeitgebern nicht nur in unzureichenden sprachlichen und mathematischen Leistungen, sondern ebenso in mangelnden Arbeitstugenden und Umgangsformen sowie Eigeninitiative und Arbeitstempo.

Gerade deshalb ist der Fokus auch auf die Lehrkräfte und ihre professionelle Entwicklung zu richten, um ihnen aufzuzeigen, was effektive und relevante Lernförderung ausmacht und wie sie stärker mit der Berufswelt verknüpft werden kann. Eine Möglichkeit ist das fachspezifisch-pädagogische Coaching nach Staub (2006). Das Coaching-Modell bietet „on the job" fachspezifische Unterstützung und Lerngelegenheiten bei der Planung, Durchführung und Reflexion von Unterricht. In Bezug auf die Drop-out-Problematik zeigt die Forschung, dass solche Modelle in der Lage sind, die Lehrkräfte mit Techniken auszustatten, wie Schüler für das schulische Lernen motiviert werden können und wie sie gleichzeitig mit relevanten Fähigkeiten ausgestattet werden können.

Die Umsetzung dieser Empfehlung bedarf folgender Schritte:
- Lehrkräfte bekommen Möglichkeiten, ihr Wissen permanent zu erweitern und ihre Lehrkompetenzen zu verbessern. Dazu gehören Workshops, welche innerhalb des Teams, durch einen Coach oder eine externe Beratungsperson durchgeführt werden.
- Schülerinnen und Schüler bekommen Möglichkeiten, sich an den Anforderungen der Berufswelt und den Lerninhalten der Berufsschule zu orientie-

ren. Innerhalb des Lehrplanes werden – wenn immer möglich – Beispiele aus der Arbeitswelt verwendet. Auf diese Weise sollen sie für die Berufsausbildung motiviert werden.

- Es besteht eine individualisierte Unterstützung im Übergang Schule-Beruf durch die Einrichtung von Schnuppertagen, Betriebspraktika, durch die Durchführung von simulierten (oder realen) Job-Interviews, durch Besuche von Personen der Arbeitswelt, die über ihre Erfahrungen berichten etc. Dem Case Management BBT wird dabei besondere Beachtung geschenkt.

**Empfehlung 8**
**Aufbau von frühpädagogischen Förder- und Integrationsprogrammen zur Minimierung sozialer Anpassungsprobleme**

> Frühpädagogische Förder- und Integrationsangebote sind zu intensivieren und eng an die Familie und ihr Engagement anzubinden. Vorschulische Förderung sollte dabei nicht nur auf den Erwerb schulvorbereitender, sondern auch sozialer und integrativer Kompetenzen ausgerichtet werden. Darauf aufbauend muss eine konsequente und kontinuierliche Lern- und Entwicklungsbegleitung in der Schule folgen.

Die Art und Weise, wie eine Person die Schullaufbahn meistert, beginnt bereits vor dem Schuleintritt, wenn Kinder Interessen, Neugier und Beharrlichkeit entwickeln und lernen, sich in einer Gruppe entsprechend zu verhalten. Im Verlaufe der Schuljahre schwächen sich solche Merkmale – allein schon aufgrund entwicklungspsychologischer Merkmale – jedoch ab. Kinder, welche diese Merkmale gar nicht entwickeln konnten, zeigen eine verstärkte Schuldistanzierung. Sie brauchen deshalb früh schon Unterstützung, damit sie sich für die Schule und ihre Bildungsziele überhaupt engagieren können (vgl. Carneiro, Løken & Salvanes, 2010). Dass die ersten Lebensjahre eine besonders kritische Phase für die intellektuelle, kognitive und sozio-emotionale Entwicklung eines Kindes darstellen, ist heute allgemein anerkannt. Qualitativ hochwertige Vorschulangebote können den Grundstein für späteren Bildungs- und Lebenserfolg legen. Was in diesem Zeitraum an pädagogischen Maßnahmen unterlassen wird, kann später nur mit großem Aufwand nachgeholt werden. Gerade weil Bildungsprozesse in diesen ersten Lebensjahren eine besondere Bedeutung haben und frühkindliche Bildungsprogramme als Prävention gegen spätere Verhaltens- und Schulprobleme sowie als Mittel zum Aufbau von sozialer Verantwortung in einer Lerngemeinschaft wirken können, sind vorschulische Förder- und Integrationsangebote von besonderer Bedeutung.

Die Umsetzung dieser Empfehlung bedarf folgender Schritte:
- Notwendig ist ein grundlegender Perspektivenwechsel von vorschulischer Betreuung, welche sich vor allem auf Pflege und Hüten konzentriert, auf die aktive Förderung des kindlichen Potenzials in allen Entwicklungsbereichen. Dazu gehören: Motorische, musische, künstlerische, soziale und kognitive Kompetenzentwicklung; Förderung des emotionales Wohlbefindens (Selbstwahrnehmung und Motivation); Entwicklung von Werten und Bereitschaft zur Übernahme von Verantwortung; Förderung des Umgangs mit Veränderungen und Belastungen (Widerstandsfähigkeit/Resilienz).

- Dabei bedarf es der Einrichtung eines bedarfsgerecht ausgerichteten Gesamtsystems vorschulischer Förderung. Aktuell bestehen stark fragmentierte Angebote, die koordiniert gebündelt und auf den tatsächlichen Bedarf von Kindern und ihren Familien ausgerichtet werden sollten.
- Benachteiligten Kindern und solchen mit besonderen Bedürfnissen sollte besondere Aufmerksamkeit zukommen. Die Maßnahmen sollten niederschwellig im sozialen Netz der Familie verankert werden.